東日本大震災と原発事故からの10年

災害現場の初動から真の復興、
そしてウィズコロナの未来へ向けて

東日本国際大学健康社会戦略研究所
［編］

東日本国際大学出版会

東日本大震災と原発事故からの10年◉目次

第二部

東日本大震災からコロナ後へ

第三部

第2回東日本国際大学　健康社会戦略研究所　国際シンポジウム

東日本大震災と原発事故からの10年

——災害現場の初動から真の復興、そしてウィズコロナの未来へ向けて

はじめに

あの東日本大震災から早いもので10年を迎えようとしています。この10年間における東北の人々の艱難辛苦《かんなんしんく》については筆舌には尽くしがたいものがあります。しかし、日本全国、いな世界中の人々から励まされ、私たちは絶望の淵から不死鳥のように立ち上がってきました。

こうして東日本大震災の復興の足取りが日一日と確かなものとなってくるなか、一昨年の10月には、台風19号の直撃によって、またしても甚大な被害を受けました。ここいわき市ではかつてない規模の浸水、断水等の被害が相次ぎ、私たち法人の教職員、学生・生徒も例外ではありませんでした。

これらの災害において、私たちの心の拠《よ》り所となったのが、建学の精神である「義を行い以て其の道に達す」という『論語』〈季氏篇〉の一節でありました。「人のために尽くす」

という生き方と心の豊かさ、人間力こそが人々の絆を強め、復興への原動力となることを実感することができました。

「十年一昔」と言いますが、大震災当時の記憶は今なお鮮明とはいえ、忘れてしまったことも決して少なくありません。消え去った過去はもはや変えることができません。しかし、過去から学ぶことは数多くあります。いな私たちは多くのことを過去から学ばなくてはなりません。なぜならば、それが未来への揺るぎない道標となるからです。

私たちは昨年秋、「東日本大震災と原発事故からの10年」と題して、本学の健康社会戦略研究所の主催により、国際シンポジウムを開催しました。サブタイトルには「災害現場の初動から真の復興、そしてウィズコロナの未来へ向けて」と掲げましたように、昨年の初頭から猛威を振るった新型コロナウイルスの世界的大流行も併せて視野に収めております。

本書は、10年前、また一昨年当時の災害現場で実際に救援活動に携わった医療従事者・関係者をはじめとする多くの方々から寄せられたドキュメントも含め、講演とパネルディスカッションからなる国際シンポジウムの全容を一冊にまとめたものです。災害とどのように対峙《たいじ》してきたか。同じ過ちを繰り返さないために、災害時のリーダーシップはいかにあるべきか。危機管理はどうあるべきか。情報をいかに共有すべきか等々、各分野における多くのエキスパートの方々の貴重な証言や建設的な提言、そして数多くの科学的知見が随所にちりばめられています。

本学は、原発事故の現場に最も近い大学です。それだけに、震災以来、少しでも復興の推進力になればとの思いから、地域振興戦略研究所をはじめ、福島復興創世研究所、健康社会戦略研究所等を創設し、本学を〝知の拠点〟として英知を世界に求め、ネットワーク構築を目指してまいりました。その成果は着実に現れてきております。国際シンポジウムの開催、そして本書の発刊もその一環にほかなりません。

さて最後に新型コロナウイルスについて触れておきます。〝知の巨人〟と謳《うた》われる歴史学者・哲学者であるユヴァル・ノア・ハラリ氏は、今回の新型コロナウイルスのパンデミックに際して、「緊急提言」を出しましたが、それが一冊の本にまとめられています（柴田裕之訳『緊急提言　パンデミック――寄稿とインタビュー』河出書房新社刊）。

同書には、アメリカの「タイム」誌、イギリスの「フィナンシャル・タイムズ」紙、「ザ・ガーディアン」紙、さらには日本のＮＨＫでのインタビューも収録されていますので、世界中の多くの人が目にしているでしょう。

しかし、私が最も刮目《かつもく》したのは、同書に寄せられた序文の次の一節です。

「私たちが直面している最大の危機はウイルスではなく、人類が内に抱えた魔物たち、すなわち、憎悪と強欲と無知だ」

これは同書の帯にも引用されている一節です。それだけ耳目《じもく》を惹《ひ》く言葉だったのに違いありません。そこには人間存在に対する深い洞察があり、深刻なまでの危機意識がありま す。

ハラリ氏は、なぜ「憎悪と強欲と無知」が最大の危機になると指摘したのでしょうか。それは、「感染症を打ち負かすためには、人々は科学の専門家を信頼し、国民は公的機関を信頼し、各国は互いを信頼する必要がある」からであり、そうした「信頼」を損なう元凶こそ人間の心に巣食う「憎悪と強欲と無知」にほかならないからです。

ところで、仏教では人間のあらゆる煩悩のなかで最も根源的なものとして「三毒《さんどく》」を説いております。「貪欲《とんよく》（むさぼり）と瞋恚《しんに》（いかり）と愚癡《ぐち》（おろか）」の三つです。瞋恚は怒りと憎しみ、愚癡は無知蒙昧《もうまい》という意味ですから、ハラリの言う「憎悪と強欲と無知」とはまさにこの三毒と重なり合うと言っても過言ではありません。

今、世界は未曽有の激しい分断と対立に揺れています。多様性の尊重、人間の尊厳を守ると言いながら、対立する意見を持つ他者には目を覆うような罵詈雑言《ばりぞうごん》を投げかけて恥じるところがありません。私は、人類が今まさに直面している危機は、人間性の危機、人間精神の危機ではないかと言わざるを得ません。

「人が生まれたときには、実に口の中に斧《おの》が生じている。愚者は悪口《わるくち》を言って、その斧によって自分を斬り割《さ》くのである」（中村元訳『ブッダのことば』〈六五七〉岩波文庫）

「自分を苦しめず、また他人を害しないことばのみを語れ」（同前〈四五一〉）

また、『論語』には、

「君子敬して失うこと無く、人と恭《うやうや》しくして礼有らば、四海の内、皆兄弟《けいていた》為り」〈顔淵篇〉（加地伸行全訳注『論語』増補版・講談社学術文庫）

「徳有る者は、必ず言有り」（人格の立派な人物ならば、そのことばはきっと優れている）〈憲問篇〉（同前）

今さら何を悠長なことを言っているのかと指弾されるかも知れませんが、危機の時代であればこそ、危機の本質を正しく理解し、それを克服する人間の内面的な力を信じることが何にもまして大事であろうと確信しております。

本書が、東北そして福島の復興を心から願われる多くの人に有益な示唆を与える一書となればと念願してやみません。

２０２１年３月

学校法人昌平黌理事長

緑川　浩司

本書の刊行によせて

当研究所の活動として２０２０年10月4日に第2回 国際シンポジウム「東日本大震災と原発事故からの10年――災害現場の初動から真の復興、そしてウィズコロナの未来へ向けて」を企画しました。コロナ禍が世界中に蔓延《まんえん》する中で、事故が発生した原発群から40数キロメートルと世界で最も近傍に位置する東日本国際大学では災害対応から復興まで関わっている現地の関係者・関わった日本の専門家に地元中心の聴衆が参集し、アメリカとハンガリーからの講師とあらかじめ応募した参加者が加わったオンライン配信を、同時通訳を併用することによって開催しました。

世界が初めて経験する三重の複合災害 triplet disaster に対する対応と復興への足取りは、まさに海図なき航海の状況において、経験値に基づく頑張りと世界中からの善意とで現在まで積み重ねられてきたのだと実感されます。この企画は２０１９年11月30日に開催した健康社会戦略研究所の設立記念シンポジウム「みんなのための健康社会づくり」に続くもので、その概要は大学の情報発信としてネット上にも報告されています。その成果を引き継ぎながら、今回まとまった出版物に結実することは、古来、人類が積み上げてきた集団知に、前例のない大災害における活動記録コンテンツとしていささかでも追加する試みであり、地震津波および震災関連死で2万名を超える犠牲者を失いながら生き残った者としての務めと考えます。

２０２０年はまた、前年より引き継いだコロナ禍の世界的猖獗《しょうけつ》に直面した、歴史に刻まれる年になりました。今後さらに、人類の想定を超えるさまざまな災害が現出することも予想されます。そのためにも、災害先進地となった当地域の組織として、丁寧に事実を掘り起こし、衆智を集める活動を行うことは極めて重要です。引き続きこの成果を英語のコンテンツとする作業も継続したいと考えています。

来る２０２１年3月11日に10年の節目を迎えるにあたり、いまだに現場からのまとまった情報発信に乏しい現状を補い満たすべく本企画を立案しました。その試みが実現し、まとまった成果物として結実させることができたのは、学校法人昌平黌緑川浩司理事長をはじめとする東日本国際大学・いわき短期大学スタッフや多くの関係者そして快く論議にご参加していただいた皆さま方のおかげです。
ここに改めて深甚な感謝を捧げます。

東日本国際大学 健康社会戦略研究所所長
石井　正三

第一部

大震災10年に想う（寄稿文）

経験から学ぶ姿勢こそ未来への鍵

明石　眞言（元放射線医学総合研究所理事）

２０１１年3月11日の東日本大震災から10年近く経つ。この間にわが国は多くの災害を経験した。同年の台風12号、２０１３年の台風26号、２０１４年の広島豪雨、御嶽山噴火、２０１６年の熊本地震、２０１７年の九州北部豪雨、２０１８年の西日本豪雨、大阪北部地震、北海道胆振東部地震、２０１９年の九州北部豪雨、台風15号、19号そして２０２０年の九州や中部地方豪雨等、人の生命を奪う事象は後を絶たない。そればかりか２０１９年末からは新型コロナウイルス感染症という新たな災害と言っても過言ではない事象も加わった。

東日本大震災では、約17時間後まだ現地の現状を把握できない状況で、当時の放射線医学総合研究所（放医研）は、医師、看護師、線量評価専門家から成るチームを、福島県大熊町の旧オフサイトセンターに派遣した。私はこのセンターを震災以前に何度も訪れたことがあるが、同センターと唯一の連絡手段であった衛星電話から時々入る情報では、周辺には倒壊した家屋があり、センターでは現場から戻った対策要員のみならず住民の汚染検査などで大混乱しているとのことであった。まさに想像を絶する状態である。その真っただ中の3月14日には原子炉3号機建屋で水素爆発が起き、15日の午前中にはオフサイトセンターも避難対象となってしまった。陸上自衛隊、警視庁、各消防機関による冷却作業で、これら機関の前線基地となっていたJヴィレッジに放射線防護の専門家を派遣し、ヨウ素剤の服用、汚染防止策、訓練などを行い、冷却業務後には Whole body counter による体内汚染検査も行った。

4月から始まった住民の一時立ち入りでは、住民の健康状態の確認、熱中症や脱水の予防、帰還後の汚染検査も行った。このように事故が起こってから多くのことを実施したが、事故以前から行ってきたこともある。例えば教育である。自治体、医療機関、消防機関、警察に関しては積極的に行ってきたが、その教育も原子力施設近郊に限定されてきたのは事実であり、限界もあった。実際に事故が起こると、一定面積の放射性ヨウ素による汚染から10センチの位置での線量率が1時間当たり1μSv（マイクロシーベルト）であっても、GMサーベイメータの針が振り切れてしまうと、危険だと思ってしまう。このように教育において科学的事実を一方的に述べても、誤解を生むこともあり、理解されないことは多い。

　この事故後からまさに復興途中の今まで、誤解や差別、中傷の類はまれではない。放射性物質の汚染がないことを証明しないと医療機関にかかれない、現場での作業員が病院で診察が受けられない、学校でのいじめが代表的例である。私自身、1年強ではあるが2020年7月末まで、ある県の保健所所長として新型コロナ対応に関わった。放射性物質は体内に入っても増えることはなく、半減期に従い減少する。

　一方、ウイルスは微量であっても体内で増殖するが、ワクチンなど予防対策も可能であり、免疫力がウイルスを死滅させることも期待できる。新型コロナウイルスには不明なことが多く、放射性物質と単純に比較することは難しいが、どちらにも起きたのが社会的問題である。保健所にはさまざまな電話が入る。新型コロナウイルス感染も放射性物質による汚染と同じような誤解や差別は多い。感染の治療を行っている医療機関の看護師の子どもが保育園を断られた、近くの薬局がこの医療機関からの処方箋《しょほうせん》を断ったなどである。保育園に断られれば、看護師は仕事を休まざるを得ず、退職する看護師が出れば、これも医療崩壊につながる。外出が減ったこともあり、医療機関の外来患者数は減り、救急車を呼ぶ件数も減ったが、病院は感染しやすい、との誤解も影響している。救急車を必要とするとは思えない119通報が減るのはいいが、本当に必要な119通報も減っているとすれば、これこそ大きな社会問題である。いまだにわが国からの農水産物に対して、放射性物質の汚染のため、輸入停止措置をとっている国があるが、こうなると政治問題である。健康に関わる正しい知識なしに真の復興、そしてコロナウイルスのある社会で未来に向けて生きていくことはできない。われわれ医療に関わる者が、全てを解決できるわけではないが、専門的な言葉を使わずに正しい事実を伝えることをできるのが真の専門家である。多くの災害経験をしたわが国では、「温故知新」という言葉がよく似合う。「故《ふる》きを温《たず》ね、新しきを知る」である。経験から学ぶ姿勢こそ、未来への鍵である。

（あかし・まこと）

災害と薬剤師、そしてコロナ

赤津　雅美（いわき市薬剤師会会長）

災害と薬剤師……それは連想しにくいワードかもしれません。でもこれが薬またはお薬手帳となると、東日本大震災や大雨災害などを経験した市民の方々は理解するのは易しいと思います。災害発生時や、今では台風等による被害内容の予想ができた段階などで行政が開設してくれる避難所には、近隣から多くの住民が身の回りの物だけを抱えてやってきます。そのときの避難所は、今の日本そして地域社会コミュニティーを象徴するように、高齢者の比率がかなり大きい状態になります。当然、持病や慢性疾患を持っている方も多く、お薬手帳も持参しています。医療機関も被災してしまい、診療ができない状況が続いた場合などは、医師が避難所を訪問し、診察とお薬手帳からの薬の識別や供給を行います。このとき医師に帯同し、薬の鑑定や医師が必要とする適切な情報を提供そして調剤することは避難所での私たち薬剤師の仕事となります。

東日本大震災時、自分は地元いわきで被災し原発事故の影響も重なり、家族や職員の生活環境を気にしながら、自分の職場や避難所で薬剤師業務をしていました。そこではさまざまな事例に直面し、いろいろな職種の方や県外から医療支援に来ていただいた方々と交流があり、たくさんのことを学習させていただきました。処方箋調剤はもちろん、避難所での衛生材料などを含む支援物資を配布すること、避難所内の消毒や換気の徹底で公衆衛生の維持をすること、病気と避難所での食事の悩みなど、薬剤師が活動できることはさまざまあります。このときに災害に関わることができたことが、後の熊本地震の際に南阿蘇、益城町《ましきまち》と2度災害支援に赴くきっかけとなり、今も災害に関わる薬剤師活動には常に敏感な自分がいます。また県内は災害復興途中の双葉地区において、今も医療機関や薬局の状況は震災前には戻っていない現状です。そんな中2020年6月に楢葉町に災害復興の一環として、双葉郡で東日本大震災後2店舗目となる薬局がスタートしましたが、従事する薬剤師の不足が深刻で、いわきを含めた他地域からの薬剤師の人的支援に自分も参加しているところです。もし被災地復興、へき地医療に興味がある薬剤師さんがいらっしゃればご一報ください。

2020年、本来は東京オリンピックイヤーとして記憶されるはずの年でしたが、現実は「コロナ禍」という代名詞がつくほど、世界中を揺れ動かした大災害の年になったのでは、と思います。医療、経済、産業、人間関係に及ぶ世の中の全てのものが、新型コロナウイルスという未知の難敵に翻弄されてしまいました。この難敵は、私たちが経験したことがある地震や大雨のような災害発生後などには、再起を加速するときに必要不可欠で、われわれがある意味で得意な部分であった「つながり」「連携」「団結」というコミュニケーション形成をも許してはくれない厄介な難敵です。しかしわれわれは今まで得た知識を共有し存在しているハードを駆使して、何とか生活や社会を守りながら継続させてきています。

まだワクチンも治療薬もない時期に自然災害が起きたら……ありえない話ではありません。現実、九州地区ではコロナの厳戒対策中に大雨災害が起きています。全国を見れば毎年さまざまな災害があり、そのつど応急対応、そのたびに再発防止の対策を講じています。しかしそれでもまた想定外の災害や感染は起きてしまうでしょう。災害・感染↓対策徹底↓想定外の災害・感染↓対策徹底↓災害……この精神的にくじけそうになるスパイラルのようなサイクルですが、コロナ禍で経験学習した早期の情報共有と、人と人との連携を寸断され気がついたであろう本当に必要なものの優先順位を考慮して、何事にも対応することがウィズコロナの基本になると思います。「感染してしまうかもしれないけど、すでに感染していて感染させてしまうかもしれない」。常にこんなふうに考えられれば、個人の感染予防対策レベルは上がると思います。

（あかつ・まさよし）

自然とのおつきあいに、さらに謙虚でありたい

安部　義孝（環境水族館アクアマリンふくしま館長）

思いがけない、地球規模のコロナウイルスの蔓延《まんえん》という「事件」が勃発し、あらためて水族館人生を振り返っております。２０１１年の地震と津波の激甚災害、そして、今日のコロナウイルスの全世界蔓延。いずれも自然災害であることを認識する必要があります。

環境水族館アクアマリンふくしまは、「海・生命の誕生」の映像で始まります。46億年前、火の玉のような地球誕生から、38億年前の生命誕生、ウイルスと細菌と原始生物の映像です。そして、6億年前の「カンブリア爆発」。地球上に酸素が十分行き渡り、御先祖が爆発的に誕生しました。

生物進化の展示は、カンブリア爆発の申し子の標本展示と子孫の化石と、生きた現生生物の水槽展示から始まります。そこには、南アフリカのイーストロンドンで1938年発見のアフリカシーラカンス、ラティメリア・カルムナエ、インドネシアのマナドで1997年発見の、新種のインドネシアシーラカンス、ラティメリア・メナドエンシス。これらの最新情報と2種のシーラカンスの標本が展示されています。

アクアマリンふくしまの「進化は進歩ではない。それは絶滅の歴史でもある」という説明が最初のメッセージです。「種の起源」を著した、ダーウィンの進化論は、キリスト教の世界では、生きた博物館としての動物園や水族館でさえテーマにしにくいのです。海外の友人たちからは「アクアマリンはいいなー、進化論から始められる」とつぶやかれます。

さかのぼれば、生物進化のテーマは、私の動物園水族館人生の大切なテーマでした。私の職業人生は、1964年開館の上野動物園水族館の「生きた博物館」から始まりました。「あなたはいま進化の木をのぼりはじめた」のコピーで、4階建てのビルで上野動物園水族館にあって、無脊椎動物から魚類・両生爬虫類を受け持った。系統樹の枝にはシーラカンスの空席があった。次いで、1989年開館の葛西臨海水族園での「7つの海」テーマはシーラカンスの故郷、コモロ諸島参りでもありました。そして、2000年開館のアクアマリンふくしまの調査活動に結びつきました。そして、アフリカ種とインドネシア種の2種の標本が、コモロ国とインドネシア国の応援を得て進化展示エリアの正面に展示されています。

私たちは、このコロナウイルスの蔓延は、38億年の前の先カンブリア紀の生命の誕生に関わる災害であることを再確認しています。2011年の激甚自然災害と、2020年の太古のウイルス蔓延の災害を経験した私たちは、「進化は進歩ではない、絶滅の歴史だった」のメッセージを認識しつつ、環境水族館アクアマリンふくしまとして、自然とのつきあいについて、さらに謙虚でありたいと思います。

（あべ・よしたか）

超高齢社会における災害医療——未来に向けて

有賀　徹（独立行政法人労働者健康安全機構理事長）

はじめに

東日本大震災に伴う福島第1原発事故に際して、日本救急医学会は「福島原発事故緊急ワーキンググループ」を組織し、県庁に置かれた緊急事態対応対策拠点（オフサイトセンター）に災害医療アドバイザーを、またJヴィレッジに総括医師を派遣した〈注1〉。当時、日本救急医学会代表理事であった筆者は会員諸氏に「国士たる志」なる気概を発していたことを思い出す。現時点においても廃炉に伴う排液など、難関克服への課題は多大であり、福島県の現場からの情報発信は被災地に固有のテーマこそと思われるが、筆者はその後に現籍に転じ、かつ「Healthcare（ヘルスケア）BCPコンソーシアム」の創設にも加わったこともあって、わが国の超高齢社会における災害医療について考えることは、被災地を含め、未来に向けて大いに有意義であると思われる。

地域における Healthcare BCP の必要性

災害大国と言われるわが国では、災害対策基本法など少なからぬ備えをしてきた。2017年に災害拠点病院にBCP（Business Continuity Plan：業務継続計画）の策定が義務付けられ、病院の防災意識も漸次高まっている〈注2・3〉。しかし2020年春以来、深刻なパンデミックとなった新型コロナウイルス感染症の蔓延では、特定機能病院、一般病院、介護施設、保健所等々、地域社会の全てにわたって混迷を経験した。かくして医療や介護を広く包含して、地域における Healthcare BCP を構築する必要性は今や明々白々である。

そこで、地域の中核的な病院にとってまずは自らのBCPが必要となり、日常的な医療圏を視座におけば、地域の医療・介護連携に関わるBCPにも与《あずか》ることが求められよう。従来から地域のBCPを論ずるにあたり、しばしば地域の行政が前面に立ってきたし、その重要性はもちろんであるが、災害時の要配慮者、要支援者たる高齢者が地域にて生活を

図1:今後の災害医療を考える

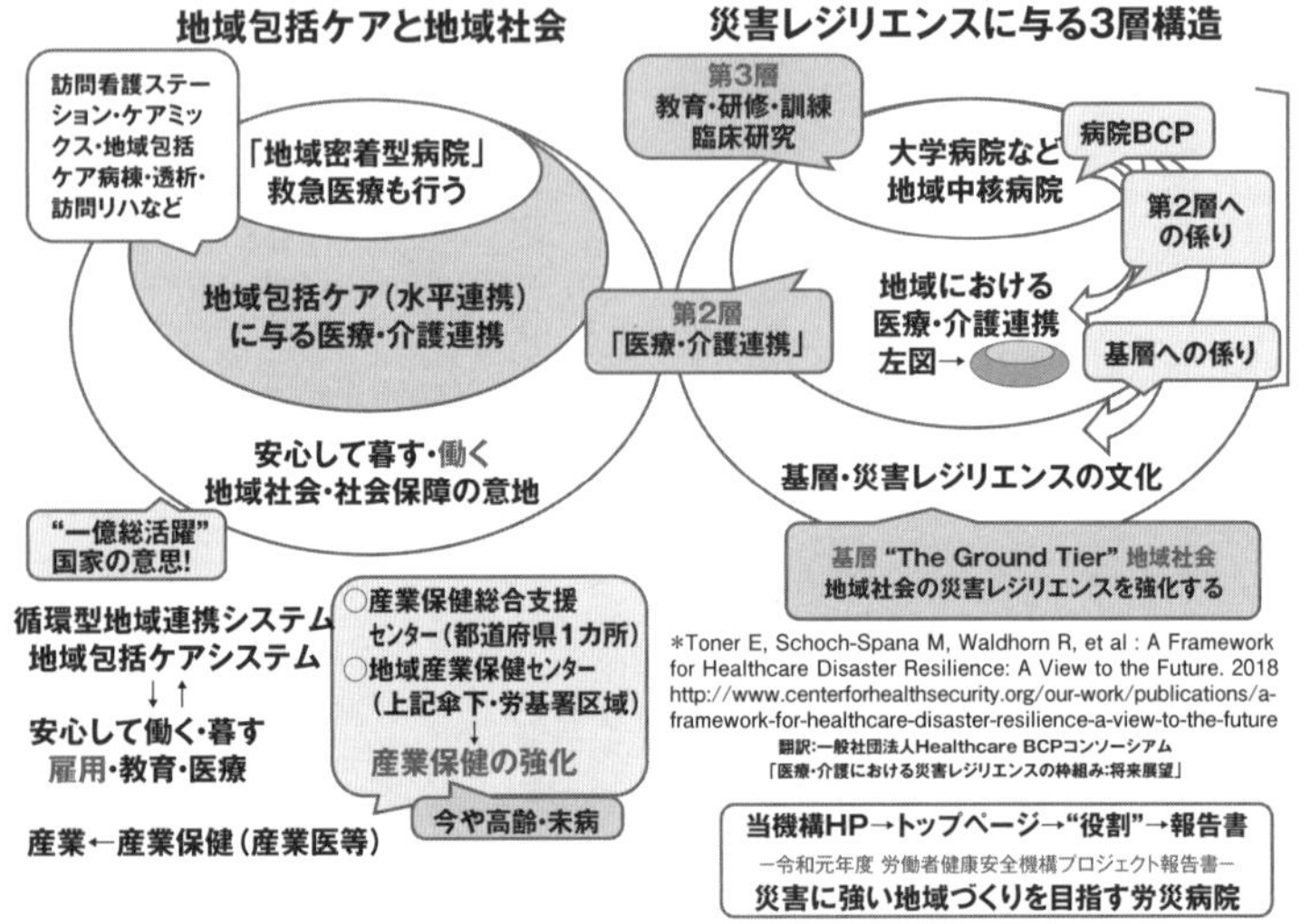

*Toner E, Schoch-Spana M, Waldhorn R, et al : A Framework for Healthcare Disaster Resilience: A View to the Future. 2018
http://www.centerforhealthsecurity.org/our-work/publications/a-framework-for-healthcare-disaster-resilience-a-view-to-the-future
翻訳:一般社団法人Healthcare BCPコンソーシアム
「医療・介護における災害レジリエンスの枠組み:将来展望」

営んでいることから、災害レジリエンス〈注4〉の強化、すなわちあらかじめの準備と発災後の対応の強化について、地域医療、特に高齢者医療・介護が軸になることは当然である。

超高齢社会におけるHealthcare BCPの考え方

図1の右は米国からの報告を基に災害レジリエンスの3層構造を示している〈注4〉。地域の中核的な病院は基層（地域社会）、第2層（医療・介護の連携）への関与が求められ、かの国では第三者評価（ジョイントコミッション）での認証がそのインセンティブとなっていて、労災病院群でもそのような第

三者評価の試みを開始している〈注5〉。

図1の左はわが国における地域包括ケアシステムを含む地域社会を示す。図1右の第2層の要が地域密着型病院であり、災害拠点病院など地域の中核的な病院は、地域密着型病院（図1左の最上段）を介して地域の医療・介護連携とつながっている。

以上から理解できるように、病院間における紹介・逆紹介の患者の流れや、地域密着型病院と訪問看護や同介護との連携といった、まさに日常的な「患者の流れとその情報の共有」こそが、災害医療の前段、すなわちあらかじめの準備の要諦である。そして、地域社会には雇用、教育、医療の三つがなくてはならない。特に雇用に関連して図1左の最下段が社会そのものである。国内総生産、つまり国力を保つことと、地域包括ケアシステムといった社会保障の充実とは、いわば車の両輪である。

おわりに——超高齢社会の在り方と関連して

高齢化が進展し、高齢労働者の増加するわが国において、図1左に示す「安心して働く・暮らす地域社会」の重要性を再確認したい。高齢化の一層の進展にあって、今や社会で力を発揮できる高齢者が増加するという特徴ある歴史的段階に至った〈注6〉ので、多くの高齢者が働いている。この現状に鑑みて、未病たる高齢労働者が安全に安心して働けることと、暮らしの安寧が社会的に保障されることとは、まさに表裏一体である。後者に地域包括ケアシステムの充実も含まれる。超高齢社会における災害レジリエンスの強化とは、高齢者も社会で力を発揮する中でこそ構築されていくものと考える。つまり、高齢者が安心して働ける社会の構築と、高齢者医療・介護の充実、それを含めた災害レジリエンスの強化とは軌《き》を一《いつ》にする課題である〈注７〉。

〈注〉

１　森村尚登「福島第一原発事故における日本救急医学会の活動」（『救急医学』43：６８７ページ〜６９６ページ、２０１９年）

２　一般社団法人日本病院会災害医療対策委員会「病院火災発生時の対応行動アンケート調査結果報告」（『日本病院会雑誌』66、８７２ページ〜９１１ページ、２０１９年）

３　一般社団法人日本病院会災害医療対策委員会「病院等における実践的防災訓練ガイドライン―補遺・改訂版―」令和元年（２０１９年）11月
https://www.hospital.or.jp/pdf/06_20191129_01.pdf

４　Toner E, Schoch-Spana M, Waldhorn R, et. A Framework for Healthcare Disaster Resilience:A View to the Future, ２０１８年2月22日

https://www.centerforhealthsecurity.org/our-work/pubs_archive/pubs-pdfs/2018/180222-framework-healthcare-disaster-resilience.pdf
（一般社団法人 Healthcare BCP コンソーシアム訳「医療・介護における災害レジリエンスの枠組み：将来展望」）
http://hcbcp.umin.jp/A%20Framework%20for%20Healthcare%20Disaster%20Resilience.pdf）

5 独立行政法人労働者健康安全機構「災害に強い地域づくりを目指す労災病院—令和元年度労働者健康安全機構プロジェクト報告書—」、令和2年（２０２０年）３月
http://hcbcp.umin.jp/20200522_JOHAS_report.pdf

6 アンゲラ・メルケル著／フォルカー・レージング編／松永美穂訳『わたしの信仰—キリスト者として行動する』所収「政治的日常におけるカトリックの特色」（新教出版社、２０１８年11月１日第1版、９３ページ〜１１０ページ）

7 有賀徹・伊藤弘人・野口英一「被災病院の機能をいかに継続させるか—Healthcare BCP が目指す地域に根差した災害対策と高齢者医療—」（「Geriatric Medicine（老年医学）」58、７９７ページ〜８０３ページ、２０２０年）

（あるが・とおる）

自助・共助から始める複合災害対処

井上　忠雄（ＮＢＣＲ対策推進機構理事長）

21世紀初頭における自然災害に起因するＮＲ（Nuclear/Radiation）災害の最大のものは、何と言っても福島第1原発の事故による大災害である。日本ではチェルノブイリ型の事故は、日本では絶対起こらないとの下に災害対策が立てられてきたために、緊急・突発時の対応策にいろいろな問題点が生じ被害を拡大させた。これらの不備については政府の報告書はじめ国会・民間・東電の四つの報告書に指摘されているところである。原発事故の対応策についての教訓は学ぶべきところが多いが、特に、危機管理上の大きな教訓は、自然災害であれ、人為的災害であれ、事故や災害は必ず起きるということであり、備えと同時に生起した場合の対策を必ず行うことである。

また、住民の避難・誘導等の安全対策面から見て、当時、次のような大きな問題が現場の初動においてあった。その第1は、初動対処のまずさ、特に放射線対策の初動のまずさで、三つの放射線汚染の問題点が指摘できる。その1は、放射線汚染の可能性につき、警報・注意等の住民への処置が全くなかったこと。その2は、オフサイトセンターが全く機能せず、ここでの住民への警報・注意や避難・誘導等の基本的な措置がなされなかったこと。また、その3は、放射線予報システム（スピーディ：SPEEDI）が全く活用されず、住民に大きな汚染をもたらしたことである。これらは、当時の現場における問題点の一部であるが、その他もろもろの問題点が、その後の10年で見直され、是正されて今日に至っている。オフサイトセンターの不備も是正され、放射線予報システムは3次元化され、運用も見直されたという。最近、各種災害に対し、備えと同時に生起した場合の被害をいかに局限化するか、その対策の重要性等が理解されるようになってきたが、問題は、この10年間で見直され、修正され、是正されてきた当時の福島原発事故の問題点が、「いかに効果的に働くよう補備・修正されているのか」を一体誰が検証するかであろうか。特に、縦割り社会の日本の省庁において、これらの問題点の総合的な検証が、大きな課題であるように思われる。

他方、今後、21世紀の人類に課せられた大きな課題は、核に対する脅威とバイオ災害であると言われている。核に対する脅威は通常の核兵器からもたらされる脅威のほか、世界的には非通常型の核脅威、すなわち、今後、生起する可能性のある原子力発電所の事故や災害、放射線テロなど軍事的核兵器の使用以外の核に関連する災害等の脅威を言うが、もう一つのバイオ災害については、このたびの新型コロナウイルスの世界的流行・拡大に見られるように、新興・再興感染症からもたらされる災害、バイオテロ災害、あるいはその他の人為的バイオ災害など、バイオ技術の一般化とともに、その安全対策は人類に課せられた最大の課題であると見られている。特に、これからの時代はウィズコロナと言われるように、複合災害にいかに立ち向かうかが大きな課題であると言われ、今後の原子力発電所の安全対策で取り組まねばならない問題である。

一般的に、CBRNE（Chemical/Biological/Radiological/Nuclear/Explosive）災害で認識すべきこととしては、次の七つの事項が重要であると見られている。①初動対応の重要性、②気象・地形の影響の把握、③基礎知識の重要性、④防護資機材の保有、⑤教育と訓練の重要性、⑥危機管理態勢の適時の整備・見直し、⑦現場における連携――特に、スピーディーな現場対応が求められる現場において、指揮の統一・一元化、情報の統一・一元化、及び権限と責任の明確化はとりわけ重要である。

これらの中で、特に、⑥の危機管理態勢の見直しについては、CBRNE災害では、全く予想ができない災害事態になることが多いので、今後、次のような手法を考える必要があろう。(ア)、過去のさまざまな事例研究、(イ)、最近におけるデータの収集分析、(ウ)、将来起こりうるシナリオの想定、(エ)、対処計画の策定、(オ)、事態に対応するための代替え等を含む総合的シミュレーションに基づく計画の作成、(カ)、計画実現のために必要な法令、規則、組織、要員、資機材、装備等の整備、(キ)、官民一体の教育・訓練の計画及び実施。

CBRNE災害対処においては、これまでの教訓から、特に自助 7割、共助 2割、公助 1割の時代と言われている。自分自身、自分の家庭、自分の職場、自分の地域、自分の地方自治体など、自分たちを守るための対策・対処が必要・不可欠である。菅《すが》政権も掲げたように今後の複合災害対処は、原子力災害においても、まさに自助・共助から始めることがことさら重要な時代になってきている。

(いのうえ・ただお)

忘れてはならない記憶のために

石井　敦子（いわき市医師会芸術展代表幹事）

忘れてはいけない記憶がある。
忘却力は人間に本来備わった良き能力であるが、一方で再来する災害に対して再び無防備になることにつながる。

２０１１年3月11日午後2時46分、いわきの地が突然大きく揺れた。本棚、家具等が倒れ、床に夥《おびただ》しい本が散乱し食器棚から落下したガラス、陶器類が粉々に砕けた。東日本大震災（M９・０　いわき市震度6弱）の始まりだった。その日はわれわれの病院の開業26周年記念日、各中学校、高校では卒業式の日であった。いわき市の海岸は津波に襲われた。鳴き砂の浜辺、風光明媚《ふうこうめいび》な豊間・薄磯地区は高さ9メートル近い津波が押し寄せ激しく破壊され、一帯はがれきの山（写真1）と化した。

翌日3月12日午後3時36分、双葉郡にある東京電力（株）福島第1原子力発電所の第1号機原子炉建屋で水素爆発が発生、いわき市は地震・津波・放射線被ばくと複合災害の地となった。物資輸送にも影響大で、食糧不足、ガソリン不足が生じ、上下水道被災で断水となった。震災直後の日々は寒く、冷たい雨が降り、雪までぱらついた。

写真1　いわき市―豊間海岸

2013年春に県外の津波被災地を訪れた。宮城県の石巻市、南三陸町、気仙沼市の被害も甚大であった。気仙沼市では、陸地に押し上げられた500トンの大型巻き網漁船「第十八共徳丸」（写真2）が残されていた。いわき市の船主が所有する船であった。
南三陸町では900人近くの人命が失われた。被災地区に骨組みだけが残る3階建ての防災対策庁舎（写真3）が立っていた。震災当日、2階放

写真２　気仙沼市—第十八共徳丸

送室から避難を呼びかける防災無線が発信され多くの命が救われたが、42人の町職員がここで犠牲になった。三陸地方に「津波てんでんこ」という先祖からの言い伝えがある。「津波の時は各自がめいめい高台に逃げろ」との教えで、自分勝手な行動を勧めるものでなく、親子でも、てんでバラバラに分・秒を争って逃げなさいという、津波の地で生まれた哀しい教えなのだという。各自が避難場所に向かうとの信頼があってのことだ。言葉による災害避難指示訓練になっている。災害時の高齢者、震災弱者の救護は現代でも難しい課題だが、地域で生き残るための知恵そのものだったのだろう。

写真2、3の建造物は震災遺構として残してほしいと願っていたが、保存を望む意見と見るのが辛いとの声もあり、現在は撤去された。戦後75年を経ても広島の原爆ドームはその姿で言葉では伝えきれないものを具現している。東京都復興記念館には震災、戦災当時の遺品、写真等が展示されている。

大正３年完成の東京駅舎は辰野金吾により設計されたが堅牢で、大正12年の関東大震災でも被害がなく、東京市民の避難所としての役割を果たした。昭和20年に第２次世界大戦東京大空襲により屋根が破壊され、戦後の修復過程で簡易なものに替えられたが、復原運動が実り、２０１２年にドーム屋根に復原され、震災、戦災を乗り越えた歴史的建造物として立ち続けている。屋根には創建時同様、石巻市雄勝産のスレート石が一部に使われた。大空襲で被災の内部赤煉瓦《あかれんが》壁一部は、黒焦げ木片が剝き出しのまま展示されている。

写真３　南三陸町─防災対策庁舎

２０１９年７月、第38回展いわき市医師会芸術展を茨城県天心記念五浦《いづら》美術館で開催した。医師会員のほかに歯科医師会、薬剤師会、医療関連職の方々にも出品協力いただいている。五浦海岸は横山大観、菱田春草ら日本画家が集い、岡倉天心率いる日本美術院として画業に精進した場所であり、高台に立つ美術館からは青く広がる太平洋を見渡せる。この海岸も大震災で津波被害を受けた。

東日本大震災から年月が経ち、小学校教師から震災の話をしても震災後に生まれた世代には分かってもらえないとの声を聞いた。いわき市街は人や車で賑《にぎ》やかになり、大震災の記憶も日々薄れゆくこの時期に再度、震災記録を展示したいと、芸術展のタイトルを『命・美・東日本大震災メモリアル』とし、季節に彩られる美しい自然風景や人の営みと自然災害の破壊力とを対比させる企画とした。

「東日本大震災メモリアル＝被災そして復興＝」と題した写真スペースには、豊間で津波被災しながら決死で撮影された鈴木利明氏、津波犠牲者の身元鑑定に奮闘された歯科医師中里迪彦氏、筆者が震災以来撮り続けた記録写真を展示した。掲載した3枚の写真も筆者が撮影展示したものである。大震災特集雑誌、著書、震災支援医療活動資料、医師石井正三らが創設したＪＭＡＴ（日本医師会災害医療チーム）活動資料、２０１４年いわき開催の世界の医師によるワールド・ドクターズ・オーケストラ東日本大震災復興支援コンサート資料なども展示した。芸術展会期中の来場者は１２００人を超え、多くの反響があった。

翌年２０２０年正月は小春日和で、新型コロナウイルス感染症により世界がこれほどまでに激変するとは予想していなかった。国内の感染者報告がまだない1月15日にわれわれの医療・介護施設では備えるべく感染症対策緊急全体会議を開いた。翌日16日には日本国内で初の感染者が報道され、2月3日には横浜入港の外国クルーズ船ダイヤモンド・プリンセス号内で感染者多数発生のニュースが飛び込んだ。欧米にも波及して、ベネチアでは世界から集まるカーニバル祭典が2月途中に急きょ中止、その後、感染症は瞬《また》く間に世界に広がった。世界各都市で外出自粛令、ロックダウンなどが次々と出された。ローマ、パリの市街地から人が消え、テレビで報道される世界各所の観光地、都市の街並みは、画家キリコが描いた無機質で人のいない静まりかえった世界だった。WHOが新型コロナウイルス感染症をパンデミック状態とやっと認めたのは遅く、3月11日だった。奇《く》しくも東日本大震災発生から9年後の同日であった。

外出・外食自粛、コンサート・美術展中止、学会・会議が延期され、不自由なWeb開催が増えた。東京オリンピックは延期となり、おもてなしの標語も今では虚《むな》しく、欧米流の感情表現に富む挨拶法はソーシャルディスタンスの真逆をいくものとされ、控えめに遠くからお辞儀する挨拶、靴を家の中では履かない日本の習慣は世界に誇るべき最高のマナーとなった。それにしても人と人のコミュニケーションがこんなにも変わっていくと世界の今後が危惧《きぐ》される。

２０１９年までは、外国人観光客が日本に押し寄せ、観光地、都会の交通機関・駅は人で混雑密集した。ペスト、コレラ、スペイン風邪等、疫病の歴史を人々が忘れた頃に目に見えない生物体による疫病が再び世界を襲ったのだ。２０２０年10月7日現在、ＷＨＯ発表の数字では世界全体で新型コロナウイルス感染者は３５６５万人、死者は１０４万人を超えた。

小説の世界では、小松左京が『復活の日』で、夏樹静子が『βの悲劇』でウイルスが世界に蔓延《まんえん》する世界を描いた。両作家ともすでに永眠されている。存命であったらどんなコメントを発せられたことだろうか。自然は人類が全てをコントロールできる対象ではない、ましてや地球の自然界は人類のためにだけ存在しているのではない。傲慢になり次々と自然破壊を繰り返しているのはむしろ人類の方なのかもしれない。

災害から逃れられない以上、その現実は決して忘れてはならない記憶である。映像、写真、歴史的建築物、遺構等は、視覚によって次の世代に記憶を直接伝えうる重要手段の一つだ。悠久の時間の流れの中で地球上に生を享《う》け、ある限られた期間だけ住まわせてもらっている小さな存在に過ぎないことも人類が忘れずにいられたらと願う。

（いしい・あつこ）

福島復興の神髄

大西　康夫（東日本国際大学 福島復興創世研究所所長、元パシフィックノースウェスト国立研究所最高科学者、元ＩＡＥＡ委員）

私はアメリカに52年住み、米国エネルギー省のパシフィックノースウエスト国立研究所で37年、ワシントン州立大学大学院で15年研究・教育活動をしました。福島原発事故直後に管《かん》首相と海江田経産大臣がオバマ大統領とスティーブン・チュウ エネルギー長官にそれぞれ電話で福島事故対策のため、私の緊急来日を要請し、以後、私は三十数回来日した。チェルノブイリ、ロシアのマヤックとカーラ海、カザフスタンのセミプラチンスク核爆発実験地、イギリスのセラフィールド、アメリカのハンフォード、ロスアラモス、オークリッジ等、世界で最も放射能で汚染された地域を私は評価をしてきました。その経験から、福島復興には３Ｅ 復興対策（E1：Environmental Remediation 環境回復、E2：Economic

Reconstruction 経済復興、E3：Emotional Resilience 心の修復）が必要だと私は提唱しています。

Ｅ１の「環境回復」は放射能の人体への影響を減らすためです。チェルノブイリやマヤックが代表するように、汚染地域に住む人たちの被ばくは主に汚染された食物の摂取による。しかし日本は汚染度が１００Bq（ベクレル）／kg以上の食べ物の販売を禁止したので、内部被ばくはほとんど起こっていない。セシウムの外部被ばくの人体への最大経路は表土からの直射である。日本政府は帰還困難地域の一部を除いて、汚染表土の除去と地面反転で、外部被ばくも少ない。汚染物の貯蔵、最終処分作業は残っているが、世界の汚染地域と比較しても福島の環境回復は成功した。

Ｅ２の「経済復興」については２０１４年からイノベーションコーストプランが進んでおり、分析・研究センター、遠隔技術開発センター等、いくつかの研究・テストセンターが築かれた。これらは日本政府からのトップダウンの企画である。

私が47年住んでいる米国エネルギー省のハンフォードは、１９４３年から13基の原子炉・原発と、５基の使用済み核燃料の再処理工場の建設、運転。その後、原発１基を除き、全ての建設中止または運転中止があり、地元は急速な繁栄と壊滅に近い崩壊を３回繰り返した。地元はこれでは駄目だと気付き、ボトムアップでどんな町に住みたいかを皆で考え、共同の将来像を形成し、その達成方法を設定し、それに向かって数十年進んでいる。現在、私の町はアメリカで有数のハイテク産業密集地になり、全米1位、2位の農産物とその加工業も数多くあり、農業も商業も非常に栄えている。

このようにボトムアップで私の町は地元が真に望む経済を達成し、人口も過去50年で数倍に増えて現在30万人に達した。このような成功を福島で再現するには地元からのボトムアップが必要である。

E3の「心の修復」は自分たちの運命は自分たちで決めるという精神を生み出し、やる気を出す。それによってE1とE2の環境回復・汚染物安全保管と経済復興がより進展する。チェルノブイリで被《こうむ》った最大の障害は、心の修復が過去35年行われず、多くの人が希望とやる気をなくしたことである。

福島事故から10年が経ち、放射能への危機感が薄れている中、今さらなぜ心の修復をと思われるかもしれない。しかし災害はPTSD（心的外傷後ストレス障害）、うつ病、認知能力に悪影響等、さまざまな長期の精神障害を起こす。特に（1）子どもの頭脳成長に影響を与え、生涯にわたり肉体的、精神的悪影響を与え、IQを下げる、（2）問題を解決する能力は最も後で成長する頭脳の前頭葉で行われるので、青少年も影響される、（3）災害時での胎児は生まれてから肉体的、精神的に影響が出ているので2〜3世代にわたり影響が出る等、子どもにも悪影響を起こしうるので、心の修復は大切である。

福島復興創世研究所は、心の修復の第一歩として、世界心療学会総長と国連への世界心療学会代表（コロンビア大学教授）のもと、心を修復させる治療法のワークショップを福島で実施する検討をしている。これにより、福島の人たちが安全と感じ、災害を乗り越える精神力をつけ、問題解決力と自信をつけ、良い社会的関係を築く方法を学び、その人たちが学んだ方法で他の人たちの心も修復できるようにするのがその目的である。

福島復興の神髄は福島の人たちが自分の人生は自分で決めると覚悟し、ボトムアップで地元共同の将来像を築き、その実現に地元が一体となって邁進《まいしん》することであり、私たちはその達成の援助に全力を注いでいます。

（おおにし・やすお）

復興の担い手としてソーシャルワーカーの活用を

大橋　雅啓（東日本国際大学健康福祉学部 教授）

近年、精神保健福祉ソーシャルワークの領域で、リカバリーという言葉が盛んに使われている。これは単に精神疾患からの回復や失われたものを取り戻すということではなく、精神障害を抱えながらも、新たな自分らしい生き方を見つけ出す過程、という意味があります。

本学で開催された健康社会戦略研究所主催の国際シンポジウム「東日本大震災と原発事故からの10年」では、医療、放射線学、救急医療の現場、経済学、行政担当者など、さまざまな立場や思いで震災と復興の現場に携わった軌跡と、これからの福島県・日本社会の在り方についての熱い議論が交わされました。震災と原発事故への問いかけが薄れつつある現在、関わりの記憶を呼び戻す精神的にも労力の折れる作業です。実践者や科学者たちは自身を鼓舞してあえて市民に問いかけました。　席上、ある演者が「愚者は経験に学び、賢者は歴史に学ぶ」という一節を用いて、今回のシンポジウムの意義を説明しました。これはドイツの鉄血宰相と呼ばれたオットー・フォン・ビスマルクが残した名言です。震災と復興のプロセスは、私たちが何を経験し、どのような感想を持って、新たな発見に至ったのか、そして将来、同じ後悔を繰り返さないために、あえて痛みを伴う震災の記憶を想起し振り返ることで、私たちの中にリカバリーが生まれてきます。震災の記憶の風化が叫ばれる今こそ、震災からの真の復興を目指す道程は、私たちが震災によって経験した苦難と、そこから得た学びを語ることでリカバリーが始まります。

東日本大震災が発生したあの日、私は仙台市職員として、沿岸部にある避難所となった某小学校の運営責任者として奔走していた。普段は250人ほどの郊外の小学校に、近所から避難してきた約2500人余が押しかけ、体育館や校舎内の空き教室も全て満員電車並みに混んで、パニック状態。その小学校は以前から災害避難所には指定されており、生徒が2日間は過ごせるよう約500人分の備蓄米や毛布が準備はされていた。余震が弛《たゆ》まなく続く中、今度はそこに全身びしょ濡れで津波から逃れてきた、隣の市からの住民が列をなしてやってきた。「なぜ、市外の住民をここで受け入れるんだ」「ここに津波が押し寄せたらどう責任をとるんだ」。先に体育館を占拠していた住民から、私たちに向けて怒号が飛び交った。先が見えない不安と余震の恐怖からくる、心無い発言の数々に、身を挺《てい》して支援に当たった学校教員も、やる気が失せて苛立《いらだ》ちが見え始める。住民の不満と不安、支援者との対立がピークに達し、このままでは、暴動でも起きそうな気まずい雰囲気が漂う。ここはソーシャルワーカーの危機介入の発想で、まずは住民をなだめることよりも、住民の食欲を満たすことを優先するよう教員たちに説明し、学校中の鍋や釜、ヤカンをかき集めて、教員だけでなく避難住民の協力者も募り、急きょ中庭にたくさんのかまどを作って大量にお湯を沸かして、備蓄米をお湯で戻して配給品として配ることを提案した。物流は寸断されており、明日以降のことを考えれば、食糧は節約しながら計画的に消費した方がよかったかもしれないが、まずは住民の食欲を満たすことが先との提案を教員たちも渋々ながら受け入れ、住民との共同作業で夕飯の配給を実施した。緊急時のとっさの共助体験である。結果として、温かいご飯の配給は人々の心を静め、その後、余震は続いても、人々に表情に余裕が見え始め、不平不満も出なくなり、落ち着きを取り戻すことができた。それをきっかけに、その後のトイレの水くみ作業などの重労働も、皆が協力してスムーズに進むようになっていった。極限状態では、受け身の支援やたくさんの説明や情報提供よりも、まずは人々の欲求に応える支援やリーダーシップを優先しなければ対処できない事例ではなかったのだろうか。

わが国は、これまで数々の自然災害に見舞われてきましたが、そのつど、先人の英知と弛まぬ努力で困難を乗り越え、奇跡の復興を成し遂げてきました。しかしながら、この成功体験が「二度と起こらないだろう」「たとえ起きても、何とかなるさ」「もう終わったこと」といった〝事なかれレジーム〟によって、根拠のない自信感や安心感につながり、危機意識の希薄化を生じさせてはいないだろうか。今回の震災と原発事故は科学技術の安心と安全の神話を崩壊させたし、私たちの心のどこかにトラウマとなって残っています。トラウマからの回復には、受容的な環境の中で経験を語ることと同時に正しい知識と理解が大切です。小学校から大学までの学びの場にいる限りは、正規科目として防災教育を取り入れ正しい知識として震災を学ぶこと、また、社会人を対象にした生涯学習の場でも防災に関する講座を開講することなどが考えられます。それと同時に、地区の防災団体の組織化とその育成を図るなど、縦断的な教育体系と横断的な地区の防災組織の連携によって、地域一丸となった「共に生きるための街づくり」を進めることが必要です。これこそが、災害を乗り越えて、新たな生き方を見つけ、リカバリーする復興の道筋ではないでしょうか。

手前味噌《てまえみそ》ではあるが、このような復興の地域づくりの担い手として、ソーシャルワーカーがいます。人々が生活していく上での問題解決を図り、質の高い生活（ＱＯＬ：Quality of Life）を支援するのがソーシャルワーカーの役割です。震災以降、避難所支援や心のケアを中心とした災害ソーシャルワークという領域が新たに生まれており、福祉を学ぶ学生たちが災害現場のボランティア活動に参加するなど実践的な学びが展開されています。

今後、福島県の復興を考えるのであれば、ハコモノ中心のハード整備事業だけでなく、震災と復興の軌跡を学ぶ防災教育や地域住民の組織化といったソフト面を組み合わせた事業に重点を置いた大胆な予算配分と、それらを促進する役割のソーシャルワーカーの活用をぜひとも検討してもらいたい。

（おおはし・まさのぶ）

２０２１年に始まる宇宙的新時代に生きる人々へのメッセージ

大和田　葉子（音楽家、フルート奏者）

２０２０年はＣＯＶＩＤ－19で始まり、程度は違えども地球上全地域で共通行動制限騒ぎとなった。少し落ち着き始めた10月4日に東日本国際大学において、健康社会戦略研究所所長の石井正三先生企画による「震災からコロナ以降への考察」をテーマにしたシンポジウムが行われた。登壇者の方々からは、一般メディアで知り得なかった貴重な報告、同時通訳付きによる欧米の先生方の発表、会場には一般市民、地元の重鎮の方々全員勢揃《せいぞろ》いでの見事な流れと内容で成功裏に終始した。

謙虚にも当日語られることはなかったが、災害発生直後の米国からの支援は石井所長の敏速行動に起因していたことを２０１９年夏に私が初めて知ったときは本当に驚いた。自らも被災されながら医療従事者として猛烈なスピードでハーバード大学のご友人教授らに助けを求め、先方からは国を挙げての救援医療品等が即届けられたそうだ。しかしながらそれでも動かない日本政府に代わって米軍のヘリコプターが真っ暗闇の東北被災地全域に物資を届けてくれたのも石井先生ご自身の普段からの人的備えにあったのである。

一方、同じいわき市内でもわが両親宅が受けた被害はTSUNAMIでも原発でもない旧市街地全域地中からの都市ガス漏洩《ろうえい》と屋内充満による爆発であった。報道されていない問題はまだまだある。12日になってやっと動き始めたガス会社の職員が超高齢のわが両親宅も異常ないかと早朝6時過ぎに親切にも訪問してくれた。ところが、ガス会社からの事故後の時系列報告書を見ると「インターホンのボタン」を何度も押したそうだ。「えっ？ では電気は通じていたの？」となるが、そんな事態でも町はガスも電気も止めていなかった！ ガスが充満しているのに電気操作であるインターホンを押すガス会社職員⁉ 恐ろしいことである。運良くすぐには爆発しなかったが、6時間近く発生元探しに費やしたとあり、「元栓はしっかり閉めてある」と言う両親の言葉をよそに「取りあえず元栓を新しいものに取り替えた」と精一杯の行動に安堵《あんど》して立ち去ったのだろうが、その直後に家全体が大爆破した！ 街全体が異臭騒ぎだったのだからまずは住民避難誘導が先であろう。町のインフラセクション同士での災害時連携がなかったことも驚きである。「専門家を信じなければ良かった」と被災後の父のひと言は重い。でも現場担当者たちは皆が痛ましいほどに誠実であったのである。これが日本の実情なのである。

私は、長年の日本の教育と社会構造が結果として、末端でこういう人災をも引き起こすのだと思っている。緑川浩司理事長の見事な閉会のお言葉を拝聴しながら、孔子の「楽に成る」の音やその域に達した人間の心が浮かび、国民が真の人間覚醒に関する重要さに気付き切っていないことも思い出した。「音」も見えないが地震も感染症も見えない世界のことである。ガス管や発電所や津波にも耐える建築や居住地選定は見える世界である。この双方に関しての問題が発生しないようにする計画はもちろんだが、何が問題なのかの発見とその解決技法をしっかり学び直し、見直し、実行すること、そしてこの先の新時代では既存の組織を終了させることを恐れないこと、皆がそれぞれに勘を磨き続け損得勘定をせず、横縦合体型透明感のある相手の身になって考えられるネットワーク構築こそが重要になると思う。

いろいろな方の援助に感謝しているが、最近では2019年春に父がふとしたことで東京の某病院の誤診で生死をさまよわされていた。突然ベッド上で父が「石井君しかいない！」と叫んだので、私は慌てて電話番号を探し始め連絡をした。その後の流れは驚くほど敏速冷静に、最終的には「いきがい村」の皆さまの見事な御力のおかげで父は奇跡的に生還し立ち上がり、無事92歳を迎え『平家物語』を読んでいる。

２５００年以上前の古代ギリシャのヒポクラテスとピタゴラスの魂が合わさって進化したようなピタゴラマサクラテス！（稀有なる天才医師イシイマサミ先生のこと）が何とここいわき市にいらっしゃるのだ！　ありがたい奇跡だ。

今こそ世界全体が順次宇宙的新時代にアセンション（上昇）し、「いきがい村」のような楽園になってほしい。いわき市民となられた吉村作治学長も同様に思われていらっしゃると思うし、そうなればいわき市を創った故大和田弥一も安心成仏でき、私は人間形成と音楽芸術の軌道修正に尽力したい気持ちでいっぱいである。

（おおわだ・ようこ）

東日本大震災と原発事故からの10年

金成　明美（東日本国際大学健康福祉学部　准教授）

２０１１年の東日本大震災から、復興への道をひたすら進む福島県を含む東日本である。震災被害、津波被害、原子力発電所事故による災害、さらには風評被害と複合的かつ大規模な被害から10年、被災地や被災者への支援は公的、私的さまざまな形で受け取り、現在に至っている。一時は被災し故郷を離れなければならなかった住民たちを「避難者」から「難民」さらには「棄民」とまで表現したメディアもあったが、10年目を迎えてようやく減少している。

このような受け止め方がもたらされた理由としては、震災の被害が福島県を中心としていたからではないか。もし東京が被害に見舞われた場合は、「棄民」という受け止め方はありえないであろう。これは、阪神・淡路大震災の際の被災者への対応と比較しても明らかである。

さて、10年前から私たちは、風評被害との闘いを強いられた。海外に目を向ければ、日本産農産物の輸出差し止め、国内では福島県産品の買い控え、県内外避難者への差別は、ホテルでの宿泊拒否や、ガソリン給油拒否、避難先の小学校でいじめに遭うなど多岐にわたった。SNSで現状を訴えるとたちまち炎上するといった具合に、誤解が差別や中傷を生む構図は、当事者である福島県民にとって、もはや「経済的損失」でもあった。この損失を減らす努力として、空中放射性物質の測定、土中放射線物質の除去、流通農産品の放射性物質モニタリング、海外への福島ブランド売り込みに加え、住民と学生への放射線についての学習会開催といった地道な努力の積み重ねにより、ようやく緊急期、復旧期、復興期へとフェーズが移行してきた。

「ふるさとへの思い」それ自体は、誰にでもあるものだが、見えているのに近づけないふるさと、確かにそこにあるのに滞在することができないふるさとを持つ住民の胸中を思うと胸が痛む思いがする。帰還困難区域と封鎖看板が立ち、車両の往来はできず、荒れていく自宅を遠目に見る住民の多くは、いわき市内に多く居住する。介護福祉士を目指して学ぶ学生へ指導する私は、高齢期になり「ふるさとへ帰還できない」介護福祉利用者と接することも多い。不本意ながらいわき市内での介護福祉事業所で生活する彼らは、「あの世に旅立てばふるさとに立てる」と半ば諦めながら口にする。彼らは「帰れば孫たちに（風評）被害が及ぶ」「ようやく落ち着いたのに風評はついて回る」、だからここにいるのだと。この時、建物の復興が進んでも、完全なる住民帰還がかなわない限り、心の復興にはいまだ遠いことを実感するのだ。

人は未知なものに対して恐怖する、これは先に挙げた放射線被害に対する避難者や福島県産品の買い控えで学んだことでもあるが、２０２０年の現在、新型コロナウイルスによるパンデミックは、人類に対して再度「未知なるものへの恐怖」は、差別を生むという現実を突き付けたのだ。

罹患《りかん》した患者が複数発生すると「クラスター」と表現し、ＳＮＳ上では罹患して精神的にも身体的にも弱っている患者だけでなく、家族、会社、学校といった関係者全体に風評被害とも言える嫌がらせが刺さっていく。届くという言葉では生温《なまぬる》く「刺さる」という表現が、大げさではないと感じるのだ。まさに風評被害が人権侵害、経済的損失もセットで被害者である私たちに襲いかかってくる。

新型コロナウイルス感染症拡大を抑えるために、ソーシャルディスタンス、手指消毒、マスク着用といった「新しい生活様式」がメディアからも、声高に呼びかけられている。テレワークやオンライン授業、大人数での飲食禁止、緩やかな都市封鎖など、あの手この手で封じ込めようとするが、ウイルスの巧みな変化に人類が遅れを取っているかのようにメディアでは表現する。

しかし、10年前から堅実に復興へ歩みを進める私たちは、明けない夜はないと知っている。3・11のあの夜、大学から自宅までおよそ13キロを歩いて帰った私は、自宅に着いた後にラジオで震災の規模の大きさを把握した。その後、卒業式も中止、入学式も1カ月遅れ、校舎の被災のため教室は足りず、青空の下で車椅子移動の練習もした。その当時に学生だった彼ら彼女らも、卒業後就職した事業所でリーダーになっている。専門職として自分の足で立つ彼ら彼女らは、信頼できる同志になりつつある。

2020年10月、東京電力福島第1原発が立地する福島県大熊町で帰還困難区域内の試験栽培の稲刈りが行われた。放射性物質濃度のデータ収集が目的で、原則立ち入り禁止の同区域では初めてのコメの収穫であった。福島原発から約5キロ南西にある田は、「特定復興再生拠点区域」にあり、2年後の避難指示解除を目指す土地でもある。放射性セシウムの検査に必要な約150株を刈り取り、残りは廃棄される予定である。この取り組みは営農再開に向けた第一歩であろう。

日本の原風景は水田を含む里山にあるという。帰還困難地域を美しい里山に戻す取り組みが、試験栽培の稲刈りにより、また一つ進んでいることを確認できた。10年前から続く複合災害に立ち向かい、「ふるさとを取り戻す」ことは、未知なるもの（放射線）への恐怖を払拭する取り組みであった。奇《く》しくも同様に未知なるものへの挑戦を強いられる新型コロナウイルスの脅威も、必ず終息する日が来ることを信じ、「新しい生活様式」を丁寧にする日々である。

（かなり・あけみ）

フクシマ発の「持続可能な社会」を示そう

河合　雅司（人口減少対策総合研究所理事長）

東日本大震災、福島第1原発事故からの復興は道半ばである。いまだ苦難の状況下に置かれている人が少なくない。そんな被災地にもコロナ禍は容赦なく襲いかかった。感染による健康被害もさることながら、世界恐慌に例えられるほどに経済は疲弊している。日本経済、そして被災地の経済の傷が癒えるのにどれぐらいの時間を要するか分からない。

そうでなくとも「コロナ前」から、日本は人口減少という社会の激変に見舞われていた。仮にコロナ禍の影響が長期化し、雇用環境が悪化することになれば、婚姻数は減り、少子化はさらに深刻化する。すでに欧州各国は、来年の出生数の減少を見込んでいる。日本も例外とはいくまい。

出生数減少の影響は単年にとどまらない。20年ほど後の働き手不足、そして消費者不足を招くからだ。マーケットは縮小し、税収は不足しよう。コロナ禍は社会全般に少なからぬ悪影響を及ぼし、被災地復興の遅れにもつながりかねない。日本は「幾重もの逆境」の中にあるのだ。

しかしながら、われわれは下を向いてはいられない。目を海外に向ければ、米中の覇権争いもさることながら、発展途上国の経済成長が著しい。コロナ禍が一息ついて経済活動が本格的に再開すれば、これらの国々は日本の強力なライバルとなる。われわれが「幾重もの逆境」に屈したならば、日本人は豊かさを手放すことになるかもしれない。

だが、発想さえ変えれば、コロナ禍こそ日本を根底から作り直す大きなチャンスとなりうる。

理由は大きく二つある。一つは、コロナ禍が結果として家族と向き合う時間を作り出し、多くの国民が、家族といることの幸せや、働くことの意味を見つめ直したことだ。死生観を含め、人々の価値観に少なからぬ変化をもたらしたことだろう。こうした「時代」の変革期には必ず新たなニーズが生まれ、イノベーションも大きく進む。

もう一つは、コロナ禍がもたらした消費需要の喪失である。それは、タイムマシーンで「人口減少後の需要の縮小」を一足早く覗《のぞ》いたようなものであった。

政府や経済界は「コロナ前」の売上水準に戻すべく「V字回復」を唱えているが、そうした必要はない。一時的に戻せたとしても、すぐに人口減少に伴う需要減で辻褄《つじつま》が合わなくなるからだ。むしろ、人口減少後のマーケット規模を想定した水準まで回復させればよい。

肝心なのは、人口減少で需要が小さくなる時代を見越して、売上高ではなく利益高を伸ばせるようなビジネスモデルを確立することだ。高付加価値型モデルへと転換するのである。V字回復に費やすエネルギーがあるのなら、それをビジネスモデルの転換に振り向けた方が生産的である。

この点、地震と津波、原発事故という三重災害を経験した被災地・フクシマの潜在力は大きいと言える。この10年の歳月は、否応なしに「過去」を断ち切ることを迫った。日本は激動の時代に入ったのである。過去の成功体験やしがらみを壊すところから始めなければならない被災地以外の地域とは違い、いち早く「新たな日本の成功」に向けてスタートを切ることができるメリットは大きい。

他方、三重災害は、被災地以外の人にも「地球で生きる」ことを考える機会を与えた。温暖化で年を追うごとに自然は荒々しくなっている。世界人口は少なくとも2050年頃までは爆発的に増え、エネルギーや食糧、安全をどう確保していくのかに世界が悩むことになる。

そして今、世界は手を携えて解決の道を見いだそうとしている。ＳＤＧｓ（Sustainable Development Goals）はすでに万国共通語となったし、ビジネスでは環境（Environment）、社会（Social）、ガバナンス（Governance）の頭文字を取った「ＥＳＧ」が重視され、これにコミットしなければ淘汰《とうた》される時代となりつつある。

今こそ三重災害を経験したフクシマが、世界に先駆けて「持続可能な社会」の実現に向けたメッセージを発するときである。それを具体的な取り組みとして示したならば、世界に与える影響は計り知れない。

過去を取り戻す復興では、「幾重もの逆境」を跳ね返すことは難しい。「時代の変化」を先取りし、10年という節目を未来へとつなぐ道標としたい。

（かわい・まさし）

東日本大震災時におけるいわき市医師会の医療救護活動
――JMAT活動の成果についての考察

木田　光一（前福島県医師会常任理事）

1　はじめに

東日本大震災は地震、津波に加えて福島第1原発事故による放射能汚染という未曽有の災害をもたらし、福島県では多くの住民が県内外に避難し、大半が避難所での不自由な生活を余儀なくされた。避難者は高齢者や継続的な治療を要する人が多く、また良好とは言えない住環境下で体調を崩す人も見られたことから、行政や医師会にとって避難所における医療の確保が喫緊《きっきん》の課題であった。私は当時いわき市医師会長の職にあったが、いわき市医師会が市民の生命と健康を守る活動を展開する上で、マンパワー不足や、医薬品などがほとんどないことが大きな手枷《かせ》足枷となっていた。

奇《く》しくも日本医師会（以下日医）では、ちょうど1年前に当時災害・救急担当常任理事であった石井正三先生（現東日本国際大学健康社会研究所所長）らが中心となって、大規模災害に備えてＪＭＡＴ（Japan Medical Association Team）の構想を発表していた。ＪＭＡＴは、「日医が医師のプロフェッショナル・オートノミーに基づき、被災地以外の都道府県医師会ごとにチームを編成し、被災地の医師会からの要請に基づいて派遣を行い、避難所等における医療・健康管理活動を中心として、主に災害急性期以降を担う」日本医師会災害医療チームである。

いわき市医師会は、石井先生の助言により、福島県医師会からの要請に基づいて全国から派遣されたＪＭＡＴの支援を受けながら避難所の巡回診療を行い、いわき市の医療崩壊を何とか食い止める活動の一翼を担うことができた。本稿では当時の巡回診療を振り返りながら、本市におけるＪＭＡＴ活動の成果とＪＭＡＴの基本理念について触れてみたい。

２　いわき市におけるＪＭＡＴ等による医療救護活動

東日本大震災によるいわき市の人的被害は、死者４６８人（直接死２９３人、関連死１３８人、死亡認定を受けた行方不明者数37人）で、住宅等被害は全壊７９０９棟、大規模半壊7277棟、半壊2万5242棟、一部破損5万774棟であった。一方、医療機関等の被害状況は、29病院中、津波被害4カ所、225診療所中、津波被害7カ所、地震損壊3カ所で、12介護老人保健施設中、津波被害1カ所だった。

大震災発災直後のいわき市の状況は、近隣の楢葉町と広野町から避難者が殺到したため、市内に避難所が140カ所設置され、避難者総数は1万9574人に上った。さらに3月12日の福島原発1号機の爆発事故後は、食料、医薬品、ガソリンなどの物流も途絶え、断水は長期間にわたった。スーパーマーケットは閉鎖で、ガソリンスタンドは長蛇の列をなし、いわば籠城を余儀なくされ、兵糧責めの状態であった。診療している医療機関は10％程度で、医薬品が底をつき、3月16日には市に必要な医薬品のリストを提出し確保を陳情したが、届いたのは10日後であった。

大震災後のいわき市医師会の活動については、役員間で何とか連絡がついた3月12日に災害対策本部を立ち上げ、翌13日から基幹病院である磐城共立病院（現いわき市医療センター）と地域を分担して避難所の巡回診療を開始した。しかし電話やFAXは全く機能せず、医師会チームを編成しようにも継続して巡回チームに参加できる十分な数の会員の確保は困難であった。たまたま石井先生からの要請で駆けつけていただいた日医総研研究員の永田高志先生（現九州大学大学院医学研究院先端医療医学講座災害・救急医学分野助教）や東京都のＤＭＡＴ（Disaster Medical Assistance Team）の方々にＪＭＡＴとして医師会チームの巡回診療に参加していただいた。また医師会館に駆けつけてくれた会員の方々にも参加をお願いして何とか急場を凌《しの》いだ。

しかしながら、３月12日に１号機、14日に３号機、15日に２、４号機が爆発するなど、福島第１原発の相次ぐ事故による放射能汚染が危惧されたため、３月15日午後には活動中のＪＭＡＴの方々には帰還いただいた。３月15日の午後に保健所から医師会に送られてきたいわき市の合同庁舎前で測定した放射線量データは23・72μSv（マイクロシーベルト）と高値であったが、これをピークに翌16日には18・78μSvと低下し、その後も28日には１・０μSv４月１日には０・５μSvとなり以下漸減した。３月16日には日医の働きかけにより常磐道が通行可能になったものの、いわきに入ってくる車はほとんどなかった。事態が好転したのは、３月18日午前中に私が石井先生のご高配で日医会館を訪問してからであった。役員の方々に支援をお願いしたところ、薬剤大手のアルフレッサに働きかけて、本市の卸に薬剤を供給するように強く指示していただいた。

また３月18日夕方には日医の要請を受け、大野和美副会長を団長とする愛知県医師会ＪＭＡＴ第１班がいわき入りし、翌19日にはＪＭＡＴ活動が再開された。さらに同日には愛知県医師会から約８００kgの医薬品を空輸していただいた。薬剤の品目は本会で作成した医薬品リストに基づいたもので、救急医療で使われるものだけではなく、降圧剤や糖尿病治療薬、喘息《ぜんそく》治療薬など一般診療で使用するものがほとんどで、巡回診療の大きな力となった。その後、東京、山梨、富山、京都、福岡、長崎のＪＭＡＴの方々にもいわき入りしていただき、継続的な支援が受けられた。

ＪＭＡＴと地元医療機関の連携については、大半の病院は地震による損壊、断水、ガソリン不足による職員の出勤困難などの問題を抱えながらも、入院患者を市外に搬送するなどして、何とか診療機能を維持していたため、ＪＭＡＴには本市の病院チームと地区を分担して避難所の巡回診療を担当していただくようお願いした。巡回診療の中で入院が必要と思われる患者が発生した場合には、機能している病院に紹介していただき、休診している病院、診療所は診療再開に専念してもらった。各地の医師会からの支援申し出に対して、チームが重複せず、かつ切れ目のない支援をお願いするために、ＪＭＡＴ支援カレンダーを福島高専助教の布施雅彦先生に作成いただいた。これをいわき市医師会のＷＥＢ上に掲載し、このカレンダーを見て各地のＪＭＡＴにいわき入りの日程の調整をお願いした。

ＪＭＡＴ活動においてミーティングは大変重要であった。永田先生のアドバイスに従って、各ＪＭＡＴの自己紹介から開始した。もちろん参加者は初対面であったが、自己紹介をしてからミーティングを重ねていくうちに医療救護チームとしての一体感が出てきた。

医師は救急医療の専門家だけではなく、むしろ内科、整形外科、精神科など一般診療科の方々がほとんどであった。ＪＭＡＴのミーティングの参加者は派遣されたＪＭＡＴの方々、日本薬剤師会派遣の薬剤師、いわき市薬剤師会会長、東日本国際大学教授（精神衛生福祉士）、いわき市保健福祉部職員、いわき市保健所指導保健師、医師会会員の巡回診療協力医、市医師会役員で、開催の頻度は３月13日から３月25日までは活動開始の午前９時と活動終了の午後５時に２回行っていたが、３月26日以降は効率を良くするため夕方のみとした。司会は毎日私が担当した。

ミーティングにおいて大きな威力を発揮したのは、ＪＭＡＴが避難所の現状と問題点を把握し改善につなげるためのツールとして日医から提供された「ＪＭＡＴ避難所チェックリスト」だった。チェックリストを基に避難所の現状報告がなされ、保健所の保健師と市の保健福祉部担当者が改善に向けて速やかな対応を行った。さらにいわき市保健所の保健師が毎日新しい避難所の情報を書き加えて作成してくれた「避難所の状況申し送りの文書」も、避難所の問題点や気になる患者の申し送り事項が記入されており、当日の活動報告の円滑化が図られ、翌日の巡回予定の避難所の状況がすぐに理解できるなど大変重宝した。日医より提供された「避難所での診療記録リスト」を避難所で診療を行ったときにカルテの代用として使用した。処方は薬剤備蓄や地元の医療機関の診療再開も考慮して最大限１

週間とした。慢性疾患の患者では継続した記入が必要となり、ホッチキスで止めたり、避難所単位で患者ホルダーも作成した。

ＪＭＡＴ活動のもう一つの成果は、巡回チームに避難所で現在診療可能な医療機関及び稼働している調剤薬局のリストを配布いただき、避難者の近隣の医療機関への受診を促し重症化を防ぐことができたことである。またメンタルケアが必要な避難者を、同時期に避難所を巡回していただいた福島県立医科大学の「こころのケアチーム」へ円滑に引き継ぐことができたこともありがたかった。またいわき市が独自で自主避難を要請した久之浜・大久地区において、病気を抱えたまま避難せず孤立して生活している家族をＪＭＡＴが発見し、支援を受けられるようにミーティングで陳情したエピソードもあった。

ＪＭＡＴ活動も4月中旬からは避難者の避難所から借り上げ住宅への移動も順調に進み、収容人数も減少して、4月下旬には避難所の医療ニーズが少なくなり、地元の医療機関への送迎も開始され、市内の医療機関も約80％が診療を再開するようになったため、5月3日で終了とした。避難所での災害関連死はなかった。

いわき市で活動いただいたＪＭＡＴは、参加チーム総数73人、参加人員331人で、うち医師数は127人だった。ＪＭＡＴの都道府県別内訳は、愛知県20、福岡県13、富山県12、山梨県10、東京都7、京都府6、長崎県2、その他3であった。ＪＭＡＴ医師の内訳は、勤務医57人、開業医70人で開業医が多く、診療科別では内科61人、外科・整形外科25人、救急科12人、小児科9人、精神科6人、産婦人科3人、泌尿器科3人、耳鼻咽喉科1人、眼科1人、麻酔科1人、総合診療科1人で、内科が最も多く、次いで外科・整形外科であった。

東日本大震災では、放射線被ばくの危惧があり、今振り返っても医療救護活動が難しい状況であった。そうした中、駆けつけていただいたJMATの方々には改めて感謝申し上げたい。

3　考察

JMATの役割は、（1）避難所、救護所における医療、（2）被災地の病院、診療所への診療支援であり、具体的には①被災地における医療、被災者・住民の健康管理、②避難所等の公衆衛生対策：感染症対策、避難者の健康状態、食生活の把握と改善、③在宅患者の医療、健康管理、④派遣先地域の医療ニーズの把握と評価、⑤医療支援が行き届かない地域（医療支援空白地域）の把握、及び巡回診療等の実施、⑥現地の情報の収集・把握、共有、⑦被災地の医療関係者間の連絡会の設置支援、⑧患者移送、⑨再建後の被災地医療機関への引き継ぎ、等である。

ＪＭＡＴの派遣は、「被災地の都道府県医師会が関知せずにＪＭＡＴが派遣され、コーディネート機能が混乱することがないよう、被災地の都道府県医師会からの要請に基づく派遣を原則とする」とされている。

また、ＪＭＡＴは、現地のコーディネート機能下で活動することが謳《うた》われており、①災害前及び災害復興後に地域医療を担う郡市区医師会が地元でのコーディネート機能を果たすことが望ましい、②連絡会や朝・夕のミーティングは、郡市区医師会長を議長として運営されることが、効率的な活動の継続にとって有効、③連絡会やミーティングには、ＪＭＡＴ、ＤＭＡＴや日赤チームなど、さまざまな医療支援チームが参加、等が挙げられている。

いわき市におけるＪＭＡＴ活動は、石井先生、永田先生の助言に従って、上記の原則に基づいて避難所の巡回診療が行われ、適切な医療を提供していただいた。また診療を再開した市内の医療機関に、極めて円滑に役割を引き継ぐことができたと考えている。

なお、この経験は令和元年10月の台風19号によるいわき市の平窪、小川、好間地区等を中心とした大雨災害時（直接死９人、最大避難者数６９６８人、最大避難所設置数57カ所、被災による休業医療機関数７診療所）に活かされた。木村守和いわき市医師会会長がリーダーシップを発揮して地元メンバーによるＪＭＡＴいわきを立ち上げ、自らが議長となって多職種によるＪＭＡＴいわき会議を開催し、救護所の設置、避難者の健康管理、避難所の公衆衛生対策を行った。避難者が少なくなった同年12月末には無事に活動を終了している。

現在、わが国では南海トラフ巨大地震をはじめ、あらゆる災害がいつ起こっても不思議ではない状況である。医師は個人だけではなく団体としての対応が求められており、ニーズに応えられるよう日頃からの情報収集や訓練、研鑽《けんさん》を積むことが必要である。

4　結びに

東日本大震災と原発事故からまもなく10年が経過しようとしているが、福島県及びいわき市の現状を見ると、放射線の空間線量が減衰や除染により低下し、常磐道と常磐線の全面開通や災害公営住宅の整備が進むなどの明るい面もあるが、一方で福島第１原発の廃炉には30～40年もかかり、増え続ける福島第１原発処理水の扱いや帰還を含めた被災地の復興をどう進めるかなどの長期にわたる懸案事項が存在している。また県民健康調査の甲状腺検査も４巡目に入り、検診受診率が当初の87・５％から61・５％に低下するなど、原発事故から年数が経つに従ってフォローアップを行う難しさが浮き彫りになっている。被災地の健康診査においても肥満、糖尿病、脂質異常症などの生活習慣病が増加している問題もある。いわき市の医療提供体制も研修医の増加はあるが、医師数は思うようには増えていない。このようなことから、東日本大震災と原発事故については今後も風化させることなく語り継ぎ、課題を一つ一つ解決していくことが必要と考える。

（きだ・こういち）

２０１９年台風19号等大雨災害に対するＪＭＡＴいわき活動

木村　守和（いわき市医師会会長）

はじめに

２０１９年10月12日（土）に台風19号が福島県を襲い、同年11月の調査で県内の死者32人、全壊住宅１４４５棟という被害を受けた。いわきでは死者８人、全壊住宅１０３棟という被害であった。

東日本大震災から８年７カ月のいわきを襲った水害への、いわき市医師会を中心としたＪＭＡＴ（日本医師会災害医療チーム）いわき活動について報告する。

1　ＪＭＡＴいわき会議の開催と避難所活動について

10月13日（日）早朝、水害が甚大で死傷者・避難者が出ていることを知り緊急理事会を13時30分から開催することとし、理事に対し近くの避難所などの状況を確認して集まるよう連絡した。

緊急理事会に医師７人と薬剤師２人が集まり、各自状況報告した上で今後の対応について協議した。水没で薬・診療が必要な方は、かかりつけ医か診療している医療機関・在宅当番医・休夜診などへの受診を勧めることとした。木田光一先生から県医師会会長の佐藤武寿先生へご連絡して今回の活動をＪＭＡＴいわきと認める内諾をいただき、緊急理事会を第１回ＪＭＡＴいわき会議とすることにした。

われわれが避難所を回った時間帯には病院への搬送が必要な方はいなかった。避難所は断水の影響で移動があり、当初は状況把握が難しい状況だった。薬とお薬手帳を浸水で失ってしまった方に処方を行った。

10月14日に保健福祉部・関係各機関と第２回ＪＭＡＴいわき会議を開催し、避難所の情報を共有して避難所対応を行うことになった。17～20日に避難所を巡回すると日中は作業で不在の方が多く、残っている方のほとんどが段ボールベッドを使用していなかった。下肢静脈血栓症予防・段ボールベッドの使用をお勧めし、巡回診療を行った。薬剤師との連携はもちろんだが、市内のリハビリテーション専門職、管理栄養士、歯科衛生士などとも連携し避難所支援を行った。

10月19日に内郷コミュニティセンター、20日に中央台公民館の避難所訪問の際、石井正三先生から避難所運営等について指導を受けた。10月20日と21日には新潟大学の伊倉真衣子先生と榛沢和彦先生が支援に来られ、避難所で静脈血栓症の検査などを行っていただいた。10月22日11時から石井正三先生を講師に招き、医師会館で災害対応研修会を開催した。

ＪＭＡＴいわき会議は、10月13日から11月22日まで9回開催した。また、いわき市からの要請に応え11月２日から10日に６カ所の避難所で約１８０人の方にインフルエンザワクチンの接種を行った。

２　断水による影響と医療機関への給水

発災直後の14日の会議で断水地域の６病院・有床診療所・入所施設への水の供給が喫緊《きっきん》の課題とされ、県・自衛隊へ要請することとした。自衛隊により14日から病院へ、15・16

日には診療所・入所施設へ給水があった。ただし断水の解消は22～25日までかかり、各機関は大変な苦労をした。今後に向けて、診療所の貯水タンクとトン数を調べて行政・保健所などと情報を共有している。

3　被災した医療機関の状況と被災時に備えた連絡体制について

7診療所で1メートルを超す浸水があったが、数カ所とは連絡方法がなく役員・職員が訪問して院長先生の携帯電話番号を聞き出す必要があった。

同時多発的な災害発生に備え平時からさまざまな連絡方法を確保する必要があり、会員に、①携帯電話番号の提供、②PCメールアドレスの提供、③医師会員フェイスブックグループへの参加を提起している。

おわりに

突然の同時多発的な災害であったが、東日本大震災の際のJMAT活動を思い起こし、市医師会から行政・関係機関に働きかけてJMATいわき活動を開始することができた。

ＪＭＡＴいわき会議に関係者が一堂に会することで被災地・避難所などの情報が共有でき、対策に役立てることができた。

　福島県内では中通り地方で阿武隈川等の氾濫による被害を受けた地域も多く、いわきだけが被害を受けたわけではなかった。今回のような同時多発災害時には、地域医師会が積極的に動き出すことが重要であると感じた。

　今回は発災直後から多くの方々にご援助をいただき、東日本大震災の経験と多職種連携を活かして比較的迅速な対応ができたと思う。ご支援いただいた佐藤武寿会長はじめ福島県医師会の皆さま、県外から駆けつけてくださったＤＭＡＴ（災害派遣医療チーム）、日赤医療チーム、榛沢和彦先生その他多くの皆さまに心よりお礼を申し上げる。

（きむら・もりかず）

火と水の災い

鈴木　哲司（一般社団法人日本救急救命士協会会長）

月日が経過するのは本当に早いものであり、今年は東日本大震災、福島第1原子力発電所事故から10年を迎える。その間、平成から令和と御代替わりがなされ時代の変化は急速に進展している。

平成における大きな災害と言えば、「阪神・淡路大震災」と「東日本大震災」である。これらの災害をひと言で表現するならば、阪神・淡路大震災が「火」、東日本大震災が「水」の災いと言えるだろう。古来、日本人は、〝火〟と〝水〟の働きやエネルギーに神性を見いだし、その畏敬と畏怖から「火」や「水」を神様として崇《あが》め信仰するようになった。一説として神の語源は、火（カ）と水（ミ）から火水（カミ）と読ませ、そこから「神」に転じたとも言われている。

『皇典古事記』によれば、伊邪那美命（イザナミノミコト）は火の神をお産みになり亡くなったと記されている。これを解釈するならば、人類は文明や文化の発達と共に「火」を扱うようになる。火の神様の荒ぶる世となりやがて「火」によりイザナミという母神から象徴される母国の命さえをも失う、地球滅亡の事態になるという人類への警告として解釈できるのである。

また、『皇典古事記』には、火力文明の象徴である火の神である加具土命（カグツチノミコト）の首を伊邪那岐命（イザナギノミコト）が十拳剣（トツカノツルギ）という神剣で斬ったと記されている。預言書とも言われる『皇典古事記』のこの伝承は、戦後わが国のみならず物質文明を基にする〝物質主義的価値観〟で全ての物事を推し進められてきた悪潮流に対し、大地震という自然の神剣の発動によって行き過ぎた物質文明に対して強制的停止が計られることを古代から預言されていたのである。また、なんとも興味深いことに、水の神様は加具土命（カグツチノミコト）の首を斬った際に剣から滴り落ちる手に付着した血潮から産まれているのである。火の神から水の神が御出現されていることから人類は大いに学ぶことがあるのだと思う。

科学文明の発展による「火」のエネルギー開発終着点が「原子力エネルギー」であり、まさに忘れもしない3・11のあの日、「福島第1原子力発電所」の事故によって、私たちの目前で『皇典古事記』に描写される「火」の神の誕生神話の様相が福島県を舞台として展開されることとなったのである。東北地方の一つの県に過ぎなかった福島県が世界人類の注目する所になったのである。このわが国の危急存亡の危機であった原子力災害事故の鎮めには、義勇精神で公に奉じた当時の日本医師会救急災害担当常任理事の叡智《えいち》（水）と東京消防庁（火）の精鋭部隊が緊密な連携を図り、まさに〝火水〟（カミ）となって「水」の力を最大限に駆使することで見事に「火」（原子力）を鎮圧させたのである。

戦後、私たちは目に見える〝物質主義的価値観〟を追い求めてきた、それによって目に見えないものである〝精神的・霊的価値観〟は下劣なものと評価してきたのではないだろうか。原子力そして昨今のコロナウイルスと、目に見えない存在を対象とせざるを得ない事象が多発している。目に見えないものほど力が強く恐ろしいものであることを知るべきである。疫病との戦いが神社発生の起源であるとの史実も示唆に富む。

阪神・淡路大震災と東日本大震災は想定されていた前兆を伴わない地震となり、想定されていた東海地震も発生しない状況が続き、2017年に国の委員会では「直前予知は不可能」であるという結論に至った。人類は、今のところ科学の力をもってしても地震の予知によって逃げることは不可能であって、事前の防災対策を最優先しなければならない。

将来、大規模地震が起こるのは間違いないことであり、自分が遭わなければ子や孫が遭うことになる。自分のみならず子や孫の大切な「命」を護るために人類に対して何ができるのか？　これは東日本大震災という日本国内観測史上最大規模のマグニチュード9・0を経験した被災者や犠牲者から通じて紡ぎだされてくる叡智を日本の将来を背負う子や孫たち、そして世界や人類に残し継承していく環境を整えることが、われわれの務めであると言えよう。

平和世界建設には、「ウラン」「石油」とエネルギーの問題を抜きにしては決して語れない。古代日本人は、「火」と「水」のバランスを保つことがいかに重要なのかを感覚的に知っていた。福島第1原子力発電所の「火」の事故を救ったのも「水」である。私が予測する社会復興の近未来像は「火の文明」から「水の文明」への転換である。間違いなく

〝水〟が救いのキーワードになるであろう。

福島第1原子力発電所から最も直近の大学が東日本国際大学である。なかでも大学附置の医療・災害のプロフェッショナルの集団である健康社会戦略研究所がアメリカ合理主義の産物である優れた「緊急事態総合調整システムＩＣＳ」と大和民族の重層的思考の源泉である「神道的思想」を融合させて〝一旦緩急大和モデル〟を提示していくことが急務であり、発災から10年を迎え研究所の客員教授の一員としてその社会的使命と果たすべき責務と役割の大きさを痛感している。

（すずき・てつじ）

クライシスコミュニケーションから地域の復興へ——長崎大学の取り組み

高村　昇（長崎大学原爆後障害医療研究所 教授）

２０１１年3月、福島は東日本大震災に伴う東京電力福島第1原子力発電所事故という未曽有の放射線災害に見舞われた。これまで意識することのなかった「放射線」に向き合わざるを得なくなった福島県民の不安、恐怖と混乱は、被爆地長崎に住む私にも痛いほど理解できるものであった。事故直後から出された避難指示や、暫定基準値の設置による食品管理は、住民の外部被ばく、内部被ばくを低減化するために出された措置であったが、マイクロシーベルト、ベクレルといったなじみのない単位とともに出される「数値の意味」が丁寧に説明されないために、県民の不安、混乱は増幅された。

このような状況の中、筆者は長崎大学原爆後障害医療研究所の山下俊一教授とともに福島県から「放射線健康リスク管理アドバイザー」に任命され、事故から10日後の3月20日から福島県下において「クライシスコミュニケーション（災害発災時における住民とのコミュニケーション）」を行った。毎日福島県下の市町村を回って講演会を行ったが、どこの会場も多くの人であふれかえり、30～40分程度の説明の後には住民からの質問が時に2時間近くも続くことがあった。時に怒号が飛び交う中でのクライシスコミュニケーションであったが、県民の不安、混乱に対応するため、全ての質問に対して丁寧に回答することを心掛けた。

その後、事故が何とか収束し、避難した自治体の帰還が検討される中、長崎大学はいち早く帰還を宣言した双葉郡川内村の復興を支援することになった。帰還前における村内の環境放射能評価から始まり、２０１２年3月に役場が村内に戻ってからは住民とのリスクコミュニケーションを通じた安全・安心の担保を継続してきた。２０１３年４月には村内に長崎大学・川内村復興推進拠点を設置し、本学の保健師が常駐して、住民の一人ひとりに寄り添った復興支援を行ってきた。現在、川内村には事故前の約8割の住民が帰還して活気を取り戻しており、住民、行政と専門家が一体となって復興に取り組む「原子力災害からの地域復興モデル」という評価をいただいている。さらに本学は、２０１７年４月に帰還を開始した富岡町、２０１９年4月に帰還を開始した大熊町にそれぞれ復興推進拠点を設置し、それぞれの自治体の復興フェーズに合わせた支援を継続している。

事故から10年あまりが経過し、福島県以外の地域では原子力発電所事故は終わったこと、と捉えがちである。一方で、10年が経過しても廃炉にはまだまだ長い時間が必要であり、いまだ3万人を超える県民が故郷に戻ることができない状況であることを忘れてはならない。さらに言えば、避難した市町村の中にも、川内村のように日常を取り戻しつつある地域がある一方、いまだ帰還が始まってもいない地域もあるのが福島の現実である。長崎大学は原爆被爆者への治療や放射線障害のメカニズム解明、さらにはチェルノブイリ原子力発電所事故後の医療支援といったことから得られた知見をもとに、福島の復興支援に尽力してきた。福島がこの長期に及ぶ困難を乗り越え、さらには「福島イノベーション・コースト構想」に代表されるような新たな福島を創造するために、本学は微力ながら尽力したいと考えている。

（たかむら・のぼる）

安心と活気あふれる共生のまちづくりを

田中　剛（国際協力機構人間開発部技術審議役、元広島県健康福祉局長）

広島県は平成30年（２０１８年）７月の観測史上初となる豪雨災害により、死者・行方不明者１５０人余（災害関連死を含む）、住宅被害４千５００戸以上（全半壊）に及ぶ戦後最大級の犠牲を強いられた。全県から集まってくる情報を分析し、毎日開かれる保健医療従事者や福祉関係者が一堂に会するクラスター会議において日々刻々と変化するニーズを的確に把握しヒト・モノという資源の投入地域と量を決定していった。

また県内7保健所には2人の所長しかいなかったため、避難所における健康管理はともかく、在宅被災者対応など地域の問題を総合的に把握・分析し、優先順位をつけ、企画・調整する能力に枯渇していた。このため災害時健康危機管理支援チーム（ＤＨＥＡＴ：Disaster Health Emergency Assistance Team）を、被害の大きかった圏域において全国に先駆けて受け入れることとした。災害派遣医療チーム（ＤＭＡＴ：Disaster Medical Assistance Team）は撤退し、日赤救護班や広島県医師会災害医療チーム（ＪＭＡＴ：Japan Mecical Assistance Team）が活動を始めていた時期であったが、これは受援側が未知の部隊をどのように受け入れ、何をお願いしてよいか分からなかったためである。すでに県薬剤師会・看護協会や災害派遣精神医療チーム（ＤＰＡＴ：Disaster Psychiatric Assistance Team）等の関連団体も活動を始めていたが、外部からの支援について、効率よく業務を割り振り、連携・協力を調整する機能に市町も含めて欠けていた。

また保健師活動としては県外からも延べ８７０超の支援を受けつつ計１０００チームが社協や相談支援専門員（ケアマネ）協会等と協力しながら被災地の戸別訪問を行ったが、必ずしも調査区域設定や要支援者の把握基準、戦略策定、地元市町への情報共有方法等において明確に方針を立てることができたわけではない。このような状況下、自律的なＤＨＥＡＴは訪問チームの役割分担から調査結果の迅速な集計・分析、災害対策本部への報告・支援要請ができており、われわれも保健医療・福祉・住まいといった重みづけに応じた支援内容を構築することができた。一方、派遣チームや圏域によっては現場の声が集約できていなかったが、適切かつ迅速な情報収集とデータに基づいた現場における意思決定（ＩＣＳ：Incident Command System）が徹底できていなかったからであろう。

その後は1カ月半にわたって徐々に活動圏域を絞り込みつつ、9月から仮設住宅への入居が始まるというフェーズの変わり目をもって外部からの支援終了の判断を行った。支援者が長居することはかえって復興の妨げになることもあるため、撤退時期や、どのように地元に引き継ぐかの判断をデータに基づいて意思決定することが肝要である。次にわれわれは、長期にわたる暮らし創生の中心として、全23のうち12市町に「地域支え合いセンター」を設置した。一部の被災者においては、メンタル面や疾病、生活困窮など、災害以前から抱えていた課題が、複合化・重症化する傾向にあり、仮設住宅やみなし仮設の住民では特に孤立し、介護度が上がるリスクも高まっていた。このため、住まいの再建や日常生活上の課題に応じて、世帯ごとに支援計画を作成し、一般住民と協力して、見守りや戸別訪問、サロン活動などコミュニティーづくりの支援を行っている。

一方、被災地では、住民同士のつながりや社会関係資本（Social Capital）の大切さが再認識され、住民主体の防災活動や交流が生まれ、避難期間の長期化により地域に戻らない・戻れない世帯をどうするのか、スーパー等大型店舗の撤退等による生活課題をどう解決するのかといったことについての話し合いが始まった。このように復興のプロセスには住民自身によるまちづくりの発想は必須である。

このような resilient（回復力のある）な社会づくりは新型コロナ対策においても役立った

と考えている。４月から始まった第１波では災害弱者でもある障害者入所施設や高齢者通所施設でクラスターが発生した。当初は感染者や医療従事者に対する誹謗中傷には目を覆いたくなるようなものがあったが、丁寧にメディア説明を繰り返したところ徐々に落ち着きを見せ、医療従事者への定期的なスタンディングオベーション（standing ovation）まで始まるようになった。また福祉施設間での応援体制の構築や県の感染症・疾病管理センター（ひろしまＣＤＣ）が組織する感染症医療支援チームとＤＭＡＴが協働で早期介入する仕組みなどが構築されつつある。

このような取り組みを含めて創造的復興を進めつつ、地域包括ケアシステムの機能を強化し、高齢者のみならず障害者や子ども・子育て家庭、生活困窮者、ひきこもりといった県民も対象として、多様性を認め合い、安心と活気あふれる共生のまちづくりを目指したい。

（たなか・ごう）

東日本大震災と福島原発事故を体験して

中里　迪彦（元いわき市歯科医師会会長）

２０１１年３月11日、日本史上初めてというマグニチュード９、震度７（いわき市は震度６弱）という大地震に襲われ、家屋の倒壊、流出９万５４１戸、上水道の破断３４９９カ所、通信連絡網、道路交通網等の断絶という被害を被り、その後、高さ８・５メートルを超す大津波がいわき市沿岸部の集落に襲来して壊滅的な被害を被った。いわき市内の人的被害は直接死２９３人、関連死１３７人、行方不明37人の合計４６７人だったが、その中で薄磯地区は人口７６６人中、直接死が１１６人、関連死が６人の合計１２２人で、住民全体の15・９％の人たちが津波の犠牲になられた。

３月12日午後：大熊町にある福島第１原子力発電所の１号機が爆発、14日は３号機、さらに４号機が相次いで爆発し膨大な量の放射性物質を放出した。後日、経済産業省・原子力安全保安院は、原発1号機～3号機の原子炉が爆発した後の数日間に放出された放射性物質の量は77万テラベクレル（1テラ＝1兆）だったと公表した。

しかし、被災直後から3月末まで、いわき市内の被災状況は新聞、テレビでは全く報道されず、報道規制をしているのではと一時は疑われた。被災してちょうど1カ月経過した4月11日にマグニチュード7、震度6弱、翌12日マグニチュード6・3、震度6弱のいわき市内を震源とする直下型地震が発生し、田入、遠野地区に断層発生と崖崩れが生じて死傷者が出、道路交通網が断絶した。3月13日以降、一部市民は情報の欠如と放射能汚染を恐れて他県に避難を開始した。後日、当時の政府の復興担当閣僚が「当時原発事故の真相を話すと地元住民がパニックを起こすと思い、話さなかった」と弁明している。また食糧や他の生活必需品等はスーパー、コンビニ等が3月末まで全て閉鎖していたので何も買えず、避難せずにいた高齢者は乏しい水や食料を分け、助け合って困難を乗り越えてきた。またガソリンスタンドの多くが閉鎖され、給油できず車を使う活動も一時制限された。当時、医療の一端を担ってきた私が被災後に体験し、感じたことの一部を記す。

被災直後、断水、食糧難、余震、放射能汚染を恐れた診療所のスタッフたちの多くが他県に避難し、市内の診療所の多数が閉鎖された。いわき市歯科医師会は急きょ3月15日の朝から市の総合保健福祉センターに救急歯科診療所を開設し、4月3日までの20日間で

324人の急患を診療し、また在宅の緊急往診要請には私が対応してきた。また3月18日より警察署の依頼で、津波で犠牲になられたご遺体の身元確認に従事、その後、支援物資の避難所への配達、さらに4月8日からは日本医師会派遣のＪＭＡＴチームや歯科医師会の支援チームに現地ボランティアとして参加協力、5月12日まで延べ79以上の避難所を巡り、多くの体験を積み重ねてきた。

避難所、仮設住宅を巡り体験したことの中で4月下旬に、某避難所ではプライバシー保護の要望から段ボール製の隔壁を作り、家族ごとに囲った。ところが、配偶者を亡くし一人で避難してきた高齢者は畳1畳分のスペースの中に囲われ、隣の人の顔も見えず会話もなく、数日後に再訪するたびに心身共に衰弱する傾向が顕著に認められ、顔が見える、会話ができる環境がいかに大切かを感じ、また医療支援と共に避難者の話を聴く傾聴ボランティアの派遣も必要ではと思った。

仮設住宅に避難した高齢者は、隣との壁が薄く話し声や排水等の音がうるさい、親しい友達がいない、買い物が不便、実家にいれば畑仕事をし、親しい友人たちと話ができたが、今は何もできず寂しさと放射能汚染で帰宅できない現実、そして将来への不安を語り涙ぐんだ。孤立すると孤独感、絶望感、うつ状態が進み、悪化すれば自死に至る可能性も予測された。日本は目下、コロナ禍で3密自粛、マスク着用、ソーシャルディスタンスを守り、クラスターを抑えているが、避難所や仮設住宅にいる人たちには「ハートディスタンス」、心の距離を近づけて話し掛け、寄り添う「心のケア」が大切だと痛感した。

人間の記憶は残念ながら年月の経過につれて薄れ忘れ去る。そこで被災直後から私が体験し、撮影してきた写真、記録した被害や風評被害の事実をまとめ、次世代を担う若い人たちに災害の実態や対応を具体的に伝えていくことが私に残された義務だと考え、学会、大学や専門学校、歯科医師会有志を対象に活動してきた。

（なかざと・みちひこ）

東日本大震災そして新型コロナ感染症からの教訓

永田　高志（九州大学大学院医学研究院先端医療医学講座災害・救急医学分野助教）

２０１１年東日本大震災における原子力災害そして２０２０年の新型コロナ感染症の共通点は放射線やウイルスといった目に見えないものとの戦いであり、恐怖の克服が復興への鍵となる。

東日本大震災では２０１１年3月11日午後2時46分、三陸沖で発生したマグニチュード9·0による地震そして津波により福島、宮城、岩手の沿岸部を中心に壊滅的な被害が発生した。加えて電源喪失による水素爆発により東京電力福島第1原子力発電所事故が発生し、広範な地域に放射性物質が拡散され、住民は急な避難を強いられた。これにより10万人以上の住民が長期間にわたる避難を余儀なくされ、復興庁の報告によると２０１９年9月1日時点で災害関連死者数が２２８６人である。他方、放射線による直接死、つまり急性放射線症候群による死者は誰もおらず、発災当初懸念された甲状腺癌を含むがん患者の発生増加も科学的には証明されていない。しかしながら、いまだ日本人を含む世界の人々に深い悲しみと恐怖の記憶を残している。

新型コロナ感染症は2019年11月に中国武漢で発生した呼吸器感染症であり、感染が世界に拡大しパンデミックとなった。高齢者を中心に高い死亡率があり治療法も確立されていない中で、各国は経済を犠牲にして封じ込めにより感染の制御を試みた。新型コロナ感染症の出現により人々の生活や未来に大きな影を及ぼしている。2020年10月下旬の段階で全世界の感染者数は4400万人、死者も110万人を超え、依然として感染制御ができていない厳しい状況である。

原子力災害とパンデミックには多くの共通点がある。いずれも放射線とウイルスという五感で感じることができないもので引き起こされる事象である。いずれも限られた地域のみの被害では終わらず、日本全体、あるいは世界にも影響が及ぶ。事態の収束には時間を要し、膨大な人手とコストが必要となる。どちらも実際の健康影響以上に恐怖による人々への影響が大きいとも言える。

放射線自体の生物への影響は暴露された放射線の量にもよるが、実は直ちに死に至ることは起こらない。放射線は生物の遺伝情報であるDNAを損傷しその結果としてがんの発生が起こりうる。ただしこれも直ちに全ての人ががんになるというものではない。放射線の実際の影響は実は極めて限定されたものである。しかしながら広島・長崎の原爆による悲劇を想起し、多くの人々は放射線に対する強い恐怖心と嫌悪感があるのは事実である。

新型コロナ感染症も、世界各国で多くの死者を出し、社会混乱が起こったため強毒性の感染症であると思われていた。しかし実際は感染しても全ての人々が亡くなるものではなく、適切な公衆衛生管理や治療により十分に制御できるものである。

放射線災害と新型コロナ感染症を含むパンデミックの違いを挙げるとすれば、感染症や放射線は汚染の拡大が起こりうるが、放射線自体は増殖することはない。他方、パンデミックは病原体が増殖し感染拡大が起こりうるため注意が必要である。

冒頭でも述べたように放射線やパンデミックへの恐怖を克服することができれば、真の復興への道筋も見えてくると思われる。では、恐怖を克服するためにはどうすればいいのであろうか？　恐怖を感じるのはわれわれの脳である。具体的には恐怖の情報は脳の中でいったん扁桃体《へんとうたい》という臓器に神経伝達され、そこから記憶を司《つかさど》る海馬や交感神経等に刺激が伝わりさまざまなことが身体の中で起こる。恐怖を制御するためには恐怖という情報を制御する扁桃体を含めた神経伝達を制御することが鍵となるが、容易ではない。恐怖を克服・解決するための現実的な方策は長い人類の経験則から次のことが挙げられる。一つは時間である。当たり前であるが時間と共に記憶は薄れていくものである。もう一つは理性である。理性を司る大脳皮質が扁桃体を含む恐怖の神経伝達を制御することである。放射線やパンデミックといった理不尽な事象を客観的、科学的に捉え、自分の中で咀嚼《そしゃく》し、自分のものとすることである。正しい知識が何か分からないことが、人々を恐怖に陥れている。そのため、コミュニケーションの在り方もまた重要となる。恐怖に陥った人々を否定してもそこには何も生まれない。そうではなく、相手に対する敬意と共感を持って、冷静に人間らしく話をすることが最初の一歩となる。

いずれは福島の原子力災害もパンデミックもわれわれは乗り越え、心の復興に至ることができると信じている。しかし、未来には予想されない災害や危機に直面するであろう。その時に、われわれはこの経験を活かして、恐怖に負けることなく、人間らしい心を大切に生きていきたい。そして本シンポジウムがそのような一助になることを願う。

（ながた・たかし）

危機管理事案対応手法の研究開発について

長谷川　学（厚生労働省大臣官房企画官）

危機管理事案対応の難しさ

緊急時に備えて、リーダーはどのような組織を整備し、緊急時にどのような行動を取ればよいのか。これは古今東西を問わず、難しいテーマである。歴史上、幾多のリーダーが緊急事態に接し、考え、行動してきた。リーダーが緊急時に対応を誤れば、国家、地方自治体、会社等の組織、構成員を大きく傷つける。

私は政府機関において、２００９年の新型インフルエンザ対応、２０１１年の東日本大震災など、複数の危機管理事案を経験してきた。そして現在、厚生労働省において新型コロナ・インフルエンザ対応に関わっている。

私は危機管理の現場において多くのリーダーを見てきた。時には自分が現場のリーダーとなることもあった。うまくいくとき、うまくいかないときもある。うまくいかないたびに思い知らされるのは、危機管理対応のリーダーシップや指揮調整に関する標準化された手法はないものか、ということである。

東日本大震災におけるリーダーの危機管理対応の問題

東日本大震災発災直後の2011年3月11日夜、東京電力福島第1原発が危機的な状況になりつつある中、東京電力の清水正孝社長は出張先の奈良から東京を目指し、何とか名古屋まで移動してきた。東海道新幹線は運休していたことから、経済産業省は防衛省自衛隊に東電社長の関東への移送を依頼、午後11時30分に航空自衛隊の輸送機が清水社長を乗せ、小牧基地を離陸した。ところが、その直後、北沢俊美防衛大臣が、自衛隊機の活用は被災者救援が最優先であると発言、その発言を受けて着陸態勢に入っていた同機は名古屋に引き返すこととなった。清水社長は渋滞の中、陸路で東京を目指し、翌朝、東京本社に到着した。歴史に「もし」はないが、北沢大臣のマイクロマネジメントがなければ、社長が夜のうちに本社に戻ることができ、福島第1原発のその後は変わっていたかもしれない。

3月12日早朝、菅直人首相は福島第1原発の状況を確認するために自衛隊のヘリコプターで現場に視察に向かった。各種報告によると、首相訪問により対応が一時的に止まり、さらに首相は現場で激高し現場を混乱させた。菅氏に危機管理対応、指揮命令系統への理解があれば、このような行動を防ぐことができた可能性がある。

3月21日、東京消防庁ハイパーレスキュー隊は福島第1原発建屋内の使用済み燃料プールに向けて放水を継続していた。ハイパーポンプによる大量放水はエンジンに負荷がかかるため、現場の隊長の判断で、放水活動を一時的に止めたところ、海江田万里経済産業大臣が放水の継続を求めた。現場の隊長は「放水を続けるとエンジンがオーバーヒートします」と報告したが、大臣は「速やかに放水を再開しろ。やらなければ処分する」と発言、放水が再開された。その後、ポンプはオーバーヒートし、冷却作業はしばらく中断、現場の隊員は悔し涙を流した。経済産業大臣が緊急時の指揮命令系統を理解していれば、誤った指示やマイクロマネジメントを防ぐことができた可能性がある。

批判されるリーダーとその問題

先ほど、例示で取り上げた対応を取ったリーダーはメディア、国会等において批判されたが、その批判のほとんどが、リーダーの人格に関してであった。さらに滑稽なことに、リーダーが危機対応を行っている最中に批判が繰り広げられ、ますますリーダーの緊急時対応能力が下がることとなった。

私は例示で挙げたリーダーがこのような行動を取ったのは、そのひと個人に責任があるわけではないと考えている。これは危機管理、指揮調整について標準化した手法を持ち合わせていない日本社会全体の問題であり、誰もが同じような過ちを犯す可能性がある。

米国で開発された危機管理事案対応の標準的な手法

米国は緊急時対応の指揮調整の困難を克服するため、インシデント・コマンド・システム（ICS：緊急時総合調整システム）を開発した。

インシデント・コマンド・システムはあらゆる災害の組織対応を標準化したマネジメント体系であり、指揮統制や調整、組織運用などが標準化されていることが特徴である。米国では行政、警察、消防、医療機関等の組織に取り入れられ、災害対応のみならず大規模集会、スポーツイベントなど、あらゆる危機管理事案がこのインシデント・コマンド・システムに基づいて実施されている。

私は有志と共に『緊急時総合調整システム基本ガイドブック』（東京法規出版、２０１４年）を出版した。最近、各省庁の危機管理対応者の机の上で本書を見ることがあり、ひそかに喜びを感じている。

危機管理事案対応の標準化

緊急時には時間が最も大切な資源である。目の前の事態に圧倒され、混乱が広がる中、リーダーが冷静になって考える時間を確保できるかがポイントとなる。指揮調整に関して、標準化、自動化、システム化、アルゴリズム化により、極力、省力化を図り、貴重な時間を最も大切な「冷静に考える時間」に当て、組織の、リーダーの緊急事態能力を維持することが重要である。

素晴らしい指揮調整は組織を、リーダーを、組織人を、そして自分を守ってくれる。最終的には事態をコントロール可能とする確率を上げてくれる。

危機管理事案対応の研究開発が日本においても必要

　米国の危機管理対応の標準手法は研究機関によって開発された。米国のシステムは参考になる部分が多数あるが、米国の歴史、文化を踏まえたシステムであることから、日本の緊急時対応になじまない部分が多くある。また、米国においても当初はシンプルであったシステムも、適応される範囲が広くなり、改善されるたびに複雑になってきている。米国の緊急時総合調整システムも時代の変遷と共に複雑になってきており、日本にも複雑な内容として紹介されるようになり、分かりにくくなってきた。
　新たなシステムは学術の場から生まれる。日本においても危機管理対応に関する研究開発が求められている。新型コロナ対応がひと段落した段階で、再度、日本の組織文化に合った危機管理事案対応の在り方を取りまとめることが必要だと感じている。

（はせがわ・まなぶ）

真の復興とコロナウイルス後に向けて

長谷川　祐一（元いわき市薬剤師会会長）

【地震発生と初動】平成23年3月11日14時46分頃地震が発生（M9・0）し、いわき市では震度6弱を観察した。私の東日本大震災における初動は利用者、従業員その家族の避難状況と安否確認から始まった。

【津波】私たちが介護の施設に到着したのが、15時10分頃だった。利用者、従業員の全員の避難を確認して、施設の外に出た途端、目の前の国道を超えてくる津波を見た。急いで高台に避難した。波が引けたのを見て、避難所と決めていた少年自然の家に向かい、幸い誰も欠けることもなくみな無事であることに安心した。しかし、すぐ当面の水や食料品の確保に走った。町に下りていくと、変わり果てた町の様子があった。津波に流された車、海水につかったためクラクションが鳴りやまない、吹き付ける冷たい風、そして匂い。ほかの地区はどのようになっているのだろう、これからどうなるのか？　と、途方に暮れた。

【原子力災害】3月12日福島第1原子力発電所1号機原子炉建屋で水素ガス爆発が発生した。3号機そして2号機と水素爆発と放射性物質の漏出が起こった。約30キロメートル離れた、いわき市においては、地震・津波の被害、さらに追い打ちをかける原子力災害、それによる風評被害によって、ガソリン、水、食料までもが十分に行き渡らない状況だった。放射性物質の拡散は3月15～16日と21～23日の2回が大きかった。

いわき市以外に本社機能を持つ会社事業者が全部と言っていいほど避難した。地震及び津波による被害においては、約半数の薬局が営業していたが、原子力災害により、避難する薬局スタッフが増えた。17日には80キロメートル以内の住人に対する避難命令が出たというわさにより、一層の混乱が起きた。当時の枝野幸男官房長官は「直ちに人体や健康に影響を及ぼす数値ではない」と発言し、このあいまいで長期的被ばくや急性被ばくの危険性について責任を回避するような発言に、私は許せない怒りを覚えた。

いわき市では、ライフライン・通信・物流も途切れ、閉鎖や避難する薬局・医療機関が増えた。しかし、残った10～20の薬局が困難な中、何とか開局してくれ、ガソリン、水や食料などが不足する中、地域の医療を支えた。3月28日の週には約半数の医療機関・薬局が開き始めた。4月からは7割ぐらいであった。閉鎖や避難する薬局・医療機関の医師や薬剤師の多くは、避難所を巡回したりしていた。

病院も5カ所が閉院となり、うち2カ所は精神科であった。数日分の薬を持って退院し薬を求めに薬局に来た人が、閉院のため、医師には連絡できないため、持参した薬に従って、薬を交付した。中には在庫もないので、後発品薬を交付したところクレームもあった。避難所で大声を出してしまう、自殺の企図など緊張した状態があった。これらの方々を福島県立医大の、こころのケアチームがサポートした。

【調剤業務】押し寄せる通常の来局数の10倍にも及ぶ薬を求める方々に、混乱を避けるため入場制限をせざるを得なかった。薬局を開けると放射性物質の飛び交う中、店に入りきれず、被ばくの恐れのあることを考えれば、制限をかけなければならなかったのだ。私の薬局だけでなく、多くの薬局では、あまりにも多い問い合わせにより、電話はもとよりFAXもパンクしていたために、連絡が取れなかったりしていた。

本社から、いわきの店を撤収し、県外に避難しろという指令を受けたにもかかわらず、できるだけ薬局を開け、最後には薬局施設使用禁止の命を受け、やむなく閉局した勤務薬剤師もいた。さらに、本社、家族から「避難しろ、帰ってこい、いわきから離れろ」の声があるにもかかわらず、会社に泊まり込みで、われわれに医薬品等、支援物資に至るまで供給していただいた地元卸の2社の皆さまにも感謝の言葉を添えたいと思う。それぞれの状況を把握するにつれて、皆さまの頑張りに励まされるとともに、自然と込み上げるものもあった。おかげさまで、医薬品供給が途絶えるという危機を乗り越えることができたと思っている。

【情報の共有と連携および避難者・避難所・臨時診療所への支援】

12日にいわき市薬剤師会単独の行動には限界があり、すぐいわき市医師会を訪ね、指導を依頼する。当時、石井正三日本医師会常務理事（敬称略）、木田光一いわき医師会会長はじめ皆さんに快諾を受け、協働で連携をするということをご承認いただいた。13日、日本医師会JMAT（Japan Medical Assistance Team：日本医師会災害医療チーム）統括永田高志先生と現状把握の調査に同行した。永田高志先生とともに避難所を巡回し、状況の把握とその方法、対処法についてご教授いただいた。医師会との連携のもと、臨時診療所の開設を行った。

四倉高校・大野第一小学校・大浦小学校・草野小中学校・中央台南小学校・北小学校・東小学校などを調査した。その1例として、ある小学校では、避難者200人に対し、トイレが破損にて使用不可、仮設トイレが二つしかない。校庭にテント、ブルーシートで周りを覆い、穴を掘り、そこに用を足し、埋めるだけであった。仮設トイレ。20人に一つの割合で整備が必要。増援の仮設トイレが到着したときには、全員移動した後であった。原子力災害時の対応の難しさを象徴していた。避難所、避難者の動向が大量に刻一刻と変わるのである。

行政：安定ヨウ素剤の配布についての協議を行った。ガソリン不足で配布できず、後に行政が配布を行ったが、放射性ヨウ素131、134は降り注ぎ、遅きに失した感がある。

この点については、2017年7月20日に、ベラルーシ国立小児がんセンター院長ゲデオン・リヒターさんによれば、内陸にあるベラルーシの子どもたちに比べ、福島県の子どもたちは海藻類からヨウ素を摂取しているし、災害発生時にすぐ牛乳製品の販売を取りやめたことで、放射性ヨウ素の摂取は極めて少ないため、身体への影響はごく少ないが、検証していかなければならない、とのコメントをいただいた。

日本薬剤師会、日本災害医療薬剤師学会、茨城県薬剤師会、福島県薬剤師会、いわき市薬剤師会、医薬品卸、いわき市医師会、保健所、及び行政との連携を図りながら、情報の共有や薬剤師ボランティアを募った。通常の薬局での保険調剤、一般用医薬品の販売体制を維持しようとした。さらに、医師会と共同で休日夜間診療、臨時診療所開設に伴う医薬品供給センターを開設した。後にＪＭＡＴ（日本医師会災害医療チーム）の薬剤師ボランティアによる支援体制の構築を行った。ＪＭＡＴ活動の支援と帯同及び帯同する薬剤師の手配を行った。市内病院医療支援チームによる避難所巡回への支援を行い、処方指示書が交付され、調剤した薬剤を処方し避難所で交付した。

久之浜地区に臨時診療所を設け、JMATチームが入ったときに持っていた線量計が9μSv／hrであった。あるJMATチームは計画的避難地域の中にある広野町に行き、ある家族を見つけた。この家族はベーチェット病と重い心臓疾患をそれぞれ持つものがいるため、避難したら死んでしまうからという理由で残っていた。ここにも薬を届けた。避難所で書かれた処方指示書をもとに調剤（トリアージ）し、これらの薬をはじめ、避難所で第1類、第2類および第3類医薬品の交付（医師・看護師・保健師等との連携：トリアージ）を行った。衛生管理を行い、避難者の衣類、トイレの状況把握・管理について指導を行った。

【対応に窮した薬剤】

薬品製造工場が被災し、在庫がなくなったものとして、流動食・経口栄養食（エンシュア・リキッド）、インシュリン製剤、チラーヂンS、シグマート、リボトリール、漢方製剤、モーラステープ等がある。

【処方医と連絡が取れないため困難となった処方】

麻薬性鎮痛薬、抗がん剤、向精神薬1種・2種など、災害対策基本法下でも交付が困難であった。また、抗がん剤治療のステージの途中で、中止すべきか継続すべきかとの判断は、医師に連絡して相談しても困難であった。

【薬剤師として行った活動】

調剤業務として、通常の処方箋《しょほうせん》に基づく保険調剤業務、処方箋を持たない場合の調剤（トリアージ）、医師との連絡等、災害基本法に基づく薬剤の交付を行った。

【薬剤師会としての活動】

薬局支援として、薬事・保険に関する情報を県薬・日薬と連携し、各薬局にＦＡＸやインターネット掲示板により提供した。開局情報の把握と提供（県薬の支援）、食料・水・ガソリンの確保と情報提供を行った。

【福祉事業を経営する者として】

高齢者・重症患者避難の支援として、避難した自施設の高齢者を家族に引き取っていただき、その避難支援を行った。家族は親族・知人宅・避難所等に避難をしているため、避難先での介護は困難であるとのことから、ガソリン不足もあり、われわれの施設の避難先にとどめ置かれた。これら施設の支援、他の福祉施設に医薬品や薬を供給した。入院入所患者・在宅患者の提携・協力病院に移送して、医薬品の供給支援も行った。

【その他】

困難な状況の中、医療支援活動はじめ診療所・薬局等の医療従事者は、食料の配給の時間中に、配給所に行くことができず食事に窮した。その時、いわき青年会議所の後輩から弁当400個の提供の申し出があり、奇跡が起こった感動を覚えながら、医師会館内で診療に参加された医療従事者に食料を配ることができた。その後、毎日おにぎり1万5000個、飲料水の提供があり、これを営業所に泊まり込みで医薬品の供給を維持してくれた恒和薬品、バイタルネットのいわき支店の協力を得て、いわき市の診療所・薬局等の医療従事者、及びその家族に配送できた。食料を提供してくれたいわき青年会議所の皆さま、配送に協力していただいた卸の皆さまに感謝を申し上げたい。

【原子力災害の今後】

原子力災害の被災地では「イノベーション・コースト構想」によって、太陽光発電、風力発電、洋上風力発電など再生エネルギーを主として生産された電力を水素電池、再生リチウムバッテリーなどに蓄電し、産業を創生する取り組みが起きている。環境面でも火力発電所から排出される二酸化炭素を、水素を利用してメタンに変えエネルギーとして再利用する取り組みが行われている。原子力発電所の廃炉技術はロボットや遠隔操作技術を育成し、これから世界中の原子力発電所廃炉に新たな産業として貢献できる。私もフランスのマルクール発電所・研究所、ベラルーシ及びウクライナのチェルノブイリ発電所を訪れ、研究者などから情報を得たが、これらは大きな技術産業になっている。放射性物質除去装置のＡＬＰＳはフランス製であるし、災害時に使用したロシア語で書かれた放射線量計はベラルーシの会社製である。われわれはこれらの産業を支援し、人材提供及び育成に寄与しなければならない。

【真の復興とコロナウイルス後に向けて】

一般社団法人福島県薬剤師会では放射線ファーマシスト（薬剤師）活動として、県民の皆さまに放射性物質や人体の影響などの相談に応じている。震災発生時から相談され、学ばせていただいたものとして思うことがある。それは、原子力災害やコロナウイルス・パンデミックにさらされた一般市民の方々には放射性物質、コロナウイルスが一個でも体に触れ、体内に入ってしまうと健康を害し、死に至ると誤解され、不安と恐怖から必要以上の行動に出る方も散見される。放射性物質もコロナウイルスも体に触れ体内に取り込まれ、感染・発症するには一定以上の数量と期間が必要であることが共通している。これらのことから完全殺菌や滅菌というレベルでなく、その数を減らす行動が大切であり、その根拠、効果を具体的に分かりやすく説いていくことが大切と考える。

行政、医療従事者、教育機関、及び民間企業が協働して東日本大震災・原子力災害から困難視される復興を遂げようとしている。コロナ災害もしかり、これに立ち向かうには単一の組織では太刀打ちできない。われわれは、復興に共同で立ち向かっている最前線にあり、経験者である。この培った経験を活かし、コロナウイルスによる災害を克服できると信じている。

（はせがわ・ゆういち）

原子力発電所事故直後の政策提言と現状とのギャップから見えるもの

畑仲　卓司（地域医療連携推進法人 医療戦略研究所 首席研究員）

東日本大震災と東京電力福島第1・第2原子力発電所事故の発生直後に、当時所属していた日本医師会において、次のような国・東京電力及び福島県への提言（一部抜粋）がなされた。

（東京電力福島第1・第2原子力発電所事故の復旧・復興に関する提言）

・事故前の地域コミュニティーの再生を基本に

・避難（Evacuation）した住民の帰還・定住（Colonization）の場等を国が責任をもって整備

（福島県による地域医療再生に関する提言）

・被災地域の医療機関が踏みとどまるための運営支援策の提示を

原子力発電所事故の復旧・復興の提言に対する10年目（令和2年）の実態は、事故による放射線量の高い自治体（6町村）での、自町村内生活者と避難者の現状を見れば、これが全く実現されなかったことが明らかである。（表1）

すなわち地域コミュニティーの最も重要な構成要素は人口であるが、見かけ上の人口である住民基本台帳人口では、発災10年後の令和2年の6町村人口は発災前年（平成22年値）に比べ82・7％にとどまっている。しかし、各自治体が把握している「自町村外避難者率」は80・1％にも上る一方、「自町村内生活者率」は8・8％にとどまっている現状である。（表1）

また帰還・定住の場の未整備もあり、県内他自治体だけでなく県外への避難者も、事故前人口の約2割に上っている。さらに県内・県外避難者の避難先（平均）は、県内37市町村、県外35都道府県にも上り、避難者は県内・県外へ非常に広く拡散している現状である。

一方、地域医療再生に関する提言については、浜通り地方（3市10町村）の地域医療を担っている診療所数及びその病床数の現状（令和元年）を見ると、この9年間で診療所は55カ所、歯科診療所は34カ所、診療所病床は235床も減少し、発災前（100％）まで

表1　発災10年後の放射線量の高い自治体(6町村)での自町村内生活者と避難者

町村名	住民基本台帳人口			現在(主に令和2年)の自町村内生活者・避難者								生活者・避難者の現在に関する備考
	平成22年(2010年) A (人)	令和2年(2020年) B (人)	令和2年／平成22年 B/A	自町村内生活者 C (人)	県内他市町村避難者 (人)	(避難先市町村数)	県外避難者 (人)	(避難先都道府県数)	自町村外避難者 D (人)	自町村内生活者率 C/A	自町村外避難者率 D/A	
双葉郡楢葉町	8,061	6,845	84.9%	1,347	5,092	(23)	776	(29)	5,868	16.7%	72.8%	平成29年3月現在
双葉郡富岡町	15,868	12,728	80.2%	1,498	8,794	(43)	2,190	(42)	10,984	9.4%	69.2%	令和2年9月現在、住民票あり
双葉郡大熊町	11,405	10,313	90.4%	858	7,613	(42)	2,403	(39)	10,016	7.5%	87.8%	令和2年10月現在、住民票あり
双葉郡双葉町	7,178	5,911	82.3%	0	4,025	(42)	2,788	(41)	6,813	0.0%	94.9%	令和2年9月現在、住民票なしも含む
双葉郡浪江町	21,577	17,166	79.6%	1,039	13,037	(48)	6,079	(44)	19,116	4.8%	88.6%	令和2年0月現在、住民票あり
相馬郡飯館村	6,584	5,467	83.0%	1,480	3,619	(23)	199	(17)	3,818	22.5%	58.0%	令和2年10月現在
合計	70,673	58,430	82.7%	6,222	42,180	平均 (37)	14,435	平均 (35)	56,615	8.8%	80.1%	

注：「現在(主に令和2年)の自町村内生活者・避難者」は各町村公表資料による。

表2　浜通り地方の診療所数とその病床数における発災後の変化

浜通り地方	平成22年(2010年)			令和元年(2019年)			令和元年－平成22年			令和元年／平成22年		
	診療所数 (カ所)	歯科診療所数 (カ所)	診療所病床数 (床)	診療所数 (カ所)	歯科診療所数 (カ所)	診療所病床数 (床)	診療所数 (カ所)	歯科診療所数 (カ所)	診療所病床数 (床)	診療所数 (%)	歯科診療所数 (%)	診療所病床数 (%)
いわき市 相馬市 南相馬市 双葉郡 相馬郡	394	246	623	339	212	388	−55	−34	−235	86.0%	86.2%	62.3%

の診療所が現状では86・0%、歯科診療所が86・2%、診療所病床が62・3%まで減少した。特に診療所が2割以下まで減少した町は富岡町、大熊町、双葉町、浪江町で、歯科診療所は富岡町、川内村、大熊町、双葉町、飯舘村でゼロとなった。また、有床診療所の病床もいわき市、南相馬市、富岡町、浪江町でそれぞれ71・8%、51・6%、0・0%、0・0%まで大きく減少した。（表2）

原子力発電所事故に伴う被災直後の提言と現状との大きなギャップを見る一方、現在新型コロナウイルスによりあらゆる分野で、旧来の社会システムのパラダイム転換が起ころうとしている。原子力災害の今後の復旧・復興への取り組みにおいても、被災した地域住民の意向やそれぞれの自治体のこれまでの取り組みをベースに、事故責任のある国・東京電力及び福島県の協力を求めつつ、地域住民・自治体それぞれが新しいパラダイムや社会を創造していくことが今後必要とされている。

（はたなか・たかし）

東日本大震災と私

目澤　朗憲（めざわ耳鼻科クリニック理事長）

まず初めに東日本大震災によりお亡くなりになられた方々、及びご家族・関係者の皆さまに謹んでお悔やみ申し上げますとともに、災害に遭われた方々には心よりお見舞い申し上げます。

平成23年3月11日の東日本大震災の発生時に私は東京都医師会の理事の役職についていました。その日の東京都庁の幹部との東京都医師会館での会議の最中に、初めはゆらゆらと揺れるくらいの地震を感じましたが、すぐさま大きな揺れに変わり医師会館は大きなうねりの中にいました。すぐ外に避難しましたが、近くの明治大学にある地上23階建てのリバティタワーが左右に揺れるさまを見て、これは大変な地震だと感じたところでした。すぐさまテレビなどのニュースで東北地方にマグニチュード9の大地震が発生したことを知りました。最大震度は宮城県栗原市で震度7を記録したとのことで、東京も最大震度5を記録しています。

地震発生後、東京都医師会では直ちに「東北地方太平洋沖地震災害対策本部」を設置しました。東京都医師会医療救護班の派遣、日本医師会は日本医師会災害医療チーム（JMAT）の派遣をすることとしました。この時の日本医師会の災害担当の常任理事が石井正三先生でした。

東京都医師会医療救護班のいわき市内病院及び救護所他への派遣先は3月12日から3月13日に2班、3月14日から16日に3班でした。また福島第1原発にも3月18日から21日まで医師1人、3月24日から28日まで医師1人を派遣した。JMATにも協力し、いわき市への派遣は、千代田区医師会が4月1日から7日、日本橋医師会が3月31日日帰り、4月5日から7日、港区医師会が3月31日から4月3日、3月27日日帰り、4月3日日帰り、荒川区医師会が3月31日から4月3日でした。東京都医師会から派遣されたJMATは最終的に20班74回となったのです。

日本医師会で陣頭指揮を執った石井常任理事は、中学・高校と私の友人でした。磐城高等学校卒業後、会う機会がなく疎遠になっていましたが、日本医師会の西島英利先生が参議院選挙に出るとのことで東京のパレスホテルで決起大会が行われたときに偶然再会したのです。石井先生は福島県医師会の副会長、私は東京都医師会の理事としての出席でした。そこからまた交際が再開しました。その後、福島県の大野医師事件などでも連携をとったりしました。あるとき東京都医師会の唐澤先生が日本医師会会長選挙に立候補することになりました。その際、東北ブロックから常任理事候補者の選択を私に任されましたが、躊《ちゅう》躇《ちょ》なく石井先生を推挙したのです。見事、唐澤先生は日本医師会長に当選し、石井先生は常任理事に選任されたのです。その石井先生がこの東日本大震災を医師会の立場から陣頭指揮を執ることとなったのは偶然とは言えないでしょう。震災の被災者と災害復旧活動援助者の両面を持っていましたので本当に適任であったと思います。

その後、東京都医師会の理事を退任したところ、博慈会記念総合病院の三瓶理事長から近くの大日本精化工業株式会社の産業医になってくれないかとの依頼がきました。私は東京都医師会の理事では産業保健の担当でしたので、産業医に関する講演などをしてきましたが現場の経験はありませんでした。でも、これも何かの縁であり勉強だと思い引き受けることとしました。

ある日、大日本精化の正月の安全祈願が足立区にある西新井大社で行われました。安全祈願が終わり、その後、会社の懇親会がありました。その席で隣に同席となった方が豊留廣志さんでした。豊留さんとお話をすると自衛隊出身で米子にある陸上自衛隊第13旅団第

8普通科連隊の連隊長をされていたのです。私の祖父も旧陸軍で大佐として連隊を率いていたので割と話が合いました。すると、豊留さんは東日本大震災の時に第8普通科連隊を率いて3月20日から6月10日までいわき市の災害復旧活動に携わっていたとのことでした。このような機会に出会うのも何かの縁でしょうとお礼を申し上げました。

今回の東日本大震災は未曽有の災害でしたが、日本医師会をはじめ東京都医師会も先の阪神・淡路大地震の経験からＪＭＡＴや医療救護班の派遣を的確に行うことができました。災害の歴史から経験や教訓を積み重ねて新たな災害に対しての備えを怠りなく整えてゆくことは大事なことです。また、その中にもいろいろな人間ドラマが生まれ、その人その人の歴史が蓄積されてゆくのです。

日本国憲法の前文に「日本国民は、恒久の平和を念願し、人間相互の関係を支配する崇高な理想を深く自覚するのであって、平和を愛する諸国民の公正と信義に信頼して、われらの安全と生存を保持しようと決意した」という表現が真実になるように各国民が努力すれば、東日本大地震や今回のコロナ禍も克服できるものと信じています。

（めざわ・あきのり）

故郷福島を襲った東日本大震災

森　まさ子（参議院議員、元法務大臣）

10年前のあの日この目で見た光景を、私は生涯忘れることはないだろう。

福島県民は地震、津波、原発事故、そして風評被害の四重苦で想像を絶する苦しみを味わった。

マグニチュード9・0の巨大地震が起きたとき、私は国会で参議院決算委員会の審議中だった。

すぐにいわき市の自分の事務所に電話した。だが、何度かけてもつながらず、携帯も通じない、いわき市にある自宅の親にかけても通じないという状態で、テレビ報道で現地の様子を推測するしかなかった。

電車は止まり、車で福島に向かった。国道6号線は途中で渋滞で進めなくなった。今度は4号線から行くことにした。

12日の夜、やっとのことで郡山市の東隣の小野町に入った。

小野町の町長は「森先生、電話が通じなくて何の情報もないけど、避難民だけがどんどん来るんです。県庁も国も、電話しても全く通じないんですよ」と困り果てた様子だった。私は「わかりました」と言って、それから福島市まで車を走らせた。福島県庁の建物は壊れていて使えず、消費者センターがある別の建物の3階が対策本部になっていた。対策本部は見るからに混乱していた。鳴りっぱなしの電話をよそに、職員たちが走り回っていた。平時は住民票を担当している人が、食料を配る仕事や他の仕事に就くといった具合で、これまでやったことのない仕事をやっていたから混乱していたと思う。

次は福島第1原発に向かった。12日午後、1号機で爆発が起き、原子炉建屋が吹き飛んでいたからだ。原発の近くに住む人たちがどうしているのか、直接見に行かなければ心配であった。彼らは地震、津波の被害に加えて放射能汚染の不安にさらされているのだ。マスコミに声を掛けたところ、やめた方がいいと止められた。

「危険かもしれないけど、避難指示が出ていない地域のぎりぎりの所までは行かないと。そこに人が住んでいるんだから。私は行きますよ」

「私たちは行きません」

「社の命令で、原発地域周辺には行けないのです」

翌3月14日、支援物資を積み込んだ軽トラックで南相馬市に入った。この日、第1原発で3度目の爆発があった。

運転は夫がした。夫は弁護士事務所を休んで私と行動を共にしてくれていた。私は助手席から被災地の様子を撮影した。

このとき私が撮った映像は、原発に近い被災地の映像としては全国で初めてテレビ放映された（注：住民が撮影したものを除いて）。記者でもない私が撮ったものが被災地の状況を伝える貴重な記録となったのだ。

南相馬市の市役所は原発から約25キロの所にある。14日の時点で避難指示が出ていたのは原発から半径20キロ以内である。市役所は圏外だった。

その市役所から東へ数キロ、海岸から2キロほどの地点に介護老人保健施設「ヨッシーランド」がある。ここで、施設を利用していた約140人のうち36人と職員1人が犠牲になった。地震の直後、職員たちは使える車を全部使ってお年寄りたちを避難させたが、一度に全員を運ぶのは困難だった。施設と周辺一帯は津波にのみ込まれた。

現場に行って目にした光景は、すさまじいの一語に尽きる。

記者から「現場に入ったらビデオを撮ってきてください」と言われていたので、後で持っていくと、福島テレビと福島中央テレビが流し、これは全国放送でも流れた。地震と津波。そこに原発事故が起き、救援が遅れた地域に人々が取り残された悲惨さ。映像は「20110314森まさこ撮影　被災地映像」（1時間弱）として今もユーチューブに公開している。

①行方不明の家族を残しての避難命令、②ガソリン不足、③遺体検案などの課題について、当時自民党の国会議員の中で最も多く予算委員会で質問し、「仮払い基金法」「がれき特措法」「二重ローン救済法」「除染法」「復興特措法」「原発事故子ども・被災者支援法」等の立法に携わった。

海外の知見を原発廃炉に結集させるため、チェルノブイリ原発、スリーマイル島原発、オンカロ処分場、ハンフォード・サイト（ワシントン州）を視察してきた。

福島第1原発には毎年チェックに入り、国会議員で最も多い回数の視察をしてきた。

世界の危機管理の組織ＩＡＥＭ（International Association of Emergency Managers）の危機管理の資格を取得しました。

世界大会で講演し、IAEM Japanを設立し、危機管理リーダー国際訓練にも参加しました。

ＩＣＳ（Incident Command System）・タイムライン防災・ＩＴやＡＩ防災をわが国に取り入れるために福島イノベーション・コースト構想を進めています。

（もり・まさこ）

いま、われわれは何をなすべきか

森田　実（東日本国際大学 地球文明研究所所長）

２０１１年3月11日に東日本大震災が起きたとき、私は大阪にいた。東京の状況は知ることができたが、その夜帰宅することはできなかった。翌朝早く新大阪駅へ行ったが、駅構内は大混乱状態だった。何とか東京にたどり着くことができたが、すでに夜になっていた。災害が起きたらすぐに現場に行き、現場に立って報道するよう心掛けていた。当時はマスコミの最前線で働いていた。

１９９５年1月17日の阪神・淡路大震災のときも、すぐに現場に入った。大混乱の現場に立ち、取材して報道した。当時は、毎日、テレビの仕事をしていた。できれば被災者と同じ環境に身を置いて報道したいと考えて行動した。

２０１１年の東日本大震災のときは、まず最南端の被災地の千葉県旭市の被災現場に入った。地元の衆議院議員の林幹雄議員（現自由民主党幹事長代理）にお願いして被災地を案内していただいた。そこから北上し、茨城県南部の被災地に入った。茨城県南部の被災地に入ったときは、林幹雄議員の友人の茨城県議会議員に案内していただいた。

茨城県北部は当時の国土交通大臣の大畠章宏大臣の秘書の岡野直治氏に案内していただいた。岡野氏は大変有能な秘書で、広い人脈の持ち主だった。

こうして、ようやく福島県南部にたどり着いた。そこから福島県の被災地を回りつつ北上し、宮城県へ、そして岩手県内各地の被災地を取材して回った。各地で、地元選出の国会議員、県議会議員のお世話になった。

その直後、国土交通省東北整備局長の徳山日出男氏と会い、東北整備局のヘリコプターで東北地方全体の被災状況を上空から取材することを依頼したところ快諾してもらえた。徳山局長の同行が許諾の条件だった。徳山局長と共に、東北各地を訪れた。ヘリコプターのパイロットには大変お世話になった。

徳山局長は、極めて有能な災害対策のエキスパートで、人命救助に全力を尽くし、多くの命を救った。徳山局長は日頃から災害発生時のことを研究していた。これが役に立った。

福島原発事故の現地には、国土交通省から環境省に出向していた職員に案内していただいた。現地に近づくと首に下げた計器の音が大きくなって危険を知らせる。案内してくれた国土交通省職員に無理をお願いし、事故現場に近づき、外へ出て深呼吸した。少しでも放射能を減らすために現場に行って深呼吸を繰り返した杉良太郎氏（歌手・俳優）の行為の真似をした。無意味な行為であることを承知の上で杉良太郎氏の真似をせずにはいられなかった。

今、人類はコロナ禍の苦難の中にいる。異常気象による大災害も繰り返されている。米中対立に見られるように世界をとげとげしい空気が覆っている。人心は乱れ、犯罪が増加傾向にある。人類は歴史上例のないほどの大危機に直面している。

この状況でわれわれは、何をなすべきか？　道徳を確立し、全ての人が自己を律し、礼儀正しい行動をする以外に、困難を克服する道はない。

道義ある世界の建設に全力を尽くさなければならないと思う。

孔子は「己の欲せざる所は人に施す勿《なか》れ」と言った。これが儒教の根本精神である。

釈尊は慈悲を説いた。全ての人々が慈悲の心を持つことができれば、理想の社会が完成する。

アリストテレスは「政治の究極の目的は人間的善の実現にある」と説いた。全ての政治家は、善が成立する社会の建設を目指すべきである。

老子は「人は地に法《のっと》り、地は天に法り、天は道に法り、道は自然に法る」と説いた。

今こそ、先人の教えに学ぶべきときだと思う。今の世界は荒れに荒れている。経済力世界第1位の米国と第2位の中国との対立は激しい。それぞれの国において道義に反する「自分さえよければ思想」がはびこっている。一般の人々も疲れ果てている。

このようなときこそ、健全な意思を持つ政治家が働かなくてはならない。同時に全ての国民が道義の回復のため努力しなければならない。「協力の精神」を取り戻す必要がある。大学人もこの例外ではない。このために努力しなければならないと思う。

コロナ禍を克服するためには、第一に世界は一つにならなければならない。日本政府は米国と中国を和解させるため働くべきである。第二は医療の強靭化を図らなければならない。これは二つの方向で為されるべきである。一つは新型コロナ感染症の拡大を止める治療薬とワクチンの開発、もう一つは医療を必要とするすべての人に医療を提供できるシステムを完備することである。第三は道徳社会の完成である。すべての国民が、自分以外の人に迷惑をかけない強い道徳心と信念をもつことである。

東日本大震災と原発事故からの十年間の東北人の苦闘の体験は、全人類に対する無限の教訓である。自然に対する謙虚さ、苦難に負けない強靭な精神力、ふるさとへの限りない愛、人々へのやさしさ——これが東北人の魂であり力である。

（もりた・みのる）

東日本大震災・福島第1原発事故から学んだこと、そしてコロナ禍での対応

八木橋　彰憲（医療法人社団正風会石井脳神経外科・眼科病院医局長）

２０２０年2月頃より徐々に新型コロナウイルス感染患者が増え、4月になると東京都を中心に日本全土で増加の一途をたどりました。目に見えないこの新型コロナウイルスは、テレビ、ラジオ、ＳＮＳにさまざまな情報があふれ、新型コロナウイルスに対する恐怖、マスクの品不足、新型コロナウイルス感染患者への差別、医療従事者およびその家族への差別を引き起こしました。目に見えないものへの恐怖が引き起こすこの一連の事象は9年前にもありました。

２０１１年3月11日、東日本大震災・福島第1原発事故は、放射線への過剰な恐怖による誤った情報、それによるトラックなどの流通が滞ってしまったためのガソリン不足および日用品不足、福島県民に対する差別などを引き起こしました。

東日本大震災直後、壊れた窓ガラスにより首から肩にかけて裂創を負った患者さんが受診しました。幸いにも動脈損傷がなかったため大事には至らず、縫合し帰宅されました。その後、水道管破裂により病院および周辺は断水となり、病院の入院機能は停止してしまいました。余震、原発爆発と病院閉鎖もやむを得ない状況でしたが、脳梗塞が発症し通院できる患者さんは外来での点滴加療などできる限りの治療を行ったり、かかりつけの患者さんのみならず相双地区より避難してきた方々に必要最低限の内服薬を処方したりしました。

東日本大震災・福島第1原発事故で学んだことは三つあります。

一つ目はできるだけ正確な情報を収集することです。幸いにも停電にならなかったため、テレビやラジオ、インターネットを使い、政府、福島県、いわき市など信頼できるソースから情報を得て、現状の把握、退避か居残るか、生活できるかを検討しました。

二つ目は判断と決断です。医師として放射線診断、放射線治療などで放射能・放射線に対する知識は多少なりともありました。発表された空間線量から年間被ばく量を推定し、十分生活できる環境にあると判断し、情報を職場ならびに家族と共有しました。決断したことに対して軸がぶれなかったことは家族に安心を与えられたと思います。

三つ目は同じ場所で医療を継続することです。災害時の救急医療はもちろん大事ですが、災害時でも変わらず同じ場所で医療の提供を続けることにより、災害時の疾患予防および持病の悪化を防ぐことができ、それが患者への安心へつながったのではないかと考えます。

コロナ禍でも同様のことを考えていました。

新型コロナとは何か。ＰＣＲの信頼度はどの程度か。感染予防に関して今までと違うのか。いろいろな情報を分析し、高齢者および持病のある方が重症化しやすく、多くの方は軽症または無症状であることが分かりました。３密（密室、密閉、密接）を避け、手洗いとマスク装着にて感染をかなり予防できることも分かりました。

感染症専門医ではありませんが、臨床医として上記の感染予防をしていれば十分生活していけると判断し、職場ならびに家族と情報を共有しました。

大流行とまではなっておりませんが、いわき市でも新型コロナウイルス患者が散見されるようになりました。新型コロナウイルス患者と判明するのは受診後および入院後ですので、万が一に備え、体温測定、酸素濃度測定、外出歴などを聴取し、マスク着用、自動車待機、検査の簡便化、感染患者の隔離などを行い、持ち込まない、広げないをスローガンに院内での感染予防を図りました。これにより外来および入院はコロナ禍でも継続され、急患対応、手術治療も可能な限り行いました。

新型コロナウイルス感染は改めて感染症の脅威を思い出させることとなりました。治療は別として、感染予防および感染拡大への対応は容易なものではありませんが、徐々に対応策を講じられるようになってきております。震災および原発事故を経験したわれわれは、当時を思い出し、同様な対応をとることによりこの難局を乗り越えていけるのではないかと考えます。

東日本大震災・福島第1原発事故からの復興は被災した地域全体から見るとまだ道半ばです。しかしわれわれの住む地域では、放射線への理解が深まるごとに、仕事が再開され、子どもたちはスポーツ、勉学に励み、それぞれにコミュニティーが築けるようになった現状、復興は成し遂げつつあると思います。

コロナ禍において日本全土から見れば、新型コロナウイルス患者が後を絶たず、経済活動がままならなく、いまだに大学生はオンライン授業をしていることに鑑みると、以前の生活にはまだまだ戻れないように思えます。しかし3密を避け、感染予防に努め、新型コロナウイルス感染への理解が深まれば、震災および原発事故からの復興同様、徐々に同じ生活に戻る日が来ると思います。

（やぎはし・あきのり）

「逼迫していない」は誤り
――国家と専門家の社会契約

山口　芳裕（杏林大学高度救命救急センター長）

「東京の医療はまだ逼迫《ひっぱく》していない」

２０２０年7月21日、安倍総理は自民党の役員会で、菅官房長官は定例記者会見で、相次いでこう発言した。テレビニュースから流れるこの発言を聞いた時、不思議な既視感に襲われた。

あれは、東日本大震災発生から10日目の２０１１年3月21日のテレビニュースで、当時の枝野官房長官の「ただちに人体、あるいは健康に影響はない」という発言を聞いた時だ。私は、東京消防庁ハイパーレスキュー隊の福島第1原発３号機への注水作業に帯同し、４日間の活動を終了。その日の午前2時40分に帰京し、隊員１３９人の健康をチェックし終えた時であった。死を覚悟して臨んだ任務を解かれた後の、鉛のような疲労感のなかでも、この発言には看過できない違和感を覚えた。

一つは、中・長期的な視座を持たずに〝とりあえずの安心感〟を発信している国家の姿勢。国の政策を担う責任者は、データの単なる観察者であってはならない。何マイクロシーベルトというその数値は、放射線が人体に効果を及ぼす10年、20年後あるいは次の世代までを見越して評価されなければならない。「ただちに影響はない」というコメントの出し方は、中・長期的な視点で国民の生命や健康を背負おうとする使命感のない無責任な態度と言わざるを得ない。

もう一つは、「ただちに」の影響を回避するために、現場で命を賭《と》して戦っている人に対する配慮の欠如である。枝野官房長官が会見したこの時点で、原発の敷地内では東京消防庁に続いて全国の政令市から派遣された部隊が注水作業を継続していた。また、東京電力等の多くの作業員が、高線量被ばく環境下で決死の作業をしていた。国民にはそうした危険回避の懸命の努力が現場で展開されている事実と、かれらの命は必ず守るという国家の意思こそがきちんと伝えられえるべきである。

その場しのぎの〝とりあえずの安心感〟を与えることに終始するこの発言は、結局3月25日まで7回にわたって発信し続けられた。

しかし見過ごしてならないのは、為政者がこのような発言を繰り返す背景にいる〝専門家〟の責任である。住民避難に際し、スクリーニングポストでの除染基準を、当初の6000cpm（1分間あたりの放射線計測回数）から、1万、1万3000そして、10万cpmに上げたプロセスはどのような科学的根拠に基づくものだったのか。雪が舞うスクリーニングポストで、住民が長蛇の列をなす中、計測作業しているわれわれからの問いかけは専門家の耳に届いていたのだろうか。

福島第1原発3号機周辺の空間線量率が予想以上に高かったため、注水作業に当たった東京消防庁ハイパーレスキュー隊員の許容線量を100mSvから250mSvに上げろという官邸からの指示書は、どの専門家が裏書きしたものだったのか。

確かに、動物実験では死亡率に有意な影響を与えないかもしれない。しかし、人の命は、ネズミ何万匹分の1という確率で置き換えられない。それがたった一つの命であったとしても、放射線がどのように人を蝕《むしば》んで死に至らしめるかを東海村JCO事故で思い知らされた。「ただちに」ではなくても、83日後、211日後に身体が朽ちるように亡くなった方の姿が、脳裏から離れることはない。また、注水作業を終えた多くの若いハイパーレスキュー隊員は、帰京後に子どもを持つことの不安を訴えた。専門家は、100mSvと250mSvの違いを「ただちに影響はない」とやり過ごすつもりだったのだろうか。

あれから9年4カ月を経た2020年7月21日、「東京の医療は逼迫していない」としてＧｏＴｏトラベルの継続を発表する政府首脳に、〝専門家〟は「旅行自体に問題はない」とお墨付きを与えた。「もしそんなことが起きていれば日本中感染症だらけです」（経団連フォーラム）とも言い添えた。人の移動の高速化、広域化が感染症の拡大にどのような影響をもたらしたかは、医学部1年生の医学概論の常識である。上記の発言は本当に専門家としての正義、良心に照らして憂いのないものだったのであろうか。

マギル大学のCruessによれば、専門家とは、複数の科学領域の知識あるいはその科学を基盤とする実務が、自分以外の他者への奉仕に用いられる天職であり、自らの力量、誠実さ、道徳、利他的奉仕、および自らの関与する分野における公益増進に対して全力で貢献する意志を公約するものである。この公約は、社会との間の社会契約の基礎をなし、その見返りとして専門家には自律性と自己規制の特権が与えられるのである。

わが国において、特に国家の安全保障に関わる分野・領域においては、真に国家と社会契約を締結し得る天職の専門家を早急に確保する必要がある。その際には、国家もそして専門家も、「自律性」と「自己規制」の重さを改めて強く認識しなければならず、また国民は、両者の「社会契約」を鋭い目でしっかりと監視しなければならないのである。

（やまぐち・よしひろ）

新たな原子力災害医療体制と将来展望

山下　俊一（福島県立医科大学副学長）

はじめに

東日本大震災に引き続いて発災した東京電力（株）福島第1原子力発電所事故（福島原発事故）から10年を迎える。そして、今世界中の人々は、新型コロナウイルス感染拡大と地球温暖化・気候変動等による大規模自然災害に数多く見舞われ、その不透明な先行きへの不安と焦燥感を抱いている。

人間誰しも不条理や矛盾、避けられない不穏な事象に遭遇すると、悩み苦しみ、一人ひとりの感性に応じてその解決策への模索も千差万別である。場合によっては、葛藤する精神心理的な影響が大きく、潜在性の鬱《うつ》から外傷後ストレス症候群＝ＰＴＳＤ（Post

Traumatic Stress Disorder）のような状況が続くことも多い。震災復興の過程でも、単に生活インフラの改修改善や、施設設備の整備だけでは不十分である。「悲劇」を「奇跡」に変えるためには、不安や恐怖、絶望や疑心暗鬼、そして悲喜こもごものストレスフルな日常にあればこそ、人として正しい道を歩むという自分自身の心を耕す必要がある。すなわち、艱難辛苦《かんなんしんく》に遭遇した場合の一人ひとりの人間力の向上であり、レジリエンス力の涵養《かんよう》である。

福島県では、原発事故後の復興の流れから新しい地方創生への歩みを確実に進めている。その中心となる「福島イノベーション・コースト構想」は、廃炉、ロボテク、再生エネルギー、ＩＴ技術の応用や、環境回復による地域活性化、農業再生そして新産業創出に結びつく研究開発が中心に推進されている。しかし、福島原発事故の危機的状況を脱した後の環境汚染は、現存被ばく状況と定義され、事故前の普段の生活環境より少し高めの被ばく線量率が懸念される。この健康リスクという視点からは、コロナ災禍後のアフターコロナ、ウィズコロナと呼ばれる状況と酷似する。であればこそ、経済活動の回復とともに、地域保健医療、そして介護福祉の視点が欠かせない。そこで、この節目に人を中心に置いた原発事故からの復興支援を加速させるために、新たな原子力災害医療の課題とその将来展望を考察する。

被ばく医療の重要性

東日本大震災での死者数は震災関連死も加えると2万人をはるかに超え、放射線被ばくの直接影響ではない死因が席巻している。事故当初から正しく放射能を理解し、正しく恐れることの重要性を強調してきたが、強制避難地域以外からも多くの自主避難者を余儀なくされた。今なお約4万人前後の福島県民が故郷を離れ、困難な避難生活にある。一方では、すでに新しい土地で新しい生活環境を切り開いている被災者も多い。まさに、未曽有の複合災害という禍機に遭遇し、この10年間の原発事故の影響は甚大である。とりわけ、事故初期の混乱と混迷の渦中では、将来を見通しつつ環境汚染と低線量被ばくの健康影響を被災住民が冷静に判断できる状況ではなく、数少ない被ばく医療の専門家が、国際的な放射線防護の基準に従い、現場でのクライシスコミュニケーションに腐心してきた。

2011年5月、被災者、とりわけ避難者の被ばく線量が不明の中で、福島県と福島県立医科大学を中心に、いち早く福島県民の健康見守り事業（県民健康調査事業）が立ち上げられた。その後、良質な放射線リスクコミュニケーションの在り方が模索され、今なお現地での支援活動が続けられている。事故前は、何を信用してよいか分からない国民への情報発信源の正統性や信頼性が、限られた専門家や関係者だけの理解にとどまっていたことが露呈した。そして、事故当時の後手後手の対応についての課題も多いが、事故後は、被災者そして国民の放射線や放射能に関する知識や理解力が着実に向上しているものと信じたい。悪い方向へ向かうものだけに心を奪われるのではなく、客観的なエビデンスを拠り所に、正しい方向へ向かうものに鋭意努力する学びの態度や危機管理の準備は、普段からの正しい行動規範に基づくことを理解しなければならない。

一方では、信頼される被ばく医療の専門家育成がますます重要となっている。放射線の健康リスクの科学的知見や国際的なコンセンサスを順守し、規制科学の論理的思考による防護基準の参考数値への理解を深め、さらにリスク・ベニフィットのバランスある判断能力の重要性から、被ばく医療の人材育成とその確保につなげる努力が求められる。とりわけ、一人ひとりで異なる価値観と放射線に対するリスク認知の多様性が、風評被害や精神的ダメージにつながりやすいことも事実であり、長期的な復興支援に資する人材の資質とその能力向上が必要となる。

新たな原子力災害医療体制と人材確保・育成

2015年8月、原子力規制委員会で原子力災害拠点病院等の施設要件が制定され、「高度被ばく医療支援センター」が、量子科学技術研究開発機構（量研）、弘前大学、福島県立医科大学、広島大学、長崎大学に指定された。後者の4大学は、「原子力災害医療・総合支援センター」にも指定され、原子力災害時には訓練された医療チームを現場へ派遣することになる。さらに、立地道府県等が指定する「原子力災害拠点病院」とこれに協力する「原子力災害医療協力機関」が全国に350以上登録され、事故の最前線で最善を尽くすことになる。

2019年4月からは施設要件の改正に伴い、新たに「基幹高度被ばく医療支援センター」が量研に指定され、緊急被ばく医療に関する研修の体系化と実効性ある被ばく医療ならびに線量評価への中心的かつ指導的な役割が求められている。その上で、組織や体制を支えるのはどの世界でも人、すなわち良識ある人材であることは明らかであり、まれな原発事故や放射線事故を想定して、平時からのポストと職能、そして関連施設を確保しなければならない。その高度専門技術や知識を維持、更新することは、繰り返される訓練や研修も重要だが、大学や研究機関での教育研究プログラムや学会などのバックアップ、そして何よりも被ばく医療（放射線防護や規制科学を含む）のキャリア形成に資する支援とオールジャパンでの協力体制の構築が不可欠となる。

被ばく医療に関わる関係者は、いざ緊急事態となるとその初動から救命救急や高度被ばく医療対応、さらに公衆被ばく対応（避難誘導や屋内退避支援、安定ヨウ素剤服用）など多岐にわたり、多職種の専門家のチーム編成による連携と共同作業となる。特に、事故直後の危機管理では、汚染レベルの線量スクリーニングや、生体試料サンプルを用いたバイオアッセイなど事故の規模に応じた技術的な対応や高度な計測・線量評価が求められるが、どこにそのような人材が準備維持されているのだろうか。その観点から新たな原子力災害医療体制の見直しは、人ありきの体制強化にシフトしなければならない。

毎年の全国原子力防災訓練や原発立地の各地域での原子力災害訓練では、想定内事象への準備対応が行われている。しかし、想定外の事象、そして非常事態への対応の良否は、原発事故の経験を活かした反省と自戒の上で、危機対処能力の向上が目指されなければならない。その役割を担う基幹と4つの高度被ばく医療支援センターの課題の一つが、いわゆる全国における被ばく医療関係者の実態、すなわち平時の勤務状況の掌握から人材の確保問題である。残念ながら、多職種連携での被ばく医療をチーム編成する専門家人材は少ない。その中で、日本学術会議では、原発事故を受けて医学及び看護教育における放射線健康リスク教育の重要性についての提言を取りまとめ、その成果が徐々に現れている。2016年に創設された福島県立医科大学と長崎大学の共同大学院「災害・被ばく医療科学専攻（修士課程）」は、医師以外の多職種の社会人専門家の養成に大きく貢献している。さらに日本放射線看護学会は、原子力災害医療の領域でも重要な人材育成と輩出の母体となっている。

福島イノベーション・コースト構想

復興庁は、「福島イノベーション・コースト構想」の中で、浜通り地域における国際教育研究拠点構想を取りまとめている。その中で、放射線安全研究や環境回復研究は、住民の生活基盤の改善回復の視点からも重要であり、原子力政策を推進してきた国の社会的責任を長期間にわたり果たすことにつながる。事故前、事故時、そして事故後というサイクルとして原子力災害医療を考えると、浜通り地域にこそ災害・被ばく医療科学の「復興知」を活用した人材育成と研修訓練、そして国際的な教育研究拠点の整備が望まれるところである。

ここで着目したい点は、本構想は、東日本大震災及び原子力災害によって失われた浜通り等の産業基盤を回復するために、イノベーションの創出による新たな産業基盤の構築を目指す福島復興再生特別措置法に位置付けられた国家プロジェクトであるということである。重点分野としては、廃炉、ロボテク、エネルギー、農林水産業再生、そして環境創造と医療安全が取り上げられ、さらに新産業創出と実用化に向けた開発促進と人材育成が課題となっている。この人材育成はそれぞれの重点分野の根幹をなすものであるが、同時に原子力災害医療の先導的な人材育成に貢献する場としての制度設計が切望される。

浜通り地域の人材育成拠点の一つとして、原子力災害医療を考えると、当然現場における体験的科学学習の場であり、襟を正して非常事態対応と危機管理の在り方を学ぶ教育、研修訓練の設備と、研修生受け入れ施設の整備が不可欠である。その結果、流動人口、そして地場産業の活性化が期待される。とりわけ廃炉等の事故対応や地域医療の要として原子力災害対応の総合病院構想は、作業者や生活者の安心に直結している。この病院構想の中に、研修訓練設備が含まれ、平時の医療活動を基本としながら地域に貢献し、さらなる災害や放射線被ばく事故対応への万が一の備えとなる。「福島イノベーション・コースト構想」の中に、浜通り地域の総合原子力防災訓練施設と総合病院の将来展望が含まれ、それを地域が支えることが、地域復興と日本再生の屋台骨になると期待される。

おわりに

防災の基本とは、災害、事故や事件に遭遇したことが原点であり、その風化や人心の離れを防ぐことで、次の事象に備える実効性ある危機管理の体制構築につながる。同時に、人の問題は普遍的な課題である。福島原発事故から10年、サイト内の備えや防災意識の持続的な堅持は、災害や事故を自分ごととして考え続け、現場を自分の目で見て肌感覚で災害や事故の恐ろしさを体験学習することが強く求められる。その意味でも、原子力災害医療カリキュラムの体系的、持続的な研修訓練の実施拠点が、浜通り地域、すなわち現場において必要とされる所以《ゆえん》である。

このことは、単に医療、とりわけ放射線リスク管理の観点からだけではなく、防災や事故防止からも、幅広く原子力工学や産業界の行動規範と倫理の向上に直結し、分野横断的な「復興知」の活用となり、組織や機関、そして制度の形骸化を阻止することになる。さらに、高齢化する原子力災害医療の専門家に代わる新しい人材の養成は、日本全体における社会復興のための喫緊の課題である。福島県の浜通り、そして事故現場を原点にしてこそ、原子力規制委員会が指定した全国5カ所の「高度被ばく医療支援センター」を中心とする人的ネットワークの有効活用と、幅広い人材育成とその確保、維持につながるものと確信される。

最後に、福島の未来は人が創るものであり、発明していくものであるとすれば、まさしく人の和と輪が広がる原点に、福島県民の心身の健康と安心の砦《とりで》が不可欠となる。

（やました・しゅんいち）

「ともあれ、私は存在する」

山本　太郎（長崎大学 熱帯医学研究所 教授）

２０１１年3月には、東日本で地震が起きた。出張中の東京で地震にあった私は、長崎に帰ることなく東北に向かった。地震の後の津波が襲った三陸海岸の街は、跡形もなく破壊されていた。引き続く余震は大地の咆哮《ほうこう》のようにも聞こえた。明日が来ることさえ信じられないような中で、ふと見上げた夜空には、しかし満天の星が輝いていた。それは今まで見たどの星空より綺麗《きれい》だった。破壊され尽くした地上との対比。その事実に震えるような戦慄を覚えた。東北での医療支援はそれから1カ月に及んだ。

山を一人歩くようになったのは、それから半年が過ぎた頃だった。あの星空をもう一度見たいと思った。それは未来を希求する心だったのかもしれない。

パンデミックがもたらす未来

パンデミック後に時として出現する新たな社会は、独立した事象として現れるわけではなく、歴史の流れの中で起こる変化を加速する形で表出する。14世紀のペスト流行の時も、16世紀南北アメリカでの感染症流行の時もそうだった。

さらに言えば、1918年のスペイン風邪流行もそうだったと思う。流行後の世界は、新興国アメリカの世界史の舞台における台頭だった。アメリカは、その後、世界の政治や経済の中心となっていく。

新型コロナウイルス感染症の流行が今後どのような軌跡をとることになるのか、現時点で正確に予測することはできない。ただ流行が拡大し、遷延すれば、あるいは新型コロナウイルス感染症とは異なるが致死率の高い感染症が今後流行すれば、私たちは、私たちが知る世界とは異なる世界の出現を目撃することになるかもしれない。それがどのような社会かは、もちろん分からない。しかしそれは、14世紀ヨーロッパのペスト流行の時のように、旧秩序《アンシャンレジーム》に変革を迫るものになるかもしれない。

ヨーロッパにおける中世ペストの流行は、教会から国民国家への転換点となった。今回の新型コロナの汎世界的流行《はん》（パンデミック）も私たちの社会を変えていく先駆けとなる可能性は高い。問題は、それがどのような社会かということになる。国民国家からそれを超えた国際的な連帯への転換点となるのか。あるいは監視的分断社会の訪れの始まりになるのか。人や物、情報が地球規模で流動化するグローバル化によって今回のパンデミックが特徴づけられるとすれば、世界がこれほど驚愕《きょうがく》している姿は示唆的でもある。

コロナ後の社会が、情報技術（ＩＴ）を主体にした社会へと転換するのは間違いない。しかし情報技術はあくまで道具であって、目的ではない。それをどのように使うかは、私たち一人ひとりが考えるべき問題として残る。

その時に大切なことは、明日への「希望」だと思う。

20年以上も前に、アフリカでエイズ対策をしていた。現在のような治療薬はなく、予防が唯一私たちにできる対策だった。村から村へと回り、感染予防の重要性を説く。しかし、それがなかなかうまくいかない。ある日、一人の青年がつぶやく。「10年後は、エイズじゃなくても飢餓とか暴力とか、戦争で亡くなっている。今、エイズ予防をする意味はあるのか？」

対策がうまくいかなかったのは、彼／彼女らの理解が足りなかったわけでも、私たちの説明が悪かったわけでもなかった。ただ、彼／彼女らが、10年後の自分を想像できなかったからだった。そうした現実の前に私たちは狼狽《ろうばい》した。
社会がどうあるか、どう変わっていくか、どういう希望のもとにあるべきか、というのは、一人ひとりの心の中にしかない。それが合わさって、未来への希望につながる。言葉を換えて言えば、選択可能な未来は私たちの中にしかないということであろう。

＊

多くの災厄が詰まっていたパンドラの箱には、最後に「エルピス」と書かれた一欠片が残されていた。古代ギリシャ語でエルピスは「期待」とも「希望」とも訳される。パンドラの箱を巡る解釈は二つある。パンドラの箱は、多くの災厄を世界にばらまいたが、最後には希望が残されたとする説と、希望あるいは期待が残されたために人間は絶望もすることもできず、希望と共に永遠に苦痛を抱いて生きていかなくてはならなくなったとする説である。パンドラの箱の物語は多分に寓意《ぐうい》的であるが、暗示的でもある。しかしそれがどちらであろうと、希望を未来へとつなげていくのは私たち自身でしかない。

（やまもと・たろう）

発災から10年に想う

吉野　正芳（衆議院議員、元復興大臣）

発災から10年。

被災地の住民のみならず多くの人々の人生を大きく変えるような事態を引き起こした東日本大震災は、未曽有の災害を私たちのふるさとにもたらした。

とりわけ、地震と津波そして原子力発電所の事故によってわが福島県は世界でも類例のない状況に置かれた。原発事故の深刻な爪痕は無残に住民をふるさとから引きはがし、いまだに多数の住民が帰還を許されずにいる。

今、私たちは何をなすべきか。あれから10年を経て、毎年のごとくに多くの災害が発生している。その被害状況に程度の差こそあれ、絆の大切さという人間社会の一番の基礎とも言える心のつながりがあらためて重要視されている。

発災から10年を迎える今、わが国は新型コロナ禍の真っただ中にある。国民生活に多大な影響を及ぼしているこの感染症は、効果的な医薬品の開発が実現しない限り、私たちが自己の日常生活の中で自らを律しながら基本的な対策を講ずるしかない。

私は、２０１７年4月から５２５日間復興大臣の任にあった。在職当時、各被災地はそれぞれ地域の事情を抱え、あるいは本県より復興が進捗しほぼ復興の姿がうかがえるような地域もあれば、ようやく復興の足掛かりをつかみかけつつあるような地域もある。しかしながら、共通して言えることは、ほぼ全ての被災地で「心の復興」の重要性を訴える方々に多くお会いしたことであった。愛する人、かけがえのない人を亡くし、全てを失った被災者の皆さんにとっての心の復興は永遠の課題であろう。しかしながら、支え合い互いの境遇に身を置き、絆の在りかを確かめ合うことは極めて当然のことと認識した次第である。

今、ふるさとで大きな課題にあがっていることの一つにいわゆる風評被害対策がある。本県は農業県であり、また「潮目の海」と言われる常磐沖を眼の前にするいわき市はじめ沿岸部には漁業を生業とする多くの方々がいる。被災地では農産物や、水産物の扱い量は大震災前とは比較にならないありさまであり、国内のみならず海外各国の理解醸成に努めることは政治に携わる者として重大な責務であると認識している。

こうした中、長い歳月を要するであろう廃炉作業が続いているわけだが、これは必ず成し遂げなければならない。一方、新たに故郷に希望の灯りをともす可能性を秘めた構想が構築されつつある。

すなわち、イノベーション・コースト構想である。福島県浜通り地方を中心として、国際的な教育および研究拠点をつくりあげ、人材育成はもちろんのこと、世界に通用する業績を披露できる態勢を展開しなければならない。

可能性は無限にある。2021年から始まる第2期の復興創生期間に全力を集中させよう。

（よしの・まさよし）

行動こそ、ピンチをチャンスへ

若松　謙維（参議院議員、元復興副大臣）

1　緑川理事長の行動——会計監査の立場から

２０１１年3月11日午後2時46分、私は新橋にある公認会計士事務所で個人所得税申告書の作成作業をしていた最中、経験したことのない大きな揺れに遭いました。その後、テレビから放映される映像は、想像を超える巨大津波の破壊力でした。すぐに、昌平黌《しょうへいこう》の学生、生徒、教職員、そして関連事業の介護施設等の利用者の顔が浮かび上がり、すぐにでも現場に直行したい思いに駆られました。

私は当時、学校法人昌平黌の会計監査の立場にあり、２００8年度決算から関与していました。当日は帰宅困難者となり、12日朝、自宅（当時、埼玉県上尾市）に帰宅し、買えるだけの食料品等を車に乗せ、国道4号線を北上し、郡山市に着いたのが13日朝でした。そこで見たのは、原発事故から避難する数万人の人々が、浜通りから中通り、会津地方、県外に移動する光景であり、郡山市では自衛隊のテント内でシャワー等で除染を行っている避難者の姿でした。

福島県内には宿舎施設はどこもなく、いったん首都圏に帰り、いわき市内に入ったのは15日以降でしたが、その時、全壊状態となった1号館に声を失いました。しかし、介護施設の孔輪閣を訪ねたときは、頑丈な建物の中で安心して暮らしている利用者の姿にホットしました。

大学事務局に入ると、「今こそ、本気でスクラム！ 勇気の前進！ ここに仲間がいる、絆がある、未来がある」の垂れ幕があり、まさにピンチをチャンスに変えようとする緑川法人事務局長（当時）を中心とする復興への気迫でした。それが積極的な行動となり、復興支援メニューを探し続け、その結果、さまざまな復興財源が確保でき、現在の素晴らしい1号館は天から新築の校舎が降りてきた、との結果をもたらしました。

2　復興ワンストップサービス

私は衆議院議員を10年間務めていた経験、人脈を活かし、発災から1年間で50回以上、太平洋岸の被災地へ入り、首長等の陳情、不満、怒りを直接聞いてきました。陸前高田市の市長が憤《いきどお》った最大の不満は、職員が激減した被災地では膨大な復旧復興業務に追い付かず、その作業を進めても省庁別の規制の壁があり、一向に復旧復興が進まない状況下にもかかわらず、大勢の現職国会議員が被災地を訪ねた際にさまざまな要望をしても、ほとんどの国会議員が写真を撮って後は何の報告もしないという事実でした。しかし、遠山清彦衆議院議員（公明党）だけは手間がかかる省庁間の調整をしてくれ、結果を返してくれたと感謝していました。

私は、被災地の現場は、行政のワンストップサービスを強く要望していると実感し、所属する公明党現職国会議員に、被災地市町村ごとに担当国会議員を配置するよう要望しました。そして、30人以上の国会議員が担当となった自治体に何度も足を運んでくれ、それから多くの首長から復興が大きく進んだとの喜びの報告が増えました。

1年間に50回以上、がむしゃらに被災地に入り続けた行動が、効果的な政治家の活用方法を提案できたと思っています。そして、私自身、２０１３年参議院議員として国政復帰することができ、２０１５年には復興副大臣の任についたときは、この時の被災地に寄り添う行動が私の政治姿勢の原点となりました。

３　心が折れず、コロナ禍と向き合い続ける

長い人生には、想像以上の困難が目の前に立ちはだかることがあります。その時、心が折れては、困難に立ち向かうことができません。心こそ大切です。心が折れなければ、どんな困難をも乗り越えることができ、後に、その人生を充実感で振り返ることができます。現在、コロナ感染症で、社会の分断が起きつつあります。しかし、今こそコロナに負けない共生社会を構築しなければなりません。双葉郡を中心とする浜通りは、震災前の経済活動状態に戻るにはまだまだです。一方、福島イノベーション・コースト構想、国際教育研究拠点等、国家プロジェクトが増えてきています。しかし、これらの新しい経済の息吹が地元浜通りの企業、経済界としっかりつながる状態には程遠い状況です。そのような中、東日本国際大学が行動を開始し、９月19日、米国ワシントン州ハンフォードから本学復興創生研究所（所長）大西康夫元ＩＡＥＡ（国際原子力機関）委員、吉野正芳衆議院議員、そ

して私の3人が共同発起人となり、「浜通り版トライデック」という、地元グラスルーツ19人の賛同者が一同に会し（オンライン参加も含む）、行動する協議体を創設しました。この浜通り版トライデックも、6年前、前述の共同発起人が、放射能汚染地帯ハンフォード地区を全米トップの経済成長地域に変えてきた現地を視察したメンバーでした。行動、勇気ある行動こそ、全てに勝利する方程式です。私も、浜通りの皆さまと、行動し、その行動を貫いてまいります。

（わかまつ・かねしげ）

第二部

東日本大震災からコロナ後へ

石井正三（いしい・まさみ）
一九五一年福島県いわき市生まれ。東日本国際大学健康社会戦略研究所所長・客員教授。正風会石井脳神経外科・眼科病院理事長。医療戦略研究所所長代表理事。弘前大学大学院医学研究科修了。医学博士。ハンガリー国立脳神経外科病院留学。いわき市医師会会長、福島県医師会副会長、日本医師会常任理事、世界医師会副議長、世界医師会財務担当理事などを歴任。ハーバード大学公衆衛生大学院国際保健武見プログラム「名誉武見フェロー」、藍綬褒章受章、日本医師会最高優功賞受賞、総務大臣感謝状拝受。著書に『だれが医療を殺すのか』（ビジネス社）ほか。

社会医学的にみたパンデミック事象（２０２０年６月４日）

石井　正三

はじめに

昨年11月ごろから武漢にアウトブレイクを起こした新型コロナウイルスは、日増しに拡大して全世界を巻き込む感染症パンデミックとなった。感染蔓延《まんえん》の恐れに対して、新型インフルエンザ等対策特措法に新型コロナウイルスを加えた法改正が３月に国会で可決成立した。これに基づいて、日本では４月７日、７都道府県を対象に緊急事態宣言が出され、16日には全国に拡大された。５月４日にはこの緊急事態宣言が延長され、新規感染者の発生数は低下傾向となってきた一方で、経済的な落ち込みが次第に明瞭となり、事態は深刻になっている。

流行が落ち着いたことによって５月14日、首都圏・近畿圏と北海道を除いた39県の緊急事態解除が発表され、5月21日には近畿圏も解除された。さらに5月25日、安倍首相の会見を経て、26日からは全ての地域における緊急事態宣言がいったん解除された。26日の時点で国内感染者数1万6632人、同死亡者851人となる。

日本の今回の緊急事態宣言には罰則規定が伴わないのにもかかわらず、国民の理解に基づき一致して示された見事な行動力によって、感染の蔓延防止と著しく低い死亡率のいずれにおいても、世界でも最上レベルの結果が得られたのは印象が深い。

2011年3月11日発災の、東日本大震災に併発した東京電力福島第1発電所原発事故以来、放射線被ばくという目に見えない恐れとフロントラインで付き合ってきた福島県の特にいわき市におけるこの10年は、図らずも災害フロントラインとしての実体験でもある。放射線被ばくとウイルス感染パンデミックは、どちらも目に見えない相手との闘いであり、しかも社会崩壊の危機まで迫ってくるという共通点がある。その共通部分と相違点の双方から浮かび上がる社会的問題点が、次第にあらわになっている。

もう一方で、今回のパンデミックとそれに伴う事象は、世界中を覆いつつあったグローバリゼーションというトレンドに冷水を浴びせかけた。この影響は数十年にわたって続いてきた大きなエネルギー政策の方向性を反転させるほどの重大なインパクトを秘めている。

見えないモノとの闘い

まずは今回のウイルスとの闘いでも特徴として目につく「見えないモノとの闘い」について考えてみよう。

人間の五感のうち視覚で認識できないことを「見えないモノ」と表現されるのが一般的概念だろう。しかし、脳の認識論からすればさらに、何かにある種具体的なイメージを持っている場合かそうでないかも含まれるかもしれない。つまり、対象物を言語化することによって、例えば「イヌ」というものを思い浮かべるし、もっと具体的に血統や大きさ、そして毛の色などの情報を加えれば、共通する姿としてかなり同じイメージも共有できるだろう。つまり、「可視化」「見える化」というのは、実態として視覚的に特定の場所における同時性の中で捉えられるモノという基本的要件に加えて、他人にイメージを想起させることができるかどうか、これをも加えるのが現代的な定義付けかもしれない。漫画は輪郭線や背景の連続に吹き出しを加えた構成によって、かなり複雑な状況や筋立てを、場合によっては海外の読者にまで、伝えることができている。各種のプレゼンでも、数枚のイラストと解説によって、受け手にまとまったイメージを伝えている。これを敷衍《ふえん》して、コマーシャルなどで繰り返して動機付けすれば、ある種の言葉を話す犬を出すだけで、特定の会社の携帯電話のイメージを多くの人に紐付けすることができる。これは確信的な心理ゲームでもあるのだ。

そこでコロナウイルスの話題に戻れば、自分の目では見えないモノの印象を深めるためだろう、世界中でコロナウイルスの電子顕微鏡写真を投射して話題を提供している。これによって、例えば81人の感染者と一人も死者のいない福島県にも円滑に緊急事態宣言が浸透し、学校や多くの職場を閉鎖して国民としての自粛を実行している。現時点で一人も感染者が出ていない岩手県においてもそれが完遂できている。

福島原発事故の後には、全国から、また国境を超えた海外からも力強い支援を頂いた。おかげで現地で復興を遂げる決心を後押ししていただいたことには深く感謝している。その現地での皮膚感覚でも、見えないし感じることもできないのが放射線汚染・被ばく問題である。そのためもあってか、それを論じるときには、複数の水素爆発事故を起こした原子力発電所群の映像を繰り返し重ねて引用された。その結果として、「福島」―「放射線」―「被ばく」という観念は、広く深く固定化された、と考えられる。全量測定を経て安全性を確認の上、市場に出荷されている米や野菜・果物や魚類に、以前なら付けられたそれぞれの評価と値段が、現状ではいまだに得られていないのはそのせいもあるだろう。例外的な事象として、日本酒については国内だけでなく海外からの引き合いが多く到来したと聞く。多くの蔵元たちが毎年頑張っていて7年間国内最多の金賞を獲得してきた実績が、2011年の原発事故以来、固着された悪しきイメージ＝スティグマを凌駕《りょうが》する効果を発揮したと言えるだろう。つまり、風評は乗り越えることも可能なのだ。

放射線被ばくについては、20世紀におけるアインシュタインの相対性理論から量子力学の発達に伴って中身が見えてきた。この過程において、人類に寄与する放射能平和利用の分野を拓いたキュリー夫妻の尽力を見落とすことはできないだろう。また、放射線の一種であるX線を利用した人体の透視画像が、どれほど人類の健康に恩恵をもたらしたかは計り知れないものだ。また、手術や薬剤で治療しきれないがんに対しても放射線治療が用いられる。

このように見れば、放射能の平和利用が目覚ましく実現したのは、医学の領域においてと表現することができるだろう。一方で、核爆弾の脅威やさまざまな職場環境における被ばくとその累積する影響という負の問題も明瞭化した。また、それぞれの概念の違いに合わせて計測する単位が何種類もあり、また安全域のガイドラインも、食料安全基準や産業活動、また使われる医療の場面によってさまざまなものがある、という点で被ばく医療を考えるときの分かりにくさがある。

そもそも現実世界においては、放射線がゼロという状況を想定することは不可能なのだ、この宇宙にはそれくらい放射線が満ち溢《あふ》れているとも言える。その中では大気や水が存在している地球上の環境はよりマシなのだと思えるが、地球そのものを平然と貫通していくニュートリノのような存在を知ってしまえば、むしろこの現実世界から除外することはできない構成要素なのだと思わざるを得なくなる。人類に対する恩恵をもたらす平和利用という観点でみれば、いまだ私たちは第2・第3のキュリー夫人がこの地球上に出現することを必要としているのかもしれない。

被ばく医療とウイルス感染症に共通する特徴は、見えないどころか人間の五感でも感じることができないリスクであることだ。

光学顕微鏡の進歩に伴って細菌研究が進歩したのは19世紀末期から20世紀前半であり、明治維新後の近代化の流れの中で、北里柴三郎がドイツのローベルト・コッホ研究所に留学し本格的な細菌学研究が行われた。医学部を卒業して医師となってから行政官を目指した後藤新平も早速その研究所を訪ねている。衛生学の中にも新しい分野としての当時最新の基礎医学である細菌学の研究成果が導入されると、この後藤新平が行政官から政治家へと転身する中で、新しい都市政策として日本の政策そのものに反映され、さらには、植民地経営の都市建設からひいては関東大震災や東京大空襲後の復興プランなども立案された。

都市文明の負の部分としての疫病の蔓延は、大きな災厄として何度も発生して歴史上に記録されている。都市政策における社会学的なアプローチにおいても、衛生管理の部分は不可欠な要素であり、それが第2次世界大戦後に一層発達した救急災害医学の骨格部分ともなってきたのだ。

可視化できないことで光学顕微鏡に頼る時代にはウイルスの発見は困難で、電子顕微鏡の出現によってようやく病原体として捉えることができた。これもある意味、放射線技術の平和利用が医療に恩恵をもたらした例と表現することができるだろう。

このように、医学は応用学であるために、他の周辺領域の科学的発達によって従来の限界を超えるブレークスルーが数多くもたらされることがある。これが医学の進歩における特徴でもある。

ウイルスそのものは、生物の中に入って増殖活動をしないときは物質として振る舞うニュートラルな存在でありながら、生物の体内に入って自己増殖のスイッチが入り生命体として振る舞い始めると、宿主に悪影響を与えて感染症の原因となる不思議なモノなのだ。そのウイルスと比べれば、人類はずっと遅れてこの世界への参入者となったようだ。そのために、むしろこの世での人類の存在とは、ウイルスの海に浮かんでいるようなものだ、と極論する研究者もいるほどだ。

物質と生命体とを瞬時に往復しているウイルス的な在り方と、複雑な遺伝子の複製過程から20年近くかかってようやく成人した独立した生命体として世に送り出される人類のようなモデル、そのどちらがよりしっかりとした存在なのかは、従って、事象の見方によることなのだろう。

コロナウイルスは、人獣共通感染症と呼ばれるカテゴリーに属し、生息する相手は柔軟に選ぶタイプだ。そのために、人類が分け入ったことのない森の最深部や実験室の最先端からでも、突然邪悪な力を持った病原体として飛び出してくるのだ。エボラ出血熱なども、そのように人類への親和性を増した型として、突然出現してくる。インフルエンザウイルスなどと同様に、RNAウイルスは、遺伝子の転写の回数をDNAウイルスよりも多く要することもあって、その遺伝子が変異しやすいという特徴を持つ。

このように、両者共に見えない力や存在である放射線やウイルスは、この世の環境に厳正に存在する何ものかであって、人類が容易に存立を左右することは困難である。同時に、人間の遺伝子がたどってきた進化の歴史とも切り離すことができないようである。そのような観点からすれば、最近のコロナ後／アフターコロナかコロナと共に／ウィズコロナかという論議は、十分な認識から出発していない感じも受けてしまう。好むと好まざるとにかかわらず、コロナウイルスを含めて人類よりも先行して存在し、変異しながら存在し続けるモノたちとも付き合いながら、私たちは与えられた環境の中で人類として安寧な存立を目指すしかないのだ。

パンデミックによるインパクトの諸相

今回のような世界的感染症の流行パンデミックによる影響を、三つの切り口から捉えてみることができるだろう。社会的な観点での激変とそれを下支えしている公衆衛生的な衝撃／インパクトそして経済的な危機／クライシスの問題だ。

第一は社会学的な面だ。それぞれの社会において各自が持っている特質は微妙に異なっているが、医療が機能不全や崩壊の危機に陥ったとき、人々は可能な治療を求めて大きく動き出す。その危機感が強いほど人々の不安は増大し、少しでも効果が期待できる医療の機会を求めて移動を始める。明日でも済むはずの医療への機会まで求めて行動が増大すれば、エネルギーがシンクロして社会崩壊の危機となる。

2009年春、新型インフルエンザ流行のときには、問い合わせ電話の集中やそのような人々の殺到によって、各地の休日夜間診療所は機能不全に陥った。例えば、インフルエンザで熱っぽい子供さんを抱えて、日中に当座の治療薬をもらったにもかかわらず、さらなる安心と数日後のタミフルを求めて待合室に行列する方々が多数いらした。時間の経過とともに、新型インフルエンザがそれほど致命的ではないと判明して騒動は次第に収斂《しゅうれん》し、やがて季節性インフルエンザと大差のない扱いに変わって人々の受療行動も落ち着いたものになった。制度的には新型インフルエンザ特措法も制定されて、今回の対応の基本となったのは、このときの教訓による。迅速な情報開示から基礎的知識の共有を進めることによって、即応体制づくりも、人々の行動に示される不安とその後の落ち着きも、敏感に変化するものだと検証された。

公衆衛生的には、日本社会に本来アプリオリに備わっている整理・整頓・清掃・清潔・しつけという5Sとまとめて表現される伝統があり、対面して挨拶するときでも、日本では濃厚接触を避けながらお辞儀で丁寧さを示すことができる。自宅の玄関で履物を替える習慣も、外からの汚染持ち込み防止に有効な手段となり、加えて、埋葬時には火葬が一般的となったことも感染予防には有効だろう。

今回はそれらに加えて、マスクと手洗いの励行、そして社会的距離ソーシャルディスタンシングなどを推進する、新型コロナウイルス対策が励行された。効果のある消毒法の徹底に加えて、パンデミック対策として人の移動を制限したり、密閉・密集・密接の三密を避けることの徹底も今回広く推奨された。またサービス産業やイベントの中止などの方針が打ち出された。

第二は医学的な面だ。地域社会における医療のレベル、ネットワーク、人員や機材、そしてベッド数という医療資源とそのキャパシティの拡張可能性で、アウトブレイクにどこまで持ちこたえることができるかが決定される。

国立感染症研究所の分析によれば、この新型コロナウイルスの日本への伝播《でんぱ》は年初から1月後半までが武漢株、それに連続して3月後半にはヨーロッパ株、一部アメリカ株という変異株に置き換わり、患者数統計のカーブでは一連の事象に見えて大きな第1波と捉えることもできるが、事実上既に第2波流行になっていると見ることもできる。また北海道では明瞭に2峰性になっていて、一般的にも第2波までできたと表現されている。しかしここでは医学的な分析や地域の事情をも踏まえた上で、広く一般に使われている現象面からの第1波という表現で統一して論議を進めたいと思う。

現在も流行が止まっていないロシアや東南アジア、そしてアフリカやラテンアメリカなどからの変異系による新たな波が、今後次々と到来するリスクが厳然と存在する。

第三は経済的な部分だ。既に1カ月を超える移動や営業、そしてイベントの自粛によって、2008年リーマンショックを超え、1929年に始まった大恐慌に匹敵するか、それをも超えるような経済的損失を避けがたいという報道が日増しに大きくなっている。パンデミック終結によってV字回復を図ることができるかどうか、ここが大きな転回点になるだろう。

これらの要素について、もう少し詳しく考えてみよう。

社会的なインパクト

この新型コロナウイルスのパンデミックによって明らかになったことがいくつかある。例えば、第2次大戦における旧戦勝国の枠組みで構築された国連やWHOなど世界の基本構造の機能不全が広く知れわたることとなり、グローバリゼーションへの一方向性のシフトには終わりがきたことが明瞭にされた。民主主義の価値観を共有しない独裁的な体制と同一のプラットフォームで合意形成する困難さは、その大きな要因となっている。情報の共有や透明性の高い事後検証を抜きにしては、パンデミックへの対応で足並みをそろえることも困難であった。科学的知見の積み上げに政治的配慮が交じれば、真理の追究や社会的共有資産を築き上げることが困難である。まして緊急性の高い医学的対応において、最善の医療提供を求める現場の声に応えるためには、確実なデータに基づいた方法論確立が必須なのだ。

民主的手法には限界も多いが、不連続性の高い突発事象に対応するときには、現場から溢れ出るように届く情報から対応策を立て、変更するべき点が見えれば、さらに衆知を集めて次の対応を決定することができる。権限が過剰に集中した社会では、先行した決断の変更が困難であったりする場合など問題をさらに大きくしてしまう。有機水銀中毒の水俣病やカドミウム汚染によるイタイイタイ病に対して、警告を発したのはいずれも地域の開業医であった。それまでの政策や社会的なトレンドとはコンフリクト（葛藤）を起こして対立するとも見える。現場からの情報を汲み上げて政治の方向性までを変えてしまうことが必要となるとき、そのようなダイナミズムが乏しい社会では、その分だけ結果として被害を大きなものにしてしまうのだ。

医療費や社会保障のコストを十分に提供できないか、削減した社会では、対応策に限界が生じやすく、被害も深刻なものになる。社会全体を包み込む平準的なサービスの支援継続が乏しければ、被害の数字的なスケールは大きくなってしまうからだ。

グローバリゼーションか閉鎖的な自国第一主義かという政治的スローガンの二項対立が近年、欧米で盛んに論じられていた。それは、中東やアジア・アフリカで続く地域紛争や地域間紛争による政治的難民、経済難民の増加に対抗する方法論としての論議が中心だった。しかしながら、それは紛争によって引き起こされた人口移動という結果に対処する方法論に過ぎない。肝心の地域社会や地域間対立への処方箋《しょほうせん》がなければ、先進諸国側の必要経費の膨張や難民の流入による社会の不安定化といった論議だけで解決できるものではない。紛争地域の人々の安定した存立を図ることが困難であれば、受け手側の地域社会での安価な労働力としてのニーズだけでは収拾できず、その社会の新しいバランスを図り、持続可能性レジリエンス（回復力）を高める方法論も伴って、初めて問題全体の縮小を図ることができる。

医学的観点から

ウイルス感染症という目に見えない相手との闘いで、感染症対策として公衆衛生的手法から、濃厚接触を避けるためのマスクや手洗いの励行、密閉・密接・密着の三密を避ける、一定の距離を置くソーシャルディスタンシング、街への人の繰り出しを80％くらい低下させる不要不急な接触機会の低減、などの目標が提言された。

がんの放射線治療など有効な線量を照射する場合でも、他の部位に対しては極力無駄な線量を当てないように配慮する。つまり、被ばく医療においては、防護と汚染防止の2点が基本になる。防護の場合には防護服などの装備や水や鉛などの遮蔽、そして距離を取ることによる被ばく線量低減が重要となる。放射線の汚染対策では、マスクや手袋、そして手術衣と同様の前着などを組み合わせて対処し、汚染リスクの高い順にレッド・イエロー・グリーンと区分けした領域設定（ゾーニング）を行い、汚染防止に使用した医療材料の安全な外し方は感染症における標準的手法で対応してグリーンゾーンに戻ることになる。

汚染の防護という医療的視点からすると、その方法論は細菌やウイルスによる汚染の場合でも共通点が多い。汚染地域において赤・黄・緑の区分け（ゾーニング）を行う原則として、手袋・マスク・防護服・フェースシールドなどＰＰＥ（Personal Protective Equipment）と呼ばれる装備を赤レッドゾーンでは全て厳密に装着し、黄イエローゾーンで手順通り着脱をし、まとめた感染性廃棄物を緑グリーンゾーンで安全に焼却処分などを行う。着替えた平服でグリーンゾーンでの行動をする。

化学物質汚染の場合には、これに揮発性や腐食性などの要因に配慮した装備や方法論が加わることになる。

被ばくの場合には、この汚染対策に加えて、レッドゾーンでは直接被ばくに対して特殊な装備を必要とする場合がある。また、甲状腺被ばく対策としての安定ヨウ素剤や内部汚染対策のキレート剤、そして表面汚染のクリーニングなどの知識が必要だろう。

ゾーンから離れれば長期被ばくへの配慮も必要だが、被ばくフリーの空間が現実的には存在しない以上、宇宙船地球号上で必要に応じて生きていく心得の一部としてわきまえるということになる。感染症対策においては、社会全体に一定の汚染リスクがあると想定することで、マスクや手洗いを基本としながら、手袋など一層の汚染防止対策を順次追加することになるのと同様である。

東京オリンピック２０２０は1年の延期が決定され、大規模イベント自粛、今年は花見も連休も人出のない状況が全国で展開された。連休中の道路上でも物流用トラックなどの車両は保たれているものの、２０１１年の原発事故直後のフラッシュバックのような、閑散とした情景となった。観光その他のサービス産業においては、特に東京オリンピックを当て込んだ建築ラッシュ後に需要増大を見込んでいた期待値分が先延ばしになったので、対前年比マイナス分と合算した極めて大きな負の影響が想定される。食料品や生活必需品などは旺盛な購買力に支えられた一方で、一部の製造業や各地の小売店舗、そして外食産業や観光関連産業などが危機に瀕《ひん》している。鉄道や航空産業への影響も著しく、特に出入国に関する世界的な規制強化による人々の移動・往来の低下の程度は、１００年前の１９１８年頃のスペイン風邪大流行時代まで時間が逆行したかのごとくである。

エボラウイルス病のアフリカ中心の流行拡大アウトブレイクに際して、ちょうどアフリカ大陸で世界医師会ＷＭＡダーバン（南アフリカ）総会が開かれた。このとき、アフリカ諸国の強い要望があって、２０１４年「未承認の治療とエボラウイルスに関する総会緊急決議」が採択された。私も当時、世界医師会理事会副議長としてこの決議の成立に尽力をした。この中では、今回のコロナウイルス対応でも注目を集めているアビガン（ファビピラビル）を含む未承認薬をエボラウイルス病を含む緊急性の高い疾患に使用する場合、ヒトを対象とする医学研究の倫理諸原則ＷＭＡヘルシンキ宣言第37項に準拠することを医師に求めた。

「…臨床における未実証の治療　第37項：個々の患者の処置において、証明された治療が存在しないかまたはその他の既知治療が有効でなかった場合、患者または法的代理人からのインフォームドコンセントがあり、専門家の助言を求めたうえ、医師の判断において、その治療で生命を救う、健康を回復する、または苦痛を緩和する望みがあるのであれば、証明されていない治療を実施することができる。この治療は、引き続き安全性と有効性を評価するために計画された研究の対象とされるべきである。すべての事例において新しい情報は記録され、適切な場合には公表されなければならない」

この総会から戻り、当時の塩崎恭久厚生労働大臣の了承を経て日本政府の仲介のもとで、アフリカで活動中だったフランス系医師団に薬剤が提供され、適切な説明と同意のもとで薬剤投与が行われた。

薬剤の有効性評価には、二重盲検試験という手法がよく用いられる。それは患者さんを2群に分けて一方に治療薬を、もう一方にはそれに代わる偽の薬剤を投与して結果を比較する手法である。しかしこのときには、致命的な感染症の患者さんにこの手法を用いるのは倫理的に許されないとして、この手法を採らない臨床試験として患者さんに薬が投与されたのだ。この結果については、後日、有効性があったと結論付けたフランス発の学術論文としてまとめられ報告されている。

今回の新型コロナウイルスにおける経緯においても、このような経緯の真意がしっかりと伝えられ、生命の危険に直面した患者さんのためには有効と考えられる治療が試みられ、そして恐怖におののく世界中の人々に対する有効な方法論が一刻も早く確立されてほしいと願っている。

その後の経過――不要不急と災害事象

全国に出されていた非常事態宣言が5月14日に39県では解除されて、改めて首都圏の東京都・神奈川県・埼玉県・千葉県、近畿の大阪府・京都府・兵庫県、そして北海道が残された。その翌週の時点で発表された病院関連3団体の調査によると、全国の約80％の病院が減収になっているという。さらに、積極的に新型コロナウイルス患者受け入れに協力した病院においても減収になっているとのことだ。これは由々しき事態と考えられる。

なぜなら、通常の標準的医療を支えている保険診療に、災害事象としての感染症パンデミックが出現したのだ。医療のニーズは二段重ねとなって伸びるのが経済原理であり、従って医療費もまた増大すると単純には考えられるのだが、実態は全くそうなっていないのだ。

世界中で身体を張って災害事象に立ち向かった医療関係者への拍手のパーフォーマンスやブルーの照明などで表現された感謝の意思表明は、非常に心に染みるありがたい応援だった。しかしながら、その真情の表明は頂戴したものの、医療機関側でのマスクや防護服、そして消毒剤や診療システムの見直しなど、通常業務以上に費やした投資への経済的な支援には至っていない。

医療現場のみでなく、介護の拠点や保健・福祉、そして通所リハビリテーション・在宅ケアの現場でも実に津々浦々まで、手洗い・マスクの励行や三密を避けて不要不急の行動を控える動機付けは徹底されている。それぞれの施設でも入り口から手洗いや消毒、そして検温などが励行され、普段はオープンなカウンターなどもビニールの垂れ幕などで区分けされた。日本の制度上は罰則規定や強制性がない状態の中で、公衆衛生上の手技は見事に浸透して励行されている。医療や介護の施設だけでなく、在宅ケアの現場でもそれぞれのケアにおいて介護関連のスタッフやご家族まで、訪問介護まで関わって現場を目の当たりにしている私の目にも、その徹底ぶりは明らかである。医療機関側でも、内視鏡検査なども感染リスクと緊急性の軽重を勘案されて抑制的に行われていたし、ITなどを利活用した外来診療も緩和されてすぐに現場でご希望に合わせて実行されている。これらは、4月に保険診療改定が施行された中には反映されていないために、別途災害時対応として算定されなければ、現状のような持ち出し経費部分が十分な評価の対象にならないままだろう。

ここまでの結果で見ると、今回の新型コロナウイルスの感染者1万6367人・死亡者768人という数字は、平時の医療体制の中での少産多死傾向を左右するほど、つまり年間100万人を超える死亡者数に対してあまり影響を与えないだろうと考えられる。それだけの危機感を持って、世界的にみても最善と評価できる対応を全国民挙げて行ったとの評価ができる。

医療関係者の過酷な勤務状況への対価が少ないだけでなく、このままでは住民側も失うことの方が多かったのではないかと別な心配が湧き起こってくる。

インフルエンザの流行が今回、新年に入って急速に収束したように見えること、休日夜間診療所への受診行動も控えられたばかりでなく、さらに救急出動さえも減少したと伝えられていることは、国民の受療行動が「不要不急」以上に抑制されているとも考えられる。

コロナ騒動の中で、一般医療の中でのがん検診やこれまでの予防接種などが先送られているのも現状である。

国民の健康行政が十全に執行されていない現状では、中長期的には早期発見ができたがんに対する適切な治療時期を逃したり、別種の感染症対応が不十分な状態となれば、救える生命を取りこぼすことに直結するだろう。長期的には生活の質を低下させたり、致命的な疾病を招く恐れのある生活習慣病にも、対策として適切な生活指導や必要な医療的相談などを行ってきた。これは、脳卒中や心臓病などの深刻な疾病が起こってしまってからの救急対応と同じくらい、国民が日々直面している大きなリスクから免れるための、必要な方法論なのだ。

私たちはこの必要以上に抑制されている部分を取り戻す必要がある。日本が世界に誇るべき国民の健康長寿指標が低下する数字となってからこれを取り戻すためには、はるかに大きなエネルギーやコストが必要になることだろうから。

このパンデミック現象は当面、社会現象として変異株を含めて一体となった第1波を潜り抜けたところに過ぎない。世界的にみれば、現在ラテンアメリカや東南アジア、そしてアフリカなど広範な地域で感染者がまさに増大しているところであり、100年前のいわゆるスペイン風邪では、第２波がひどかったと記録されている。われわれは、医療従事者だけでなく国民も全て、さらなる感染症の波が到来することはむしろ当然起こるものと想定して、今から備えておかなければならないのだ。災害医療対応はこれまで以上に予算が必要であるし、前年度予算の予備費や今年度の枠に加えて第１次補正予算が議決されて、さらに第２次補正も急ぐと表明されている。それならばぜひとも、医療現場とそれを支えるシステムへの予算給付を早急に実行しておかなければ、次のフェーズでまさに医療崩壊が先行して起こり、そこから社会の崩壊に至る状況を目の当たりにすることになるだろう。

新しい日常・新常態、または新しい生活様式ニューノーマルという状態はどのようなものになるのか。言葉の定義が明瞭でないまま、その表現が使われているのが現状とも感じられるが、あえてその内容の明瞭化を試みれば、多くは個人レベルでの新型コロナウイルス対策の骨子を継続したまま経済活動を開始する方向に舵《かじ》を切るという文脈で使われている。経済活動を優先するのだから、移動の制約をまずは同一の都道府県内、さらには隣接する都道府県との人の移動やサプライチェーンの再起動を目指すだろう。

しかしここで終わってしまっては、あまりに楽観的に過ぎるだろうとの誹《そし》りを受ける可能性がある。なぜならば、新型コロナウイルスの第２波以降の襲来は、最低限織り込んでおく必要があるからだ。世界中を駆け巡ってきた変異しやすいウイルスが、果たして同じ形態で第2波として来るものなのだろうか。その答えは、限りなくNOに近いだろう。そうであれば、今回効果的だった対応方式は次回も発動できるようにしながら、それ以外の対応も考えておく必要があるということになる。

さらに、世界的な気象変動の影響が相前後して生じうるということだ。そうなると、災害事象が複合型災害としてやってきたときに、どこまで対応できるかが問われているのだ。そのためには、最低でもコロナウイルス対策に自然災害対応を加味することが必要となる。自然災害対応とコロナウイルス対応で最も異なるのは、避難所の状況だ。自然災害単独であれば、避難所にはできるだけ多くの被災者を収容することが求められる。しかしながら、コロナウイルス対応では、人と人との距離をできるだけ開けるソーシャルディスタンシングが求められる。従ってこの場合、避難所として普段の数倍の避難所や避難スペースを提供する必要がある。複合災害であるから、電気・水といったライフラインだけでなく、物流にも支障をきたす恐れがあるだろう。それに加えて、地域内部での人員だけでは責務を果たせなくなると想定しておくことも必要である。

さらに、自前で地域医療全ての活動を支える人的及び物的資源が入手できるかどうか。また、インシデント・コマンド・システム（ICS：緊急時総合調整システム）のように災害時に参集する多職種連携を支える行動規範が共有されているかどうか。災害時こそ、同一目標で動く多くの職種の連携した現場対応が、必要なのだ。

社会の持続可能性を担保しながら、経済活動を支え、医療・介護や社会保障を維持継続できるニューノーマルな社会とは、あらゆる災害と向き合いながら人々の生活を支え続ける覚悟を持った社会ということになるのだろう。そのためには、グローバルなサプライチェーンに参加できる独自のブランド力や付加価値も高めながらもそれに過度に依存せず、いざとなったとき必要な資機材を自給自足にしておく賢さも求められるのだ。

経済と社会、そして健康政策の新しい連携モデルをめぐる考察

人類が社会的動物であることを基本的な特質として挙げても容認されるだろう。その社会的な性向が、さまざまな形のコミュニティーを生み出し、複数の人間による分業化も発展した。コミュニケーションのツールとして言語を生み出したが、共通の巨大なバベルの塔建設という試みには言語体系の分断化という陥穽《かんせい》が待っていた寓話がある。モノの価値を貨幣という媒体を介して抽象化することによって、社会の中で共通化して物々交換の不自由さを軽減した。旧石器時代には既に、このような品物の取引システムは人類の中でか

なりの発達を遂げていたと思われる。これらのシステムは並存しながら社会の枠を超えた人と人の交流や交易を実現していっただろう。

痛みや苦しみから免れる方法論としての医療という部分も、起源は遠く遡《さかのぼ》ることのできる概念だろう。原始的文化の中ではまじない師といった存在が他の多くの機能の中で兼務している形態もあるようだが、やがて知恵や知識の集積を伴い、実践学としての医術や治療薬が評価されると同時に機能分化することになる。それは社会の中での職能として貨幣経済の適応範囲にもなって貨幣による価値の評価の対象となっただろう。社会という単位の中で、健康の維持が投資の対象となる連関が成立した過程はこのようなものかもしれない。ここから始まって、個人としての健康だけではなく社会的存在としての健康という、現代的なWHOによる定義が演繹《えんえき》されるのだ。

人材が世界的規模で発掘され、新しいビジネスを出現させる多くの人材同士のスパークがグローバリゼーションという時代を進行させた。

サプライチェーンの国際化は、先進国側のアイディアによる商品デザインで世界に安価でパーツを発注し、そのアセンブルや組み立て作業まで効率的に組み上げられた方法論を使って、途上国側の安価な経費と労働力に依存する。それはある時点まで、途上国に新しい仕事と雇用を生む効果がある。しかし、それによって日本を含めた先進国側は、途上国側の賃金やコスト体系と競争しながらそれに敗れていった。これは一つの社会の内部で固定的な二極化を進めるよりも、一層露骨で固定的な分極化を世界に撒《ま》き散らす方法論でもあったかもしれない。

グローバル化した企業が経済的な成功の対価を必要以上に仕事の一部を受注した社会に還元することはないし、先進国側のグローバル企業は徹底的な節税や税の減免をはじめとして、社会的コストを自ら進んで提供することもあまりないのだろう。従って、社会がその中で一定の健康で安定した生活を維持するコストは、それらのグローバル企業からは望むことができない。つまりこの点でグローバル企業は、旧来の国や体制から見れば、ほとんど対立概念となっているのだ。

知識の伝達のための言語やコミュニケーションツールの延長線上にあるグローバリゼーションは、社会や国家という枠組みを超えようとするダイナミズムが内包されている。グローバル企業は税金や社会的負担の徹底的な回避に向かう性向も持っている。その結果、この両者は時として対立概念となってコンフリクトを起こしている。この方向において、かなりの国や社会はグローバル企業の下部組織化されているかもしれない。しかし、社会保障の財源までコストカットの対象としたグローバル企業が社会的安定を抜きにして、安定したビジネスのネットワークを世界に拡げて維持できるわけではないだろう。まして、バーチャル通貨を発行してグローバルな商取引を長期間維持することが、国や社会の関与なしに可能だろうか。それは、異なる社会構造や政治体制によって引き裂かれる現代のバベルの塔にならないという保証がどこにもない、ということに他ならないのではないか。

膨張を重ねたグローバリゼーションは、この収縮局面で自《おの》ずと見直しがされるだろう。コロナウイルス対応がそれぞれの国対応となり、今回、日本国内では都道府県単位からさらに地域ごとの特性に合わせた対応が求められた。そこまでいったん概念が整理されたので、この収縮傾向が見直されるときには、地域社会コミュニティーレベルでの特性に合ったシステム再構築が行われ、社会的なシステム維持のためには、適正な負担という論議もなされるべきだろう。

以上、これらの三つの要素は、現実にはロシアのマトリョーシカのごとく互いが入れ子状態になっている。大きな観点からすると、社会の存続のための基本的下部構造が医療介護を含めた社会保障の機能不全の度合いによってはそれぞれ揺らぎ、その上部に花開くべき経済活動に生じたリスクはまた、それぞれの社会や社会保障制度全体を揺るがすことになる。

高騰する医療費が社会の存立を脅かす大きさになって、近年は医療側が経済的マインドを持つべきだという意見が大きくなっている。しかし、仔細に見れば、それは単に医療者側だけが受け持つワンサイドゲームではない。

より良い生き方と健康長寿を求める人間個人としての希求と、医療側のサービスの多様化が現状の基本にあると思われる。その中では、死なせない技術の進歩も大きな要素を占める。従って、部外者から見れば、有意の人生を送ることが困難そうなケースでも、ご本人やご家族からの強い要望によって技術を精一杯動員することがありうる。その責任を医療側にだけに求めるのはいささか困難であろう。時代の流れの中で、社会的合意形成が必要な部分は存在している。それらの方法論は、臓器移植や遺伝子工学による先端治療など、今後はますます多岐にわたって大きくなるだろう。

古代エジプトのようにミイラとして次なる生を願う志向と技法は、いつの時代にもありうるだろう。それらは願いと、そのコスト、医の倫理との整合性、そして実現したとして得られる満足と、全てを勘案した上でもう一度標準的医療の手法としての妥当性が時代に合わせて検討される必要がある。医療経済学が発達していることを前提とした上で、社会的動物である人類が形成した社会の在り方を下支えする医療・介護・保健・福祉など社会保障の諸制度と共に、経済活動というパワーと成果を今後も社会の牽引《けんいん》車として前進させるためには、経済と健康政策を一層両睨《にら》みしながら、今後の方向性をつくっていくことが必要と考える。

医療政策の立案・決定上には近年大きな節目があった。健康関連の領域が通常の経済活動とは異なって見え、放っておくと自己増殖的にそのコストがどんどんと増加していって、実体経済を圧迫する恐れがあるとして、イギリス病と言われた連合王国経済にサッチャー改革が大なたを振るった。このときに医療コストの大幅削減が実行された。このような政治的トレンドが成功を収めたように見えた中で、経済学的視点から医療関連のコストは消費と区分され、社会全体の無駄を省く論調の中でいかに医療費などを切り込むかは、その後、多くの国々で実行されてきた。

そのような中で、無駄とされた病床が必要以上にカットされていれば、今回のような感染症でオーバーシュートして一気に増加した患者さんの収容先もなく、十分な検査や治療を確保できない。そんな現象が多くの欧米先進国で起こり、感染症蔓延対策にもかかわらず死亡者数が大幅に増えていった。これが医療崩壊というような表現で取り沙汰されている。しかし実は、崩壊したのは医療現場の内部だけではなくて、そういう事態を招いた政策論そのものだったのではないだろうか。医療が状況に合わせられなくなって自律的に内部崩壊したのではなく、医療の必要量に天井を設定シーリングして、病床を強制的に削減や転換をさせ、予算や人員にも大きな枠を設けたミスマッチ政策が限界を露呈したのだろうと考えられる。

通常業務でも交代勤務体制を遵守《じゅんしゅ》するのがギリギリで人員が配置されて「不要不急」とされた機材も最少化されている組織では、ニーズが爆発的に増えたときに即応できなくなるのが当然の結果だ。元来、特に急性期の医療における人的・設備的な必要数というのは、あたかも動物が生命体として呼吸するごとく、多くの要因によって常に変化増減している。医療とは、季節要因や気象変動、時節の変化やスポット的なイベント、職場環境要因による外傷や疾病、事故や災害、そして感染症の増減など、人間の活動とそれを取り巻くさまざまな因子で変化する総体であって、欠品なく一定の製品を市場に提供するための工業的なＱＣ運動を中心としたシステム論などだけでは対応しきれない有機体なのだ。

日本においても既に、地域医療計画によってあらかじめ算定された必要病床数に地域の病床全体を絞り込み、急性期病床もそして人員も、削減する方向での政策実行の途上だったのだ。それが完成に至っていなかった分で、まだしも対応が可能だったと見ることもできる。

例えば、洪水被害で家を失って避難所に駆け込んだ人々に向かって、医療消費論を訓告する場面を想定すれば、いかにその論法がお門違いかを知る機会になるだろう。

健康産業的な贅沢《ぜいたく》部分としての健康投資を制度にどこまで組み込むのか、という論議もあるだろう。ギリギリの極限状況下に置かれた被災民の健康を守る活動を単なる消費行動の部門に分類するのならば、人々の人生や未来を懸けた努力とそれが奏功したときのさらなる生産活動や経済活動を全く評価できない物差しとしては評価に値しないものであることが明瞭だろう。健康が守られなければ労働も生産活動もあり得ないのが現実だろう。無駄を省くことと必要な社会的投資部分を削《そ》ぎ落とすことは、方向は似ているが全く違う結果を招くことになる。介護保険や医療関連職種の活動でも、標準的な医療・介護の総体を時代に合わせること、それに相乗する救急災害対応部分を十分に手当てすること、元来、生命や健康を守ることとはこの総量そのものなのだ。

さて、ここまで論じても、まだこれまでの医療経済学の信奉者には、異論があるだろうか。それなら、簡単な質問を一つ用意したい。あなた自身の健康が脅かされ、生命そのものも危機に瀕したとすれば、その生存や健康の確保に使う資金は消費なのだろうか、それとも人生というストーリーが終わってしまわないように努力する投資なのだろうか、と。それが新たな人生を得るためにやむを得ない投資だとすれば、その極限状況を多数重ね合わせた資金投下もまた投資であるはずだ。

近年において一般的に災害時の避難所として充てられてきたのは公民館や公立学校の施設などだが、予想を超えた降雨や極端な気象においては避難民の数の方が上回ってしまうケースが出現している。しかも、今回のように感染症防止策としての社会的距離を取らなければいけないとすれば、現状でも収容人数は大幅に削減されたと同様の状況になる。古来、神社やお寺の境内や建物は、地域住民が災害からの早い脱出を願う祈りも含めて参集して情報連携し助け合うシステムだった。もはや、公的施設の臨時的な利活用だけでは対応が困難になっている。公共施設や教育機関の災害時利活用や人的対応も医療・介護を含めた部局横断的な政策として見直される必要があるだろう。宇沢弘文教授が表現したように、医療は社会的共通資本としての存立意義があり、さらに、危機に瀕した人々に安全・安心を与えることができる基本的システムでもあるからだ。

社会の対応力レジリエンスを高める災害対応や行動までも健康投資活動の一環として捉え直してはどうだろうか。必要な方策の総体が見えてくれば、それに合わせた多くの政策の方向づけや必要な財源論も見えてくるだろう。

頻発する自然災害や大規模感染症に対して社会的対応力を上げる方向も加えて、この機会に新たなバージョンの方向性を上書きすることこそが、現在を生きる多くの人々の願いに応えることだろう。

論議をまとめると

高齢化と同時進行する人口減少社会において、既にコロナ前／ビフォーコロナの段階でアジアからの多くの留学生などが迎え入れられ、いわゆる観光中心のインバウンド効果だけでなく、さまざまな形の社会参加が就学者であったり、同時に非正規雇用者としての活動なども行われていた。この傾向が新型コロナウイルスのパンデミックによっていったん退縮したわけである。

コロナ対策として大幅な対策費を第2次補正予算まで立案して、各地の地域経済の立て直しを図る必要がある。この中にはリスクの高いコロナ対応に従事した医療への対策費も含まれているとされるが、全国の病院が減収になっているという調査結果を踏まえれば、この対策はもっと広く大きくなっても良いはずである。もう一方で、財政健全化の途上であるという時節感も必要であり、この二律背反は世界中多くの国・地域・業種が抱える同種の悩みだ。いまだ当分コロナと共に／ウィズコロナの状態での低空飛行状態が続くことも認めざるを得ない。それならば、この先に、どのような行動様式が想像できるのかも併せて論じる必要があるだろう。

その中で優先順位を付けて、復興と組織の新たな目標づくりや構造的改革までを同時に進めることに成功したところから、次の時代の担い手が出てくるだろう。

今回のマスク騒動でも国民の多くが実感したように、いざとなったときに必要な機材や消費財についてはグローバルなサプライチェーンだけに頼らずに、国産化して地域経済に繰り込んでいく必要がある。今回は、自然災害部分がなかったから国内の資機材偏在については、流通部門の頑張りもあって、何とか大きな破綻なしで済ますことができた。これに地震や台風などが相乗した場合には流通の機能低下も大きく顕在化し、同じ国内であっても著しく資材が不足して住民の健康・生命を守ることが困難になる地域が生じるリスクがある。日本は本来、自律的で自己完結可能な地域経済や人材育成を行い、必要な備蓄も実行してきた伝統を持っている。例えば東北地方太平洋岸では、夏のオホーツク海から吹き寄せる北東の冷涼な風ヤマセによって深刻な飢饉《ききん》に古来、何度も苦しんできた。そのために、庭木には実物と言われる果実を実らせる樹木が必ず選ばれ、農村では翌年の種籾《たねもみ》を確保するために1年分を備蓄に回し、1年経過した古米を食べて生活する習慣を持っていたのだ。そういう先人の知恵や伝統文化が近代化とともに忘れ去られていた。一極集中モデルには、大きな限界が見えている。かといって東京のミニチュア版をつくってみても、多様なリスクと隣り合いながら地域社会を形成し、人々の存立を図る方向が見えるわけではない。東日本大震災と津波被害、それに続く原発事故、そして今回の新型コロナ騒動という経過を通して、その経験と知恵に基づくものを考え、そして未来に目指すものを持った社会を形作る天啓としてはどうだろうか。

日本が存立を守りながら、アジア地域を牽引する一員として果たしてきた歴史的な役割にも思いを巡らせて良いだろう。四方の海が天然のバリヤーとして機能していた反面、周辺諸国やひいては世界にもつながるルートも維持して、常に自らを律しながらしなやかに生き抜き、外部のトレンドも受け入れて、今日の繁栄は築き上げられてきた。

現在のアジアは世界の人口重心の中心地となっていて、多くのことがアジア抜きには語ることができなくなるだろうし、多くの若者たちが日本文化に対しても関心を持っている。その若者たちを受け入れて就学の機会や雇用への道を開いておくことは、同世代の日本の若者たちにとっても、新たな人間関係によってより多くの可能性をつくる機会にもなると考えられる。それぞれのルーツから切り離されたような行き過ぎたグローバリゼーションに一気に戻ったりせずに、地域社会に足掛かりを持ちながら世界に通じる在り方や生き方を見つけることが、人口減少とそれに伴った社会収縮を目前にしたこの国の、取るべき方向性だろう。社会保障制度を含めて地域社会の持続可能性を保ち、自分らしさを見つけて社会活動や経済活動していく素地をつくっていく必要があるだろう。

新型コロナ　新しい日常New Normalと大雨被害（２０２０年７月７日）

石井　正三

昨年、中国武漢市でその邪悪な性質を現した新型コロナウイルスＣＯＶＩＤ－19は、７月１日を過ぎたところで、世界で感染者１０００万人、死者50万人を超えてなお増加傾向と報じられている。しかも、今年前半の世界中における多大な努力にもかかわらず、その完全な封じ込めに成功したと言える国は余りない。南米やアジア・アフリカでの流行はさらに猖獗《しょうけつ》を極めていて、先進国においてもかなり流行を減らしたと思うとまたクラスターが発生して努力の結果が振り出しに戻っている現状となっている。おそらくその実数はもっと大きくてつかみきれない状況もあるのだろうと推察される。

それなら私たちの努力は、シーシュポスの神話のごとく、閉じた輪の中での終わりのない無益な努力を繰り返すような作業なのかどうか、そしてもう始まりを迎えている新しい日常New Normalとは具体的にはどのような状況なのか、考えてみよう。

疫学の医学史の中でみれば、今回のコロナウイルスの状況は、およそ100年前の1918年から1921年まで足掛け3年にわたって世界中で流行したインフルエンザ、いわゆるスペイン風邪に比定して考えることができる。もっと最近なら、1981年、アメリカでの報告以来、世界を震撼《しんかん》させたヒト免疫不全ウイルスHIV／AIDSの流行がある。こちらは同性愛者間や血液製剤由来の伝播などさまざまな感染様式をとりながらゆっくりと世界を巻き込み、感染者数を増やしながら致命的な疾病という邪悪な顔から次第に穏やかさも入った風貌に変わっていく（『感染症と文明―共生への道』山本太郎著、岩波新書、2011年）。これらの経過は山本太郎氏の一連の著作に詳しいが、感染症はどこかで次第にヒトへの有害性を減じて、これまでのところ、ヒトのつくる社会コミュニティーに次第に埋没していくパターンをとる。ヒトの免疫機構／免疫細胞を侵すHIV／AIDSでさえ人類を地球上から消滅させる事態は起こしていない。

一層激越なエボラ出血熱などにおいては、感染性以上に感染者を死に至らせるスピード感と激しさゆえに、実効再生産数が減少つまり新規の感染の機会を失ってやがて流行の消退を迎える。私たちが知っている現在の人類の文明においては、終わりのない感染症はないし、朝の来ない夜はない、と今のところ言えるだろう。

適切なワクチンの創出と世界的な接種システムの推進によって、私たちに見える世界から駆逐できたと考えられているウイルス感染症は、天然痘など、ごくわずかである。しかも本当にそれが完全に地上から駆逐されたと言えるのかどうかは、定かではない。思い出されるのは、WHOの天然痘撲滅宣言が出された後、1980年代パキスタンの街角で信号停車しているタクシーに乗り合わせたときに、小走りで新聞を売りに来た幼い少女の顔に多数のアバタ痕を見出して私自身愕然《がくぜん》としたことがある。一瞬のすれ違いだったが。

ジャングルの奥地などに潜む人獣共通感染症のリスクを否定しきることはできない。最近では深海や地下世界にもおびただしい微生物が発見されているし、例えばシベリアの永久凍土が溶け出している中で、いつの時代にか封印されていた邪悪な病原菌が氷の中から目覚め出す可能性も、ゼロではない。

細菌感染症との闘いにおいては、抗生剤の発見によっていったんは抑え込んだかに見えた状況が、耐性菌が出現してその耐性を細菌間で情報交換を行っているという現象と、新しい抗生剤の創薬に必要な時間と資金が間に合わなくなりそうな人間側の事情に照らして、かなり危うくなっている。(『抗菌薬が効かなくなる』サリー・デービス著、忽那賢志監修、井上肇・長谷川 学編集、丸善出版、2018年)

これらを含めて、私たちが暮らしている現実世界では、おびただしい微生物にまみれながら、それらと共生して暮らす多細胞生物としての存立を維持しているのが人類と考えるのが現実的なのだ。

これは今回のコロナウイルスの場合にも、当てはめて考えることができるだろう。

手洗いやうがいにマスク着用をして、社会的距離を守り、不要不急な外出を控えることが推奨されて、海外との渡航を大幅に制限、社会的活動全体を80％以上まで大胆に抑制して全力でコロナウイルスを押さえ込もうとしたのが今年前半の努力であった。それによって、人口密集地である大都会と北海道など一部の地域を残して、大規模な流行と患者の爆発的な発生は抑え込むことができた。一時は崩壊の危機が叫ばれた医療機関の逼迫《ひっぱく》していた実情も緩和され、地域医療の状況は大分改善したと言える。しかしながら、それでも新しい感染者の発生をゼロまで根絶やしにすることはできなかった。

一方で、このまま厳しい自粛を継続していると、観光や外食産業をはじめとして経済活動が軒並み損失を抱えてしまい、社会活動が困難となるところまで来てしまった。経済活動が継続できなければ、社会を維持することが困難となり、社会保障制度も持続困難になってしまう。医療や介護を含めた社会保障の継続を図るためには、原資を生み出す経済は必要であり、その一方で社会保障制度を含めた社会の安定なしには安定した経済活動が維持できないのだ。国や社会の未来をつくる教育では、これらの認識を共有することも大切なことだ。

このため方針を転換して、社会活動の規制を段階的に緩めて再開し始めたところ、1日の感染者数は再びジワリと上昇してきた。冒頭に述べたように、海外の状況はもっと深刻なところが多いようだ。それがいつ日本国内に波及して新たなアウトブレイクを引き起こすのか、注視し続ける必要がある。

呼吸器症状の重症化には集中治療室ICU管理や体外式膜型人工肺ECMOを活用する方式が有効ではあっても、特効薬はいまだ確定されずワクチンによる予防策も当面期待できない。私たちが持っている対応策として、社会全体が取り組んだ感染予防のマスクや三密を避けるなどの方法論をやめるわけにはいかない。感染が懸念されている地域や店へのアプローチを控えることは、感染が集中するクラスター対策と同様に適正な情報開示などの方法論と共に必要になるかもしれない。

国内ではノロウイルスの散発的な流行が起こり、中国で新型のインフルエンザが確認されたり、アフリカでエボラ出血熱の流行がようやく終結を迎えたりしている。感染症との闘いでは、地域社会としても国としても、衛生的なレベルを上げながら社会における経済活動を日常的に維持して、息の長い対応を継続していく必要があるのだ。

いまだ遠く困難な道が続くことを共通認識にすれば、医療や介護の専門職としては、平時における住民の健康＝地域医療コミュニティーヘルスをしっかりと守る立場をおろそかにすることはできない。もう一方で、それぞれの立場でコロナ対策のスキルを上げて社会を守る気概も大切だ。経済的損失補填の是非は、その地域医療における信頼性が前提であるからだ。

未知の部分が残るにしても、住民や行政と共有化したスキルを持って、平時の医療の継続と時々オーバーシュートした感染に対する臨機応変な反応、というような息の長い対応が求められている。

九州中心に降り始めた豪雨は各地に進展しながら続いていて、この状況は通常の梅雨とは全く違う様相となっている。いわゆる梅雨前線は、中国長江中下流沿いからつながっていて、既に中国長江流域に記録的な大雨被害をもたらしている。中国の三峡ダム工事で巨大なダム湖が出現したための降雨量増加の可能性も指摘されたりしているらしい。その北方にあるロシアでは、これまでにない高温と永久凍土の融解や広範な山火事が報道されている。いずれにしても世界規模の気象変動とも連動した変化が起こっているのだろう。

繰り返す豪雨被害は線状降水帯によって引き起こされている。洪水や大規模な山崩れも起こると、水害に続いて交通寸断が起こり、状況によっては停電や断水を伴う実態が見られる。一面が泥に覆われた被災地の様子は、東日本大震災における広範な津波被害の様子を彷彿《ほうふつ》とさせられるが、乾燥が進むと呼吸器感染症の問題が出現してくる。断水など衛生的なレベルを維持できない状況下では消化器疾患も問題となり、災害や戦乱につきものである大規模感染症のリスクもすぐにやってくる。

通常の支援や健康管理に加えて、現状では被災地におけるコロナ対策も喫緊の課題である。まさに、通常の災害レベルを超えた複合災害対応が緊急課題の状況となっている。7月7日現在の情報では世界のコロナ感染者1150万人、死亡者53万人を超えている。水害情報と同時に今回は分散避難が推奨されている。コロナ感染症のリスクを考えれば、公的施設の大型の避難所に大人数を収容する従来の方式では困難だろう。その方式での弱点としては、避難民の全体像把握が困難となり、食料や災害グッズ配布にも難渋することだ。それなら、県庁レベルの災害対策本部と現場事務所の設定だけではなく、もっとコミュニティーに近いドッキングステーションを複数開設して、行政に加えて支援に参集する多職種の多機能連携と避難民が接点を持ち、地域単位で必要な物資や情報を手に入れることのできるポイントを明示することが有効だろう。広がったそのポイントをつなぐ情報連携を構築することも必要だ。それによってコロナ対策を被災地で推進することも可能となり、医療や健康支援が被災地のあらゆる先端部にまで巡回する必要がある作業量を減らし、過密を避ける中で必要なサービスを提供することが可能となる。

集住化の都市型社会の弱点は、災害に対して一層脆弱性《ぜいじゃくせい》を持つことだ。その一方で、分散して生活する地方の暮らしだけではまとまった対応を構築することが困難だ。その両者の弱点を克服するためにも、災害時の共通の情報ツールとシステムを創出することは、やがて平時の新しい生活のモデルを拓《ひら》く作業とも重なるのではないか。

巨大な自然の力を目の当たりにするような大災害を前にすると、もう明日はないのではないかという無力感に囚《とら》われることがある。しかし、絶望を胸に残した夜でもやがて朝を迎える。

生命の歴史はアルベール・カミュの描写するシーシュポスの神話のような無限に続く労苦とは少しだけ異なっている。現世では、歴史的に同じ困難や災害が現れるわけではないし、それを迎える私たちの側も命をつなぐことによって、新たなプレーヤーたちに入れ替わりながら全力で立ち向かうことになる。

つまり、時間軸の進行に伴って災害事象は螺旋《らせん》状に繰り返し起こってくるのであり、生命の連環の側も遺伝子や免疫そして対応力やスキルの面で眼前の変化に対して課題解決を図るのだ。自然が多彩で変化に富む、美しい日本においては、それだけさまざまなリスク要因が内在し、自然災害のクライシス要因にも満ちている。まずは眼前の複合的災害状況を正しく理解し、賢い連携から始めることだと考える。

東日本大震災からコロナ以後への考察（２０２０年８月23日）

石井　正三

２０２０年８月15日は75回目の終戦記念日、お昼に放送を聴きながら黙禱《もくとう》する瞬間だ。今年は陛下からも新型コロナウイルスによるパンデミックに対する言及があり、テレビ画面を通した式典会場の様子では人々が整然としかもまばらに参列して、ソーシャルディスタンシングへの配慮をして全員がマスクを着けているのも見て取ることができる。

このような式典の異例な様子が、今年の世界的なパンデミック事象における現状を表わしている。

東京型と言われるコロナウイルスのパンデミック第２波が進行している現実の中で、医療を含めた社会的活力や資本の多くを感染症対策に振り向けざるを得ない。専門家がさまざまな立場でのコメントやアドバイスをするのは当然のこととしても、その姿勢がどことなく政治的スタンスをはらんでいたり、大向こうのウケを狙ったスタンドプレーに見えがちになる。しかしながら、現実的に実践レベルを決定する担い手は、それぞれの現場と国民一人ひとりの頑張りそのものなのである。ワイドショー的な極端な取り上げ方から少し離れて俯瞰《ふかん》して、世界の感染者数や重症化率、そして死亡者などの数字を検討してみると、日本は良く持ちこたえていると判断できる。緊急事態宣言をしても強制力に頼らずに国民レベルの対応に委ねられているのが日本の特徴と言われていて、それが悪いという指摘もされるが、同等かそれ以上の感染抑制がなされているのであれば、長期的で一律の強い抑制策には何のメリットもない。短期的な緊急事態宣言などを世界中で行って、日本でも一時的な感染者数のかなりの減少は得られたものの、根治にまでは至らなかった結果を私たちは既に知っている。

その一方で、これまで発達を遂げた飛行機や高速鉄道、そして高速道路などの移動手段の萎縮を招き、あたかも100年前のスペイン風邪パンデミック時代を思い出させるような交通事情になっている。そのためパンデミックと言っても、同時に大流行して一緒に減衰するのではなく、それぞれの大陸や地域で進行し、各地で別々の流行曲線を描いて、それが地域を超えて影響し合って複雑な現状を呈している。この状況で世界中の流行の収斂を見るまでに必要な時間を考えれば、スペイン風邪のとき収斂までに足掛け3年かかった歴史が一層参考になるのかもしれない。

アフリカ由来のサバクトビバッタ、それにイナゴなどの害虫被害や中国での洪水被害など、気象変動要因とも相まって、世界の農業事情は決して楽観できる状況ではない。そのような時節感を持てば、農業など1次産業を年度内にしっかり確保し、物資の輸出入体制や物流をしっかりと確保するのは当然のことだ。不順な長雨の時期が7月で終了し、野菜や果物がようやく市場に出回っている。既に小麦の刈り取りは終わっているが、わが国で最も大事な米の稔《みの》りはここから10月までが勝負だ。むろん慎重にではあっても、国民の生活を守り社会活動を促して、明日への展望を拓いていくことが必要なのだ。そのためには、感染症と共存しながら、平時の活動を極力維持することがまず基本でなければいけない。その上でコロナ感染対策については、引き続き国民の総力で維持していくことが大切だ。

幸いに現状では医療面での逼迫感は第1波のときほど強くはない。地域によって置かれた事情やフェーズを見ながら、地域内連携、地域間連携、そして遠隔の派遣チームなどを適切に運用することが有効だろう。そのフェーズを見極めるためには、まず現地のニーズを見定めることが基本となる。情報が全く届かなくなるような深刻な被災状況下では、見切り発車的プッシュ型の救助隊や支援チームの派遣が事態打開の第一歩になるが、現地の医療チームが頑張って対応している状況と判断されれば、その足らざる部分や交代要員の援助などの要請デマンドに合わせた対応が歓迎される。

これらのフェーズに合わせた柔軟な対応は、アメリカの合理主義から発達して既に運用されている緊急事総合調整システムＩＣＳ（Incident Command System）を参考としながら、日本型の社会において有効なシステム論として今後も育てていく必要があるだろう。災害はその規模や回数が増加するばかりでなく、例えば洪水被害に停電や断水が発生してしまうなど、複合災害の様相を一層強くしている。リスク管理的なマニュアル文化だけでは対処しきることができない、さまざまな緊急事象も今後ますます予想外の展開をきたしながら発生しうるだろう。柔軟で有効な対応をするためには、緊急事態に対応するシステム論が望まれるのだ。そのためにも、これまでの活動をしっかり記録して今後の対応の参考にしていかなければいけない。事後検証も、当事者かそれに続くメンバーによる1回の報告と検討に終わらせることなく、さまざまな観点からの冷徹な論議の中で、引き続きより良い方法論に磨き上げることで、他の事象にも共通となる解決法が演繹されることがますます大切となる。

災害事象は場所や時間が特定されて発生し、被災された方々や被害状況がやがて明らかになって対処方法や方針が決定される。ところが、コロナウイルスのパンデミックを見ると、感染症は地域も時間も特定されずにどこにでも誰にでも均等なリスクを与え、容易に感染を引き起こして、どこまでも蔓延し続けている。まさにラテン語の「パン」の意味する「全て」という呼称通りに「全員が平等に」当事者であり、しかも既に感染していても再感染のリスクがないとは言い切れないとも言われている。この好ましくない「平等性」に対して、私たちは日常生活の中で繰り返し律しながら、営々とコロナ対策を、遺漏なく続けていかなければいけないのだ。

発災10年目を迎えようとしている東日本大震災における地震と津波、そして原発事故という三重災害は、世界で初めての深刻な被害を特に福島県浜通り地方にもたらした。中でも一番の人口密集地であるいわき市は、地震・津波の後、爆発事故を起こした福島第1原子力発電所群からおよそ30㎞に行政境界を持ち、人口30万を超える広域地方都市だ。地震・津波の直接的被害に加えて原発事故の深刻な爪痕《つめあと》の残る原発立地町村よりも、被ばくや汚染の程度は軽微だったが、風評被害を含めた社会的なインパクトはそれなりに大きく、近隣町村からの避難者を迎え入れながら災害後の社会再構築が進行した。いわき市は1市で2次医療圏を構成するという特徴から、地域において平時の医療を守り、検診や予防接種など予防医療のレベルを再構築し、医療・介護の地域ネットワークづくりによって住民の生命や健康を支援する体制が整備されてきた。復活した物流に合わせて経済活動も盛んになり、観光などインバウンド効果も目に見えるようになった。

しかしながら、東日本大震災の後10年の間に、国内でも世界においても数多くの災害事象が発災し、新たな被災者や犠牲者が発生している。世界中を巻き込む今回のコロナ禍によって冷水を浴びせられたところだ。

当時、日本医師会災害担当として多くの事例に全力で立ち向かい、災害対応や社会再建に関わって多くのご縁を頂戴した。いささか自虐気味に「ここは災害先進地だ」と繰り返し語ってきたが、いわき市民として多くの困難に直面した方々の労苦と犠牲となった方々への思いも新たにしている。10月4日に東日本大震災をテーマにした東日本国際大学主催の国際シンポジウム企画がまとまってきた。皆さまとの論議を通じて、これからの未来に向けて恩返しできる機会となれば幸いである。

第三部　第2回東日本国際大学　健康社会戦略研究所　国際シンポジウム

東日本大震災と原発事故からの10年

——災害現場の初動から真の復興、そしてウィズコロナの未来へ向けて

開会あいさつ

石井　正三（東日本国際大学健康社会戦略研究所所長）

おはようございます。ようこそお集まりくださいました。また、ネットで視聴の皆さま、せっかくの日曜日にお時間をいただきましてありがとうございます。

東日本大震災と原発事故、この大変なものをわれわれは経験し、目の当たりにし、9年半と少し経ちました。このシンポジウムは、もうすぐ10年を迎えるという節目に当たり、もう一度、われわれの手で、地元で、一緒に語り、考え、そしてさまざまな専門家の方々のお話をも聞きながら、未来はどうやって拓いていくのか、次の世代にどうつないでいくのか、ということを考える機会になればと思って企画しました。

ご承知のとおり、新型コロナウイルスのパンデミックによって世界が揺れております。私は日本医師会で10年間、災害担当などをしてきました。その前から、いわき市で、また福島県医師会でも、災害対応では、いろいろ発言してきました。

ある程度の文明を手にした社会においては、複合災害が必ず大きな問題になってきます。今、一つの問題についてどうするか、ようやくマニュアル化されたところで、ビジネスをどうやって継続するかというＢＣＰ（Business Continuity Plan：事業継続計画）の時代になっていますが、出現する事象はそれをどんどん上回っています。もし東日本大震災からの復興が道半ばであるとすれば、これにコロナ禍が加わり、これもまた複合災害の事象になるわけです。

このいわきの地でも、この大学を含めて昨年の台風19号で水害に遭いました。続いて起こったのは断水で、一部、停電にもなりました。洪水で水浸しになった後に今度は水道が出ないのは、完全に都市文明の複合災害化なのです。そこではいろいろな困難が生じます。われわれはそういうことを踏まえた上でどう備え、どうやって本当の復興をつくっていくかを考えなければいけないと思います。

折しも、アメリカの大統領が新型コロナウイルスに罹患《りかん》されたと報道されております。

ゲームチェンジャーという言葉がありますが、このような災害事象、感染症は、事象全体をひっくり返し、リセットモードにするパワーがあります。われわれ個々の人間は、対応できる能力に限界があります。しかし、人間は、社会をつくってなんとか対応するという知恵と方法を持っています。ですから、社会をつくり直すぐらいのエネルギーを一緒に持って、前向きに進んでいくことを考える、本日はそういう機会になればというふうに考えております。

海外から、ステファニー・ケイデンさん、カタリン・ユーローヴさんの、それぞれの立場でのお話もお伺いできると思いますので、ご一緒に有意義な時間を過ごせればと思います。

本日はよろしくお願いします。

吉村　作治（東日本国際大学学長）

皆さん、おはようございます。講演者の方々、研究者の方々、また、オンラインでご覧になっている方もありがとうございます。私は東日本国際大学学長の吉村作治です。

専門はエジプト考古学ですが、今、いろいろと苦闘しております。

エジプトでも、今から５０００年前、コロナウイルスの認識はないのですが、感染症や自然災害がいろいろありました。そういうことも私の研究の一つです。

「ウィズコロナ」はなかなかいい言葉だと思います。「ウィズコロナ」は「コロナと一緒に」ということではありません。自然は災害を人間にもたらそうと思っているのではなく、ただ活動しているだけで、人間にとって不利益であるから災害と呼んでいるだけです。その自然災害をどういうふうに受け止めるか。古代エジプトも、自然災害で2回ほど危ない時期がありましたが、乗り越えました。そういう知恵を、われわれも勉強しなければいけない、適応しなければいけないということです。

私はこの大学に来て7年目です。早稲田大学の定年は70歳ですが、後輩が大学に残れないといけないと思い、60歳で早稲田を出て、新しい大学をつくりました。しかし、株式会社立でしたので、儲《もう》からず、クビになりました。それが2011年で、その年に東日本大震災がありました。

三陸の町を歩いて、「ピラミッドの謎を解く」「クレオパトラは美人だったか」など講演したところ、いわき市で、この大学の理事長の緑川先生と意気投合し、この大学の客員教授となり、その後、副学長となり、学長になりました。そして、ここに骨を埋めようと思い、住所も移しました。今はいわき市民です。

私は今、不健康です。エジプトで高さ4メートルのところから落ち、膝を壊し、それで体もバランスを崩したようです。健康社会戦略研究所の石井先生が「このままだと駄目になるぞ、いきがい村に来い」ということで、リハビリをしています。やっと車椅子から脱し、歩行器、そして今は、石井先生と同じ杖《つえ》を使っています。不健康でしたが、徐々に健康に向かっています。健康社会戦略研究所の一員として体現しているようなものです。

私は78歳ですが、なんとか100歳まで生きたいと思っています。今、「太陽の船」の復原を手がけており、現在は「第二の太陽の船」を発掘・復元するプロジェクトを進めています。その中で、「第一の太陽の船」を来年1月25日にそのまま動かすことになり、「よし、（エジプトに）行こう！」と思っています。目標を持つと人間は一生懸命になりますね。目標「1月25日までに飛行機に乗れるように」と、石井先生のもと、頑張りたいと思います。

きょうは素晴らしいお話を聞くことができると思い、来ました。どうぞよろしくお願いいたします。どうもありがとうございました。

深山　延暁〈NBCR〈核・生物・化学・放射能災害〉対策推進機構　副会長〉

おはようございます。ただいま、ご紹介いただきました、NBCR対策推進機構の副会長を務めております深山と申します。大変ご高名な両先生の後にお話をさせていただくので、いささか緊張いたしております。まず、われわれ機構について、若干述べさせていただきます。

NBCR対策推進機構は、本日の国際シンポジウムを共催しております。冒頭に、きょうの開催に至るまでの関係者の皆さんのご努力に、心から敬意を表したいと思います。

NBCR対策推進機構は、平成16（2004）年に設立されたNPO法人です。NはNuclear、核、BはBiological、生物、CはChemical、化学、RはRadiological、放射線で、こうしたものから生じる特殊災害をいかに防ぐか、そうした知識を普及・啓蒙していくことを目的としております。

私が副会長に就任させていただいたのは今年の6月で、昨年7月まで36年あまり、防衛省の職員（事務官）でした。よく言われる防衛省の背広組です。その中で二つ、忘れられない大きな出来事があります。一つは、平成7（1995）年3月に起きた地下鉄サリン事件です。もう一つは、きょうの演題でもあります、平成23（2011）年に発生した東日本大震災です。

この二つを通じて感じたことがあります。それは、「私を含めた日本人は、ひどい経験を忘れようとする」ことです。あれは特殊な事件、事故、あるいは特殊な災害だったのだ、あんなことはもう起きないと心のどこかで思っている、そう思いたい、そうした気持ちが非常に強いということを感じました。

二つ目の経験からお話ししたいと思います。東日本大震災の直後にいったい何が起きたか。地元の方々はよく記憶されていると思いますが、私も思い付くままに挙げようと思います。

まず、原子力発電所の全電源停止という報道がありました。そして、原発建屋に水素爆発が起きました。爆発する瞬間を遠隔カメラがとらえている報道を見た記憶があります。そして、退避しなければならなくなったその中で、多くの入院患者さんが取り残され、移動中に多くの患者さん、あるいは高齢者施設の方がお亡くなりになったという事案がありました。それから、ＳＰＥＥＤＩ（緊急時迅速放射能影響予測ネットワークシステム）のデータの公表の是非において、混乱が生じました。自衛隊のヘリコプターが福島原発の上空まで飛び、水を掛けるというオペレーションをしたこともありました。それに続いて、全国津々浦々から集められた消防車両、高層ビルにセメントなどを入れるのに使うような機材などが動員され、放水を行ったことがありました。そして、多くの方が避難され、いまだ故郷に戻れない方もたくさんいらっしゃいます。

加えて、私が当時住んでいた東京にまで及んだいろいろな噂《うわさ》、風評。これが非常に大きかったのを覚えております。日本国民の間にだけ広がったのではありません。私は仕事柄、在日米軍と話をすることが大変多かったのですが、在日米軍の家族にまで、そうした風評が及んでいました。単に噂として聞こえてきただけでなく、米軍の部内新聞『Stars and Stripes（星条旗新聞）』に、当時、「家族が大変不安だ」という記事が大きく載っていたことを覚えています。

大変多くの方が不安を抱えていたと思いますし、もっといろいろなことがあると思います。

しかし10年近くたった今日、どれだけの人が覚えていて、また同じことが起きたときの対策を考えているのでしょうか。もちろん、対処に当たらなければいけない警察、消防、あるいは私の出身母体でもある自衛隊の方々が、過去の事項を貴重な教訓として研究され、対処の訓練を重ねられていることを、よく承知しております。しかし、多くの国民にとっては、もはや過去のことになりつつあるのが実態ではないかと思っています。

しかしながら、私が申し上げるまでもなく、10年前の原発事故はまだ続いています。つい先日、9月30日には、原発の損害賠償請求訴訟で初めて、仙台高等裁判所において国の責任を認める判決が出ました。また、係争中のものもたくさんあります。それから、日々の問題として進行中の、汚染水の問題もあります。

こうしたことは、実は他国では、もっと研究されているのだろうと、私は思っています。第一の忘れがたい体験の地下鉄サリン事件で、そのことを痛感いたしました。

この事件から25年たち、地下鉄サリン事件とはなんぞやという若い方もいらっしゃると思います。これは、オウム真理教という宗教団体が、自分たちで化学兵器であるサリンという物質を製造し、東京の地下鉄内で液状のサリンをまいた（厳密には、サリンの入った袋を破いた）という事件でした。14人がお亡くなりになり、約6300人が負傷されました。

私は当時、防衛庁（現在は防衛省）で、自衛隊の出動を担当しておりました。この事件における自衛隊の活動には、実は語り尽くせぬいろいろなドラマがありました。が、私にとって強烈な体験であったこの事件も、オウム真理教のメンバーが逮捕され、1年たち、2年たつうちに、私自身も「あれは特殊な宗教団体が起こした特殊な事件だ」という意識になっていきました。

ところがです。4年後、平成11（1999）年、3年間、外務省に出向し、日本の大使館員としてロンドンで勤務していたとき、英国政府が、この事件を「テロ集団が化学兵器を使用した先駆的な事件である」ということで研究している、あるいは日本以上に研究していることを知りました。私は衝撃を受けるとともに、大いに反省した次第です。

日本人は、「嫌なこと、大変だったことは、滅多にない特殊な事件として、全て精算して、さあ、明日から頑張ろう」という発想の国民性なのだろうと思っています。しかし、実は原発事故も終わっていないし、さらに言えば、化学兵器に使える物質がテロに使用される可能性も、今日も現実のものであり続け、なんら変わっていません。

こうしたとき、まさに今回のようなシンポジウムが開催されることは、実に素晴らしいことと考えております。本日の演題を拝見しますと、今年初めから、わが国、世界が巻き込まれている新型コロナウイルス感染拡大に関するテーマも含まれ、これも大変適切なことだと思っております。

原発事故は放射線によるもの、ウイルスは生物の一種であろうと思います。そして化学兵器。これらには共通点があると思っています。それは、人の目には見えないこと。現実の被害も大きいですが、それよりも風評や間違った噂にどのように対処するかが非常に重要であること。そして、何よりも政府や自治体が出す正確なアナウンスメントが必要であることです。

本日のシンポジウムに参加される方々が、過去の経験を踏まえ、正しい知識を身に付けられ、困難な課題に取り組まれていく、そして粘り強く長期にわたってこの原発事故問題に関わっていただく。そのようなことをお祈りし、私のごあいさつとさせていただきたいと思います。ご盛会を心よりお祈り申し上げます。

基調講演1　被ばく医療初動から復興を展望して

明石　眞言（元放射線医療総合研究所　理事）

まず現地に専門家を派遣

おはようございます。ただいまご紹介していただきました、明石と申します。元は放医研（放射線医療総合研究所）におりまして、現在は東京医療保健大学に勤務しております。きょうは、緑川理事長、吉村学長、石井所長、その他多くの先生方のご努力により、いわきに来ることができました。本当にありがとうございます。

きょうはどんなことをお話ししようか考えていましたが、深山さまがだいたい話してしまわれたので、私はその肉付けをするような立場なのかなと思っております。

まず、この原子力発電所の事故について、私どもがいったいどんなことをしてきたか、

簡単におさらいさせていただこうと思います。
　この事故が起こった日、私は東京におりました。おそらく文部科学省の仕事だったと思いますが、ＮＲＢＣのテロに対応するためにどういう医療体制が必要かという会議でした。地震が起きたときは、まさにその会議の最中で、警察、消防、自衛隊の方々が多く参加しておりましたが、皆さん、あっという間に帰ってしまい、私どもだけが取り残されました。最終的に東京駅で泊まろうと思っていたら、当時の原子力安全委員会から、東京にいるなら歩いてきてくれということで、原子力安全委員会まで歩き、ちょうど24時間、原子力委員長の部屋で過ごしました。委員長はしょっちゅう官邸に呼ばれるなどでいらっしゃらず、私もあまり情報がない中で、いったい何が起きたのだろうと考えていたのが実情でした。
　この地震が起きて、原子力発電所に何かが起きたという情報が必ずしも全て入っていたわけではないのですが、放射線量率が高くなっているという情報は早くから入りました。私がいた千葉の放射線医学総合研究所では、とにかく早く緊急被ばく医療派遣チーム（ＲＥＭＡＴ）を派遣しないといけないと感じていました。そのときは、自衛隊の方々と話していたことがやっと実りかけたという時期で、自衛隊機が千葉に飛んできてくれて、専門家（放医研医師1人、看護師1人、線量評価専門家1人）3人の医療チームを現地に運ぶことができました。それは第一歩なので、それだけではなんとも言えないのですが、とにかく、地震から17時間30分後に、現地に専門家を派遣しました。

この地震がもたらしたのは、人災ばかりではなく複合災害でした。放射線を計測し、解析・分析するSPEEDIという装置があっても、複合災害では情報が適切な場所に伝わらないということが、まず起きてしまいました。

大熊町のオフサイトセンター（原子力発電所施設から離れた地点にある原子力防災センターのこと）に医療チームを派遣したときは、まだ通信機能が動いていました。ところが、地震、津波等で、インターネットは使えなくなり、携帯電話、固定電話の電話機能は麻痺している。連絡が取れたのは衛星電話で、それが2回線あったので、なんとか現地と情報交換することができた、これが現実でした。

また、住民の方にとっても必ずしも正しい情報が伝わっておらず、オフサイトセンターにいろいろな人が集まってきました。災害に対応した方も来ますし、住民の方も訪れる。オフサイトセンターでできることはかなり限られていたものの、現実にはいろいろな方々が訪ねてきました。

この中で、3月14日、3号機に水素爆発が起きて、自衛隊の方に負傷者が出ました。そうこうしているうちに、15日にはオフサイトセンターも避難の対象になってしまうという事態になり、現実には現地での対応はかなり難しく、特に医療については、病院が閉鎖せざるを得ないという状況になってしまいました。

とにかく原子炉を冷却しなければいけないということで、陸上自衛隊、警視庁、東京消防庁、大阪市消防局、横浜市消防局、川崎市消防局から消防車やいろいろな車両が来て、高層ビルに水を掛けるような、いわゆるキリンのような車両も来て、そこで水を掛けざるを得ないという状況になりました。

こういうことをしてくださる消防の方たちに、いったい何をすべきかを、われわれも議論いたしました。

日本では、消防の中には、放射線についての教育・訓練を受けているところがあります。が、今では多少変わってきているものの、原子力施設のない自治体の消防では、不幸なことに、放射線や原子力に対する教育が、必ずしも行き届いていなかったのが現実です。ということは、この現地に駆けつけてくれた消防の方の中にも、放射線に対する正しい知識を教育されていない方も多くいたのです。

そうすると、われわれができることはいったい何か。とにかく、現地で活動してくださる方の放射線防護、放射線に対する知識、それから、もし汚染があった場合には、正しい除染を行わざるを得ないと考えました。

当時の消防関係機関、警察庁、自衛隊、海上保安庁などと話をして、1F《イチエフ》（福島第1原子力発電所）に入る方々には、必要があれば安定ヨウ素剤を処方しようと。体の中に放射性ヨウ素が入ってきたときに、あらかじめ十分に安定型ヨウ素があれば、甲状腺は放射性ヨウ素を取り込まないことを、皆さんご存じだと思います。

現地にわれわれ職員を派遣し、1Fの中に入ってくださる本当のファーストリスポンダーの方に安定ヨウ素剤を投与したり、基地となったJヴィレッジの養生をしたり、タイベックスーツをどうやって着るのか、大洗の事故等でご存じだと思いますが、実は汚染した服は脱ぐときに汚染を広げてしまうので、いったいどうやって脱ぐのか等についても、現地の方と議論し、助言・支援をいたしました。このようなことで、東京消防庁から感謝状をいただいています。

汚染した方（患者）を病院に搬送するときには、病院としても単純には受け入れられないので、放射線のことを分かる人が一緒に同行するように、ということを、国から東京電力のほうにお願いしてもらっていました。

当時、Jヴィレッジで行った支援は、こんなことはしないでくださいねとか、床に座らないでくださいねという張り紙をしました。それから、現地から戻ってきた方に、汚染があるのかないのかの検査を。もちろん、汚染があっても体の中に入っていかなければいいので、きちんと管理し、特に災害の対応のときに、リスポンダーが不安感を持つことがないようにすることもあって、われわれはかなり一生懸命、汚染検査、除染指導等いたしました。

基地となったJヴィレッジ・メディカルセンターでは、養生のため床にシートを張ったり、実際に汚染した方が来たらどんな対応をしなければいけないのか、内部被ばくの患者さんの受け入れ訓練など、事象が起きてから訓練をするのはそんなに多くなく、異常なことではあると思いますが、そんなことも皆さんと一緒にいたしました。

さて、実際に福島県内の消防の方は、オンサイトばかりでなく、オフサイトでもかなり多くの活動をせざるを得ないということもありました。

福島の中でも、原子力発電所に近いところにある消防と、そうでない消防とでは、多少温度差があって、隊員の方の教育の程度も多少違ったこともありました。また、福島にはいろいろなところから消防が応援に来ていましたが、その消防の方も必ずしも放射線や原子力に対する知識があったわけではありません。全てが危ないわけではないし、なんでも安全なわけではないので、とにかく基本的な知識、何が危なくて何が危なくないのかを知ることが一番重要なことでした。だから、皆さんで一生懸命、情報を共有しました。

私自身は研修という言葉があまり好きではないので、研修ではなく、情報共有でした。どうして研修ではないのかというと、われわれが思っている方法が現地では通用しないこともたくさんあり、われわれが押し付けるような研修は、現場ではまったく生きません。現場の方がどういう動きをするのかに合わせた放射線防護・管理が不可欠で、求められるように思うのです。

そうこうするうち、原子力発電所の中では、毎日、もちろん原子力発電所の近くでは多くのいろいろな方が活動されていました。元の放射線医学総合研究所は千葉にあり、だいたい原子力発電所から250キロぐらい離れていますが、かなり多くの方がバスに乗って、千葉まで、放射性物質の汚染の検査にいらっしゃいました。現地では、バックグラウンドの高い、つまりホールボディーカウンター等が正しい数値を示せないということもありました。

ホールボディーカウンターは非常に有効な機械ですが、体表面に放射性物質が残っていないという前提で使わないと、正しい評価ができません。事故直後のホールボディーカウンターの難しさは、体の中にある放射性物質ばかりではなく、体表面にある放射性物質も測ってしまうことです。洋服に放射性物質が付いていて、ホールボディーカウンターを測れば、この人の体の中には放射性物質がたくさんあると理解してしまう。こういう誤解をさせてしまうことがあるのです。こんなこともあって、千葉まで来ていただいて、ホールボディーカウンターに入っていただくこともかなりありました。

放射線に注意ができても爆発等は防げません。2011年3月14日、3号機の水素爆発のとき、自衛隊の方が1人、怪我をされました。コンクリートの塊が飛んできたということです。自衛隊のヘリコプターで放射性医学総合研究所に搬送されてきました。幸いにして、外傷はありましたが重傷ではなく、全身状態に問題はなく、汚染があったがきれいに除染したということです。このときのことでよく覚えているのは、隊員の方が、「寒くて何も食べられない緊張した状態で活動に当たった。とにかく、暖かいところに来て寝ることができたのでほっとしている」と言われたことです。

それから、3月25日。皆さんもご記憶にあると思いますが、汚染水に足を突っ込んでしまったという事象が起きました。「β線熱傷である」というテレビ、新聞等の記事が出て、われわれも非常に驚きました。

と言いますのは、β線熱傷は世界でもものすごく少ないのです。私どもが知っているβ線熱傷は、昭和29（1954）年の第五福竜丸の乗組員、それからチェルノブイリ原発の事故、β線だけで起きる熱傷は、過去の事例ではそれぐらい少ないのです。

われわれが受けた情報は、汚染された人の足が赤くなっているということ。まずわれわれが思ったのは、汚染・被ばくがあってから数時間で皮膚が赤くなるのはおかしい、本当にβ線熱傷が起きるのかということです。実際、われわれのところで3名を受け入れて検査をしたところ、β線熱傷は起きていませんでした。足が赤かったのは、こすりすぎて赤くなっていた、ということだったのです。つまり、逆にこすりすぎることで、放射性物質を体の中に押し込んでしまっていたのです。

現地の混乱の中で、今ごろになって「正しい知識を」と言っても意味がないのですが、それでも、こういうことも正しい知識があれば防げたのかなと、今では考えております。

「一時立ち入り」という制度

一方、住民の方です。2011年4月18日のデータによりますと、住民も避難せざるを得ないということで、多くの方が避難しました。ところが、急に避難をしろと言われたので、皆さん、着の身着のままで、ペットも置いてきた、楽しみにしていたウイスキーも置いてきた、ということでした。避難をした後、家に、こんなものも置いてきてしまった、あれはどうなったのだろうという心配がありました。

そこで行われるようになったのは、いわゆる「一時立ち入り」という制度です。住民の方に一定の集合場所に集まっていただき、そこからバスで汚染地域の中に入り、それから各家庭を訪問するという、こういうプロジェクトがありました。

中継基地を設定し、そこに皆さんを集めて。特に夏場は、タイベックスーツを来て、自分の家に帰るのは、熱傷という点ではリスクが非常に高かったです。また、庭にあったもの、食べ物を持ってきては困るという話をしても、「自分のお金で買ったウイスキーをなぜ持ってきてはいけないのか、開けていないじゃないか」ということもありました。こんなことも含め、当時、一時立ち入りを住民の方と一緒に、放射線防護を行いながら、できる限りのことをしておりました。

後になって調べると、実は、一時立ち入りは、これが初めてではなく、火山の噴火があったときは、亜硫酸ガスがどのぐらい出ているかも含め、一時立ち入りをしていたこともありました。ただ、私どもも「一時立ち入り」というのはあまり聞いた言葉でもなく、いったいどんなことなのかと思っていたのですが、やはり必要だったと、今になってよく分かりました。

このように、いろいろな方々（広島大学、弘前大学、災害医療センター等）のご協力を得ながら、住民の方の健康管理、傷病者対応をし、一時立ち入りを行っていました。急性期に動くＤＭＡＴ、中期から後期になって活動できる日赤や国立病院機構等、いろいろな方々と活動しました。

ここでも問題になったのは、いつでもそうですが、行政の縦割りです。いろいろな省庁（文科省、厚労省、防衛省、消防庁）が、独自に一時立ち入りの調整をするので、なかなか統一したことができませんでした。混乱期の中で、今ごろ、ということもあるのでしょう。現地対策本部の命令指揮系統に入るとは言われていますが、必ずしもそうもいかないこともあり、今後考えなければいけない、いくつもの課題があります。

放射線には匂いも味もなく、自分が被ばくしたかどうか分からないのがほとんどです。分からないとどうしてもいろいろな噂が出ます。何を言っても信じられる。一〇〇ミリシーベルト未満であれば、確定的影響、症状が出るようなことはありませんと言っても、そうですか、いや、出ることもありますよと言われても、実態は分からないですね。見たことがないから。

今の日本の方々は、シーベルトという言葉を皆さんご存じですが、世界中でシーベルトをこんなに知っている国民は、あまりないのではないでしょうか。それぐらい、日本では有名ですが、それでも分かりにくいです。それで、絶対ではないのですが、外部被ばく線量がどのぐらいなのかということが、指標になるだろうということです。

この質問票による行動調査は、もちろん原爆の被ばく者にも行われたことがありますし、もう21年前になりますが、茨城県東海村で起きた事故の後も、住民の線量調査をするために、行動調査を行いました。どこにいたのですか、誰と接触しましたかなど、コロナウイルスの調査と同じですね。疫学的に線量を推定するということも、われわれの研究所で行われました。

原発事故の反省点

さて、問題点、特に医療の点ではどうだったのでしょうか。私自身、今年（２０２０年）の８月まで、茨城県の保健所に１年間おりまして、放射線どころではなく、まさにずっとコロナ、コロナ、コロナという戦いをしておりました。

やはり、非常に似ていることがたくさんあります。コロナウイルスでは、ＰＣＲ検査で陰性の証明が必要であると言われることがありますが、当時も、病院に来る患者さんに対し、放射線の汚染がないという証明がないと病院は受け入れないというケースがかなりあると、新聞等に出ていました。

例えば、浜通りから福島に避難をしてきた方の中には、子どもさんの皮膚に湿疹のようなものが出て皮膚科に行ったところ、汚染がないという証明がないので診ることができないと言われた、という事象もありました。今考えると、非常に悲しい事象です。

放射線を測ればすぐ分かります。ただ、サーベイメーターが動くだけで危ないと思ってしまう、という認識もあります。これも正しい知識が必要なのかなと思いますが、こういう例もかなり多くあったということです。

それから、復旧作業員が差別を受けた例です。

これはコロナウイルスでもそうですね。私どもがいた保健所の管内でも、大きな機関病院が院内感染を起こしてしまい、看護師さんたちの子どもさんが、「来ないでください」「しばらくの間、お宅の子どもさんは受け入れられません」と保育所に預かり拒否をされたという話がずいぶんありました。

福島原発でもまさにそうですね。作業員の方々はアパートを借りることができない、病院の受診ができない、いろいろなところで差別された。千葉県でも、福島のナンバープレートを付けた車にガソリンを売らなかったという悲しい話もたくさん出てきました。

これも、何かが起きる前に、正しい知識を持っていることが重要であること、つまり、事故が起きてから知識を共有しようということがなかなか受け入れられない、という一つの例かもしれません。

当時、被ばく医療機関は、原子力発電所から比較的遠くないところにあることが多く、しかも一方向ばかりで、いろいろな方向につくるという考えがあまりありませんでした。これは、今回の福島の事故の反省点になりました。

というのは、近くの病院は、病院自体も避難せざるを得ない、閉鎖に追い込まれることがあった。そうすると、1Fの中の作業員の健康は担保できず、近隣に住んでいる方の医療体制も大きな影響を受けてしまったのです。

このデータは、公表されたデータの中から、あらためて考えてみたデータで、われわれのグループが『Health Physics』に投稿した内容です。どういうことかと言いますと、左側に被災した県が書いてあります。それから、左に建屋の全壊、その件数、真ん中には半壊、というふうに出ています。県別に見てみますと、全壊も半壊も一番多いのは宮城県です。DMATは全国から集まってくるのですが、東京から近いところにたくさんのチームが行くのが一般的です。このデータを解析しますと、福島県の半壊は2番目、宮城県に次いで多いですが、DMATの派遣者数は、岩手県に比べると決して多くないです。

当時から、DMATは原子力災害には出動することがないと言われていました。これが本当にそのとおり実行されたのかどうかは、私は疑問があります。実際、DMATの方の中にも、原子力の対応に従事してくれたチームもあったのですが、全体的に見ると、決して多くのＤＭＡＴが参加したわけではなかったのです。

県内に勤務する常勤医師の数を見てみます。例えばいわき市では、平成23年では２５６人いて、現在では３０２人、数字は増えています。ただ、この数字が何を物語るかというのは、数字を見ただけで言うことはできません。人口10万人当たりの医師数で見ていくと、平成22年は10万人当たり１６０人、平成30年で１６７人という数字で、比較的、いわき市の場合は、まだそれでも医療は充実していたのかなと思います。

医療従事者の中でもいろいろな先生がいますが、いわき市の先生方はおそらく放射線に対する知識を持っていて、自分たちの問題として捉えていただけたというところに、この数字が保たれていたのかなと感じもいたします。

これは、先ほどの数字をグラフにしたものですが、いわきはグリーンの折れ線です。医師の数は多少増えていますが、いわき市自体は人口も多少増えているかもしれないということを考えると、ある程度リーズナブルなのかもしれません。ただ、これについては、私の分析が正しいかどうかは、私自身もあまり自信がありません。

一方、県内の看護職員の数は、平成23年では２５００人程度で、現在は２７００人から２８００人ぐらいになっていて、微増と考えていいかなと思います。医療についてはいろいろなことがあったけれども、まだ多少保たれているかなという印象を受けます。が、これも現地の先生方の評価を待たないといけません。私どもが評価するわけにはいかないと思います。

コロナウイルス感染と放射線被ばく

最後に復興を考えてみます。新聞等、特に、英語で書かれた外国人向けの報道を見てみます。これは『The Japan Times』に載りました。福島で、あまり多くの人が帰っていない土地だという、こんなスライドも出ています。"The evacuation orders for the village of Iitate have been lifted. But where are the people?"「人が帰っているのでしょうか」と外国に伝えられているのが現状のようです。

このスライドも同じですね。"Welcome home"お帰りなさいと書いてありますが、「あまり人が帰ってきていないのではないか」という報道もされています。

今、10年たって、いったいどこまで何が進んでいるかという例です。私自身が多少関係した例を紹介いたします。

これは、２０２０年1月16日現在で、原発事故に伴って輸入停止措置を講じている国・地域の表です。香港は、輸出額がかなり多いですが、福島からの輸入停止品目として、野菜、果物、牛乳、乳飲料、粉乳が挙げられています。

実は、事故が起きてから、放射線医学総合研究所では、厚生労働省のプロジェクトに参加して、かなり多くの食べ物の放射性物質の量を測り、1年間にそれを食べてどれぐらいの線量になるかという数字の測定を、今でもずっとやってきております。決してほかの県より高いわけではありませんが、外国の見る目はこんなことです。おそらくサイエンスでものを言っているのではなく、政治的なものもかなりあると思います。決して、福島のものが食べられないということではありません。

ところが、香港、中国、台湾、韓国、マカオ（中国）など、日本を取り巻く非常に近い国々が、政治的な部分もあって、輸入停止措置をとっています。非常に残念なことではありません。そんなことをしたら、日本人はどうなるんですかと言ってやりたいぐらいのところはあるのですが、現実にはまだこんな状況です。

最後になりますが、私は保健所に1年いて、コロナウイルス感染と放射線被ばくでは、何が同じで、何が違うのか、今後、いったいどうしたらいいのだろうというのを、ずっと考えて、まとめてみました。

例えば、放射性物質が体の中に入った場合、通常は、がんも含め、体に症状が出てくるまで数年以上、どんなことをしてもそれぐらいの期間がかかります。ところが新型コロナウイルスでは、症状が現れるまでの潜伏期が中央値で5日ぐらいです。そのぐらい短い。放射性物質は体の中で決して増えない。つまり、体の中で増殖しませんので、減る一方で増えることはありません。ところが、ウイルスや細菌は体の中で増えてしまう。

体の中に放射性物質が入った人がいた場合に、きちんと管理すれば、その方自身から周りの人に影響が出ることはないです。ところが、ウイルスや細菌は、咳《せき》などで飛び散ってしまい、飛び散ったものが第三者の体の中で増えてしまう。そこが大きな違いなのかなと思います。

ただし、放射性物質の場合には、体の中に入った場合、治療というか予防は、とにかく体の外に出す、低減化することしかできません。ところが、ウイルスの場合は、時間がかかっても抗ウイルス薬を開発したり、ワクチン、いろいろな予防注射等も含めた措置ができるということです。

共通点は、正しい知識が一般の方々にないことです。

社会的に問題になりやすい原因として、放射性物質の場合は、責任が明瞭であること。でも、ウイルスの場合は、誰のせいだとはなかなか言いにくいということもあります。

いずれにしても、社会的影響は、誤解も偏見も差別もまったく同じように起きてきますし、経済的影響も出てきます。

収束までの時間は、非常に難しい問題ですが、放射線物質の場合は半減期が長ければ何十年となってくることもありますが、ウイルスの場合は、すでに1年たっていますが、希望的には数年ぐらいで収束してほしいという感想を持ちました。

われわれが正しい知識を持ち続けるということは非常に難しいですが、重要であり、事故から復興に向かう目標になると思います。

しかし、いまだに誤解が残っていることを示す、笑ってしまうパロディーのようなものがあります。例えば、オリンピックのメダルで、プルトニウムが金メダル、ウランが銀メダル、ストロンチウムが銅メダル。なんでしょうか。危ない順番だと言っているこんなものも出ています。それから食べ物で、Nuketosですか。Nuとは核ですね。それから、東京オリンピックはこんな防護服を着てやれ、というパロディーみたいなものも出ている。

これはもちろんパロディーであると同時に、こういう誤解も含めたことが皆さんの心のどこかに、外国の方にも残っているのかなということだと思います。寿司もおいしそうに見えますが、よく見ると、なんて形をした寿司なんだと思うような、そんなものも出ています。

まとめです。

一番重要なことは、災害時の基本は、正しい知識を持つこと、科学的根拠に基づく判断です。それを考慮した上で、例えば放射性物質の場合は、確定的影響、すぐに症状が出るようなものは絶対になくす。それから、確率的影響と言われている、がんなど、いわゆる閾値《いきち》がないといわれている疾病等に対しては、リスクを軽減するような措置をとる。この両方を考えることです。コロナの場合でいえば、左側が経済的なものになるかと思いますが、これを正しい判断、広い視野で見ていくことが、今後に求められることです。

放射線とはだいぶ違う部分もありますが、少なくとも、福島原子力発電所の事故から学んだことが生かせるような努力をしていくこと。特に、事故を経験した者にとって、これを反省の糧として、今後の発展につなげていけるような努力をしなければいけないと、最近、私は感じております。

きょうは、これまでの自分の感想を含めた雑多なお話を、40分近くさせていただきました。福島、いわきに来て、非常に感慨深いものもある中で、こういう話ができたことに感謝し、私の話を終わりにしたいと思います。ご清聴ありがとうございました。

基調講演２　複合災害対応に向けての考察
――過去の生物災害などの事例に学ぶ

四ノ宮　成祥（防衛医科大学校防衛医学研究所センター長）

阪神淡路大震災・地下鉄サリン事件の経験から

防衛医科大学校の四ノ宮です。本日はこのような発表の機会をいただきまして、理事長の緑川先生、学長の吉村先生、健康社会戦略研究所の石井先生に厚く御礼を申し上げます。最初に石井先生から「複合災害対応に向けての実践」というタイトルで、ということでお話をいただきましたが、私はもともと研究畑におり、現場に出ていって実践するより、いろいろなことを解析したり、いろいろな方とお話をしながら進めてきましたので、実践ではなく「考察」と修正し、お話をさせていただきたいと思います。

私のバックグラウンドはもともと微生物の研究で、本来、災害よりもバイオテロのとこ

ろが専門です。しかし、今は防衛医学研究センターのセンター長で、職業柄、防衛医学、例えば、災害、外傷、あるいはテロ対策などに関わっておりますので、そういう方面からも、全体的に、過去の事例を思い出しながらお話をしたいと考えております。

最初にお話ししたいのは、阪神・淡路大震災です。これは1995年1月に起きました。私の感覚ですが、このときまでは、関東大震災が起きた9月1日を「防災の日」として、「皆さん安全に逃げましょう！」みたいな感じで、いかに自分たちが被災をしないかという観点からしか考えてこなかったように思います。

でも、阪神・淡路大震災を経験し、一つは、これをきっかけに皆さんもご存じのDMAT（Disaster Medical Assistance Team）ができました。医療チームを派遣して、現地で何か支援できないのかということの始まりです。それまでは病院に患者さんが来るのを待って、それから治療するということでしたが、それではいけない、現場で何ができるかです。

もう一つは、「瓦礫《がれき》の下の医療」です。現場で救い出された患者さんが、救急車の中で具合が悪くなったり、病院に運ばれた段階では「よかったね」と言われても、その後、具合が悪くなり、お亡くなりになる。

これはまさに筋肉などが挫滅するクラッシュ症候群です。救い出すときは非常に元気で「大丈夫です」と患者さんは言っているのですが、病院に運んだ後、急激に具合が悪くなるのです。

そういうことで、現場で点滴を始めないと駄目だということがだんだん分かってくるのですが、阪神・淡路大震災までは、現場で何ができるかという感覚が非常に欠けていました。

こういう経験を経て、２００５年にＪＲ福知山線の脱線事故がありました。ここではちゃんとＤＭＡＴが働いて、トリアージや瓦礫の下の医療ができるようになってきていました。

さて、１９９５年の地下鉄サリン事件の経験に移りたいと思います。私は大学で学生の教育に当たっていますが、もうすでに、今の若い人は「地下鉄サリン事件って何ですか？」というレベルなんですね。「そんなの知りません」「聞いたこともありません」という人が多数います。

われわれにとって、前に向かっていろいろ考えていかなければいけないというのはもちろんの話ですが、過去にいかに学んで、過去と同じことを繰り返さないようにすることは、非常に重要なことです。

そこで、この地下鉄サリン事件から学ぶことは何か。現場でのトリアージ、野外で救急施設をどのように設営するか、病院はどのように対応するか、あるいは自衛隊の除染作業、これらは実際に現場で行われましたけれども、この地下鉄サリン事件を経験した当時は、こういうことをちゃんと念頭に置いての実施は、ほとんどできなかったと思います。それをちょっと振り返ってみます。

そこで地下鉄の路線図で、地下鉄サリン事件の当日の運行状況を振り返ってみますと、5路線で電車が5本動いていますが、朝8時にサリンのアタックがありました。どういうふうになったのかというと、電車はまだ動いています。そして、10分ぐらいしたところでようやく、119番、救急車を呼ぶという対応が少し出てきます。

最初に電車が止まったのは、日比谷線の1本の電車です。これが10分後に止まっただけです。残りの4路線の電車はまだ動き続けています。そして、16分後に2路線目が止まりますが、まだ3路線動いています。どんどん電車は動いて、人の乗り降りはずっとあるわけです。3路線目、そして、4路線目というふうに止まっていきますけれども、まだ丸ノ内線の電車は動いています。まだまだ動いています。

そして、ずっと動いて、最後の5路線目が止まった時刻は9時27分。1時間半近くずっと、サリンの攻撃を受けた電車が動き続けて、乗客を乗せたり降ろしたりを繰り返しながら、どんどん汚染を広げていったのです。これは、当初、ちゃんと物事が認識できていないために、現場での対応がきちんとできていないということを如実に表しています。

当日の自衛隊の対応を振り返ってみますと、見て驚くのは、第一報が「地下鉄の駅のガス爆発？」と書いてあります。いかに最初の情報が混乱していて不正確であったかということです。

われわれは自衛隊として、傷害を受けた方へ、いかに医療面での対応ができるかを考えていますので、8時35分の段階で応急医療チームを編成して、9時半の段階では都内の病院に医官と看護官を派遣しています。

そうこうしている間にいろいろな形で情報が入ってくるわけですが、自衛隊の医官はすでに化学兵器に対する対処の教育を受けたこともあり、10時20分の段階でサリン中毒だと臨床診断を下しております。

聖路加国際病院にも、信州大学がその前年に松本サリン事件を経験していたこともあり、信州大学医学部附属病院のほうから、「サリンの可能性がある」と情報として入っていますけれども、われわれの自衛隊の医官はいち早く情報提供し、10時半ごろにはサリンであると確定ができていました。それから都知事が動き出し、千葉県知事からも、のちに自衛隊支援部隊派遣の要請が来るというタイムコースになっています。

当時どういうことが起こったか、われわれはもう1回復習をして、何が大事かをまず整理しなければいけません。

地下鉄サリン事件の現場、駅構内ですが、電車を降り、ホームで、電車の真横で、具合の悪い人を助けていたり、かなり苦しくて心臓が止まっているんですかね、人工心マッサージをしています。一見、最初の対応をちゃんとやっていると見えなくもないのですが、実は、このお互いの善意の助け合いが、今考えると非常に危ないのです。

例えば、いま説明した方は、非常に重症であり、サリンに強く汚染をされている方ですね。助ける側は、除染も脱衣も何もせずに、そのまま人工心マッサージをやっていて、その後、重症の症状が出てきてしまいます。当時の乗客レベルでは、サリンなど何も分かりませんから、一生懸命対応しているのですが、どんどん被害者を広げていることになるのです。

被災駅近くで大混乱している場面では具合の悪い人が駅周辺に運び込まれていますが、かなり重体な人と、それ以外の人が混在し、消防隊員、聞き取りをしている人、周りで休んでいる人、まさに大混乱な状況で、この段階では除染はまったく考えていませんね。まず除染をして対応しなければいけないことを誰も認識していません。そして今や当たり前になりましたが、ホットゾーン、ウォームゾーン、コールドゾーンの区分けもちゃんとなされていません。

事前に訓練しているかどうかによって、いかにシステマティックにやるか、おそらくだいぶ対応が違ってくると思いますが、この当時は指揮を執る人もいなかったことが、写真を見るだけでも分かります。このような状況です。

けれども、聖路加国際病院の当時の院長の日野原先生は、いち早く、外来を全部中止して、全面的にサリン対応の病院として稼働すると判断されました。廊下は患者さんであふれかえっていたのですが、病院のチャペルも応急用に開放して、患者さんの治療に当たられました。

病院にはどんどん患者さんが来ました。もちろん救急隊員が運んでくる、さらにはタクシーで運ばれてくる。それ以外にも、通りがかりの車の人たちが、これは助けなきゃいけないということで病院に運んだり、あるいは患者さんが自力で来たりということで、どんどん患者さんで膨れ上がっていくのですが、見ていても、今ではいろいろな訓練でやる当たり前の除染は、まったく行われていません。

ということで、いろいろ問題がありましたけれども、地下鉄サリン事件での患者発生状況は、裁判などの関係で、公式に集計された死亡者は10人ですが、実はそれ以外にも具合が悪くなって亡くなられている方が2人いらっしゃいまして、最終的には14人亡くなっています。

消防庁職員による二次被害の実態

サリン暴露後、最も特徴的なのは縮瞳《しゅくどう》で、目の瞳孔が非常に小さくなります。そうすると、患者さんの視野は真っ暗で、世の中が暗く見えている状況です。

当時の記録が残っています。聖路加国際病院などの症例を集められた奥村徹先生のデータと、そして自衛隊中央病院に入院した62の症例がありますが、まず一番に来ているのが縮瞳です。瞳孔が非常に小さくなる、あるいは頭痛、吐き気、呼吸困難、こういうことが症状としては前面に出ます。

それ以外にもいろいろな症状はありますが、われわれ医師としては、臨床診断を重視し、まず「モノ」が特定される前でも、症状からこういうものを強く疑うということが今はもうトレーニングできていると思いますが、そういうことも、症例を集めてみないと、ちゃんとしたことが分からなかったわけです。

今や当たり前に、個人防護衣が、いろいろなところで、訓練等でも使われています。出動する機会はないほうがいいのですが、こういうものもあります。

個人防護衣は、レベルＡ、レベルＢ、レベルＣというふうに、少しずつ、状況に応じてより動きやすく軽装になっています。Ａが一番重装備です。基本的には化学剤に対処した個人防護衣があり、この考え方を少し準用して、生物剤や、放射線の場合にはタイベックスーツなど、救助に当たる側が汚染しないよう、考えるようになってきているのです。

当時の状況をもう一回見直してみます。自衛隊の化学部隊で、レベルＡの装備もありますが、それ以外の装備もあります。実際には除染の現場で非常に厳格にトレーニングされてきているので、そのような装備で対処しています。

しかし、今では奇異に感じるのですが、除染をしているような危ない場所のまさにすぐ横で、消防隊はほぼ無防備な状況でいます。それから、別の場所でも消防隊や警察、あるいは駅の職員はまったく無防備ですね。その結果として、ちゃんと装備をして入った自衛隊化学部隊とそれ以外のスタッフの違いが現れてきていました。

消防庁の職員における二次被害の実態です。地下鉄の電車に乗っていて被災をされた方ではなくて、それを助ける側に回った人です。派遣件数３２６件、１３６４人派遣されて、実に１３５人も二次的な被害でサリンの中毒に遭っているのです。助ける側も、自分がちゃんとして助けないと、自分が患者になってしまい、助けを必要とする立場になってしまうことになります。われわれは自衛隊の立場、つまり、被災された方を常に助けに行く立場としての視点が先に働いてしまうのですが、そういうこと（自ら防護を万全にすること）は、助ける側、支援を差し向ける側の考え方として非常に重要だと考えております。

いろいろな形で、被災された方を救護するのはわれわれの重要な使命ですが、いかにわれわれも安全に対処ができるかという観点を、過去の事例から学ぶことができると考えられます。

地下鉄サリン事件ではどうしても忘れがちですが、「その後のフォローアップをしっかりしましょう」という考え方はあるかと思います。その中でいくつか論文も出てきておりますが、主に直接的な症状というよりは、被災をしたときの精神的な問題点、神経症状が残っていないか、あるいはＰＴＳＤ（心的外傷後ストレス障害）のような心の傷が残っていないかということに関して、事件後10年ぐらいはいろいろなレポートも出ていました。けれども、（事故からの経過が）長くなれば長くなるほど、長期のフォローアップのレポートはだんだん少なくなってきます。現場で被災された方が長く生活をしていく上で、どういうタイムコースをとって一生生活されるのかに関するフォローも、本当は医療従事者側としてはしっかりやらなければいけないなと思っているのですが、記憶が薄れるにしたがって、どうしてもデータのフォローアップがうまくいかなくなってくるのが現状かと思います。

生物兵器開発の犠牲者

さて、ここで話題を変えて、私のもともとの専門であるバイオの話をしたいと思います。わが国の話ではなくて、ロシア、旧ソ連での話です。1979年に生物兵器工場から炭疽《たんそ》菌《きん》が漏れ出して、周りの住民が大きな被害を受ける事故が起きています。

1個1個の大きなタンク状のものは、細菌兵器を培養するためのファーメンターという培養器ですが、当時のソ連は大量に培養して、細菌の兵器化をしていたんですね。世界最大規模と言われていますが、記録に残っているもので見てみますと、炭疽菌は数百トン、ペスト菌も数十トン、天然痘のウイルスもモスクワ近郊に大量に貯蔵していました。さらには、エボラ出血熱のようなウイルスの兵器化も考えていたことが記録に残っています。

1972年から2004年ぐらいまでの期間の数字ですが、実は1975年に生物兵器禁止条約〈細菌兵器〈生物兵器〉及び毒素兵器の開発、生産及び貯蔵の禁止並びに廃棄に関する条約）が発効され、「世界の国々は生物兵器の開発を禁止しましょう」という方向に動き出すわけです。当時のソ連も主要締約国であったのですが、生物兵器禁止条約国に入って「やりません」と言っている裏側で、思い切り開発をしていたのが事実です。

この炭疽菌漏出事故の犠牲者の写真がインターネットにあります。この女性のお父さんが炭疽菌の漏出事故の犠牲者で、お墓参りをしているシーンもあります。

ソ連のスベルドロフスク（Sverdlovsk）という町の中で事故が起きました。スベルドロフスクは、今はエカテリンブルク（エカテリンバーグ：Yekaterinburg）と呼ばれていますが、カザフスタンのちょっと北側にある町です。必ずしもちゃんとした記録ではないのですが、少なくとも64人が死亡したと言われています。

この当時、生物兵器開発のナンバー2をやっていた、ケン・アリベック（後にアメリカに亡命）が言うには100人を超えた犠牲者が出たのではないかということです。周りの住民の記録はありますが、工場の中で実際に働いていた人がどのくらい被災したのか、私も把握しておりません。

この炭疽菌の事故が、どのように起きて、どういうふうにして患者さんが出たかということを、記憶にとどめておくべきだと思います。

1979年4月2日に事故が起きました。初日ゼロと書いてある、この日に事故が起きています。オレンジ色の1個1個の丸で患者さん一人一人が示されているのです。事故が起きてどのように患者さんが現れていったかですが、最初の10日ぐらいで、かなり患者さんはたくさん出ていることが分かります。その後、まばらに患者さんが出ていて、一番長いのは1カ月以上も経って、43日後にも患者さんが出てきていますね。

これをどう考えるのかということで、いくつか考え方があります。当時のこの状況を見てみますと、一つは、当時のスベルドロフスクの管轄をしていたのが、後に大統領になるエリツィンです。エリツィンはこのとき、生物兵器を開発していることをひた隠しに隠していたので、地元の住民にも、炭疽菌ではなく、あくまでも食肉が炭疽で汚染されたために起きた食中毒だと言い張っていたんですね。そのために炭疽菌事故ということを公開できずに、隠蔽工作をしています。

ですが、町なかに菌が漏れたのは事実なので、その菌をなんとか除染しなければいけないのですが、あからさまに除染できないので、おそらく除染のやり方は不適切であっただろうと考えられます。

こういう事後対応の悪さもあって、ちゃんと除染されないまま、町なかに炭疽菌がまだずっと残っていたのではないか。そして、非常に長きにわたって、新たに炭疽菌を吸い込んで患者さんが出てくるのを繰り返していたのではないかと考えられます。

もう一つは、最初に吸入する炭疽菌の量が多いか少ないかによって、症状が出るまでの期間が違ってくるかと思いますが、こういうふうに長く患者さんがぱらぱら出てきたということに関しては、ちゃんと除染ができなかったという政治的な背景があるのではないかと考えています。

炭疽というのは、皮膚が真っ黒になるので、名前に「炭」と付いていますが、皮膚に小さな傷があって、そこに炭疽菌が付けば皮膚の病気として起きます。だから、すぐに治療すれば、そんなにひどくはならない病気です。

動物が炭疽菌を持っていますので、もともとは、酪農の業者や毛皮を取り扱っている業者、筆などをつくる人などの皮膚に小さな傷があって感染するのが、炭疽という病気の大半です。

汚染されている食肉を食べて腸に病気が出る腸炭疽もありますが、一般にテロで使われる場合には、空中にばらまかれた炭疽菌を吸い込みますので、吸入炭疽という形で起きるわけです。

これは、非常に診断が難しいです。ちゃんとした肺炎のような症状もないので、初期の診断が非常に難しいのです。診断がついたころには患者さんの具合が悪くなっているので、そこから抗生物質の治療を始めても、やや手遅れになるという病気です。

当時、何が起きたかということも記録が残っています。スベルドロフスクの町を上から見た当時の航空写真で、オレンジ色で番号が振ってあります。この番号1個1個が患者さんの発生した場所で、非常に不自然に、ある特定の場所に患者さんがかたまっていることが分かると思います。

一番上の黄色の区画で炭疽菌を製造していて、ここで事故を起こしています。炭疽菌の製造装置をオーバーホールするために、フィルターを取り除いて、掃除をして、またフィルターを付けなければいけないのですが、フィルターを付けるのを忘れて稼働したために炭疽菌が大量に空気中に舞ったという、人為的な発生原因もある事故です。このオレンジ色1個1個が患者さんですが、非常に偏った場所にあるのは一目瞭然だと思います。

家畜の炭疽が見られた村の話ですが、スベルドロフスクの町よりもかなり郊外に広くわたって、家畜の病気が出ていることが分かります。当時の気候の記録が残っていますが、4月2日の風向きは、常に南南東のほうに風が向いていたという非常に特異な日だったこともあって、事故の場所から風に乗って炭疽菌が散らばったところでのみ病気が発症していることがよく分かります。こういうことがいろいろなシミュレーションにも使われているのですが、当時の状況を振り返ることができるわけです。

それ以外にいくつか、われわれは過去のテロの事件を見ています。まずアメリカで起きたラジニーシ教団のテロです。おそらく人為的なテロで、いろいろな影響を及ぼしたのはこれが最初だと思います。この宗教集団は、選挙妨害のために、レストランのサラダバーにサルモネラという細菌をばらまいて食中毒を起こしています。

当時は751人が食中毒を起こして、45人が入院するという非常に大きな影響を及ぼしたのですが、最初はアメリカ当局も純粋に食中毒事案としてしか取り扱っていません。なぜテロが発覚したかというと、別件で調査しているうちに、この教団の団員が、「実はテロを行いました」ということで、情報がそちらから入ってきて、テロだったと分かるのです。

これは面白いことにと言ったら語弊がありますが、では、そのテロのために使った細菌をどこから入手してきたかというと、われわれ研究者がよく利用するATCC（American Type Culture Collection）という細胞バンクの購入記録が残っているために、分かったということがあります。

オウム真理教の化学テロ

では、研究レベルで使うものがテロに使われるのかという話ですが。もう一回オウム真理教の事件に戻ります。

オウム真理教は1993年に東京の亀戸の道場で炭疽菌をばらまいています。幸いに、この当時の炭疽菌は、異臭騒ぎ（臭い匂いがする）ということで住民からいろんな訴えはあったのですが、感染者は出しませんでした。その当時の警察は、サンプルがあったものの、詳しく調べていませんでした。実に事件経過の6年後、サンプルを調べ、それが炭疽菌だったと分かったのです。

先ほどのロシアのスベルドロフスクのような強毒な炭疽菌がばらまかれていたら、異臭騒ぎでは終わらず、周りに多数の感染者を出し、死亡者もたくさん出していたと思います。でも、幸いなことに、彼らが使ったのはワクチン株だったのです。

なぜあえてワクチン株を使ったのか。原因は幾つか考えられます。一つは、先ほどのラジニーシ教団のように、研究レベルでいろいろなものを購入した場合に、購入記録が残ってしまって、それが後から警察に調べられるとまずいと、おそらく彼らは思っていたのでしょう。そういうこともあり、彼らはいろいろな形で菌を入手しようと試みています。自然のフィールドから菌を分離して獲得しようともしていますし、とある研究室に団員を送り込んで菌を盗もうともしています。

そういう中で、おそらく入手したのがワクチン株で、当時、ワクチン株に遺伝子組み換え操作をして強毒株に変えるという考え方があり、それを遠藤誠一らがやっていたと思うのです。彼らの技術がそこまで追いついていかなかったと、私は認識していますが、遺伝子組み換えをやって、失敗したものを成功しているものと間違ってばらまいたという考え方が一つです。

もう一つは、あくまでもシミュレーションでやったということも考えられます。当時はオウム真理教の教団は、スプレー自体も大規模に購入すると購入記録が残ってしまうので、自分たちで手製のスプレーをつくっています。そのためにスプレーの性能が悪く、亀戸の場合もスプレーが途中で壊れて、細かく霧状にしたものをばらまくはずが、うまく霧状にならずに水しぶき状になって出てしまったということが分かっています。

そういう失敗をしていますが、彼らは麻原彰晃の命令もあって、炭疽菌のほかボツリヌス毒素も産生しようとしていました。左側のドラム缶みたいな絵は、中川智正の自筆の絵ですが、彼が描いて、このようにやりましたと証言をしているわけです。

ドラム缶に大量に培養したのですが、私の目から見ると、彼らは炭疽菌のやり方も、ボツリヌスに関しても、最後の詰めに行くところまでのステップは技術的に持っていませんでした。技術的に稚拙だったために、かなり失敗をしていると考えられます。

彼らは生物テロを、繰り返しいろいろなところでやっています。今の天皇、当時の皇太子の成婚パレードでまこうともしていますが、途中で失敗しています。数々失敗して、化学テロのほうに傾倒していったと思われます。松本サリン事件、地下鉄サリン事件ともに非常にひどい事件だと思っていますが、その背景には何回も生物テロを繰り返して、そして失敗した揚げ句、化学テロのほうに進んでいったという事情もあるのだと理解する必要があると思います。

さて、アメリカの炭疽菌郵送テロ事件も、いろいろな影響を及ぼしました。特に、ブルース・イビンズ（Bruce Edwards Ivins）は、アメリア陸軍の感染症研究所の研究員でしたが、彼の単独犯行ではないかと考えられていました。細かな動機ややり方は、われわれとしても非常に興味はあるところですが、彼は、ＦＢＩの取り調べを受けて、まさに起訴されるという直前に、自殺を図って死んでしまいました。そのため、それ以上細かい情報がありません。そういうことから、テロ絡みで、アメリカは『米国愛国者法（２００１年のテロリズムの阻止と回避のために必要かつ適切な手段を提供することによりアメリカを統合し強化するための法律）』を制定しています。

この風刺画にもありますが、アメリカはパトリック・ヘンリー（Patrick Henry）の時代から「Give me liberty, or give me death!」というふうに、「私に自由を。さもなければ死を！」というぐらい、自由を重視していた国だったはずですが、ジョージ・ブッシュが発言しているように、「Give up your liberty, or we're all gonna die!」と書いていますが、「もう自由をあきらめなさい、そうじゃないと危ないですよ」というぐらい、セーフティー（安全）のほうに急激に軸足が移っていったと考えられています。

私は以前からアメリカに行っていて、考えてみると、テロが起きる前は、空港に20分ぐらい前に行けばいい、行ったらすぐ乗れるという感覚だったんですけど、今や数時間前に行って、厳重なチェックを受けてから搭乗する形になっていますので、世の中が様変わりしたのは明らかなわけです。

そういう中で、アメリカの「バイオシールド法」という法律ですが、いろいろなテロ、いろいろな事象に対してバックアップするものです。炭疽菌、天然痘、ボツリヌス毒素のワクチンや薬を整備する、そして、放射性物質に対してもヨウ素剤や排せつを促進するような薬を整備しましょうという考え方に今、至ってきているわけです。

新しい視点での災害医学研究の重要性

東日本大震災に戻りますが、われわれは研究所として、新しい視点での災害医学研究が非常に重要であることを認識しており、福島第1原発事故も、自衛隊員を派遣して協力をしています。その中で、われわれは複合災害として放射線障害への対応をしなければいけないのです。これは住民レベルではなく、派遣する自衛官のレベルで何を考えるかということで言うと、支援する側の被ばく許容濃度が問題になるのです。

一般の方、あるいは医療従事者は、年間にどのぐらいまで許容されるか、決まりはありますが、その決まりは横に置いておいても、緊急時にわれわれ自衛隊として、身を切ってという言い方はおかしいけれども、どこまで許容できるのかという話があります。

自衛官として採用されるときに、「事に臨んでは危険を顧みず」と、国民のために宣誓しています。つまり、「自分の命を投げうってでも国民のために奉仕します」と、皆、宣誓をして自衛官をやっています。そういうこともあって非常に責任感が強い方ばかりです。そういう方が、では、本当のレベルでどこまで許容されるのか、生物学的にどのくらいまで大丈夫か、われわれはちゃんと見極めなければいけないのです。

それはオペレーションとの絡みということになりますので詳細は言えませんが、福島第1原発事故のときも、自衛官は、もちろん自分がどのぐらい被ばくをしているかを測りながら支援を行っています。幸いにも、被ばくした人の最大で100ミリシーベルトに到達しないレベルだったので、そんなに大きな影響はないとわれわれは解析していますが、採血をして血液の染色体を見ると、染色体異常の人がいるわけです。だから、影響はゼロではないのです。そういうこともしっかり見なければいけないし、治療、予防、というところも考えていかなければいけないのです。

次に、被災民の生活を考えてみます。ずっと前から今に至るまで、被災をしたときに「体育館に集まって」というパターンが解消されていません。これからは、これをなんとかしなければいけないのです。まず、やはりクリーンなトイレで、しかも自分が行きたいときに、列に並ばなくてもすぐ行けるという状況が望ましいのですが、なかなかそれに到達していない。それから、埃《ほこり》っぽい密集環境も問題です。また、普段と大きくガラッと変わった生活の中で、自分の普段の体調が維持できない。そして、何よりもプライバシーがない。こんな状況で精神的にやっていけるのかということがありますので、ぜひ、支援する側は、こういうところの配慮を深く考えながら支援をしなければいけないと思います。

最後に、われわれ自衛隊として災害救助に当たる立場としてのお話です。これは自衛官たちが、東日本大震災で活動している様子ですが、一般の人を助けている、これは表の顔ですね。でも、裏の顔としては、疲れたらやっぱり休まなければいけませんし、ほかの人には見せられないほどぐったりしている。みんな被災されて非常にダメージを受けているところに、助けに行った人が元気でなければ駄目なんですね。でも、やっぱり疲れます。

そういう中で、われわれ防衛医学研究センターの長峯正典教授が研究をしたものですが、自衛官が派遣されて、そこで働く、では派遣者としてのメンタルヘルスはなんなのかと。被災者と同じとは言いませんが、派遣した側もいろいろとメンタルヘルスの悪化があることが分かっています。

これをポスト・トラウマティック・ストレス・レスポンス（Post-traumatic stress response：心的外傷後ストレス反応）と呼んでいます。これの要因を細かく解析すると、例えば3カ月以上続けて派遣されている、あるいは、自分自身が東北に本拠地を置いていて、自分自身あるいは家族が被災をしている、あるいは、派遣しているときに自分の本拠地の仕事をしておらず、派遣が終わって帰ったら残業続きである。こういうのが精神的に最もダメージを受ける要因だと、解析してだんだん分かってきていますので、こういうところをちゃんと解消して、派遣する側も（助けに行く側も）きちんとそれを考えなければいけないということなのです。

これは東日本大震災のメンタルヘルスの論点です。震災そのものの影響があって、その上に、震災弱者といいますか、もともとメンタルに問題が出そうな立場の人もありますし、それから2番目に、福島第1原発事故のように非常に特異な事象が起きると、医学上ではなかなか説明できないような精神的な症状が出てくる。3番目に、支援者側、ボランティア側のメンタルヘルスもしっかり考えていかなければいけない。

そういうところで、いろいろ課題は多いのですが、問題を提起させていただきたいと思います。どうもご清聴ありがとうございました。

基調講演３　福島で経験した東日本大震災 そして新型コロナ感染症からの教訓

永田　高志（ＩＡＥＭ Ｊａｐａｎ国際危機管理者協会日本支部 会長）

３月11日から22日まで毎日何が起きていたか

皆さま、こんにちは。福岡から来ました永田高志と申します。前半で10年前の話を、そして後半で新型コロナ感染症のことを少しお話しします。

10年前の東日本大震災時の福島・いわきの風景を一緒に考えていきたいと思いますが、もしかしたら、皆さまの古い記憶を呼び起こすかもしれませんが、ご容赦いただきたいと思います。

福島第１原子力発電所の事故を時系列で並べますと、３月11日から22日まで、毎日何か、非常に壊滅的な状況が起こっていたことをよく覚えています。１日目に津波、次の日に１

号機の水素爆発、3号機も水素爆発し、4号機も火災が発生し、どんどん人々が逃げていく状況だったと思います。その中で、私もこちらのほうにおじゃまさせていただきました。

東京電力福島第1原子力発電所には1号機、2号機、3号機、4号機、奥が5号機、6号機までありました。これが水素爆発によって、破壊されてしまいました。

なぜこのような状況になってしまったのか。私は核物理が専門ではありませんが、簡単に状況を説明します。福島第1原発は稼働中でしたが、地震とともに速やかに緊急停止しました。この真ん中のコアにすぐに制御棒が入って、反応自体は止まっていますが、1000℃以上の非常に高い温度で、やかんの空だき状態なので、速やかに冷やさなければなりません。しかし、冷やすための電源が、地震によって鉄塔が崩れ、補助電源も津波によって破壊され、温度が上がり続けていたのです。この炉はジルコニウムという金属でできていますが、ジルコニウムと水が反応すると水素が出て、水素はちょっとした火花がきっかけで爆発するのです。だから、起こった爆発は核爆発ではなく、水素爆発でした。

当時、混乱の中でこういうことが起こりました。

3月11日、午後2時46分に地震が起こりました。当時、私は福岡にいたのですが、福岡も非常に揺れました。手術中だったのでよく覚えています。その後、急いでテレビをつけると、目の前で津波が押し寄せる風景があり、何もできないような状況でした。石井先生に電話をしましたら、自分は大丈夫だが、今から原発が爆発し、世界は未曽有の経験をするだろうとおっしゃり、石井先生は大丈夫かなと心配しました。結果的には石井先生の予見通りに事態が進みました。

翌日、1号機が水素爆発しました。これは水素爆発であって核爆発ではありません。この前に、当時の菅直人首相が東京電力福島第1原子力発電所に来て、いろいろなことがありました。

3月12日、石井先生から来てほしいと依頼がありましたので、東京まで来ました。その日、福岡空港は、東京から逃げてくる人でごった返していました。逆に福岡から東京に行くANAの飛行機には、4人しか乗っていませんでした。私も含め4人とも、顔が真っ青でした。

3月13日、東京から3時間かけていわき市に入りますと、津波による破壊が非常に著明で、あってはならないことですが、車が建物にささっていました。そこで、石井先生や地元の先生と会いましたが、寝ておられず、非常にお疲れの様子でした。

何をしましょうか、という話になりました。今でこそ、災害が起こると避難所の支援が必要というのは広く認知されていますが、当時はそんな発想がありませんでした。災害医療チームも、病院に行って、けが人を診て、帰る。避難所にいる人を診るという発想はありません。

ただ一方で、1995年の阪神・淡路大震災、2007年の中越沖地震等でも、災害によって避難した方が、避難所の体育館で非常に苦しい生活をしていることが分かっていましたので、私は、「では避難所に行きましょう」といって行ったのは、四倉高校の武道場です。地元の方が家屋を失い、厳しい状況で過ごされていました。

体育館ではいわき市職員の方が、すぐに支援に入って、状況は割と正確に把握されていたのですが、正直、これからどうしたらいいのでしょうかという話になってしまいました。私が医師だと分かると、「この方を診てください」と取り囲まれて、服を捕まれて、診療することになりかかったのですが、この日は診療を行わず、ここ以外の10カ所ほどの避難所をざっと回り、本当に必要なことはなんだろうかという状況を把握することのみに努めました。実はこれはかなりつらいことですが、回らせていただきました。

楢葉町からの方々が、1000人いらっしゃる避難所と聞いて行ったのですが、行ったら空っぽでした。この日、バスで会津に再度避難されたということで、これを見て怖くなってきました。なぜ1000人が目の前で消えるのかと思いました。見上げるとヘリコプターが低空で飛んでいました。

また別の避難所に行ってみました。100人ぐらいの方が入っていましたが、トイレが足りません。外に2室あるのですが、このブルーシートに覆われているテントもトイレで、男性は右側、女性は左側。まったくトイレが足りていない。3月13日の段階で、避難所にトイレが足りていない状況がよく分かりました。

子どもたちはどうしているかというと、電気が通っていましたので、子どもたちはけなげに、ゲームで遊んでいます。あるいは、これは四倉高校の別の風景ですが、楢葉町から避難してきた子たちが、外で遊んでいました。

実は前の日に1号機が爆発して、空間放射線量率がすごく上がっていたのですが、屋内にいるのがなかなかつらいので遊んでいて。私は「君たち、できれば中にいようか」という話しかできませんでした。

この13日に、避難所を1日、回って私がしたことは、初期迅速評価です。災害地、被災地に行ったとき、最初にすることは、状況を把握すること、人口、人口構成、栄養状態など基本情報を踏まえ、どういう医療支援、人道支援が必要かです。

分かったことは、地震で亡くなられた方はいらっしゃいましたが、さほど手術が必要な方がいらっしゃるわけではない。急性被ばく症候群、要は被ばくで亡くなられた方もいない。ただし、大勢の方が避難所で非常に苦しい生活をされている。日々、情勢が不安定で、その中においても、人道支援、食料、水、プライバシー、トイレが優先ではないかという話を、当時のいわき市医師会に上申しました。

われわれは食料配布はできませんが、その中で、できるところからやっていきましょうということで、巡回診療を行い、薬をなくされた方への薬の投与や、風邪をひいている方の診療などいたしました。

実は、私はアメリカで訓練を受けております。ハーバード大学で、人道支援を行う際の訓練を2週間行いました。ある仮想の国に紛争が起こって、そこに人道支援として行く際、どういうことをするのか習うのですが、最初にすることは初期迅速評価です。訓練通りにいたしました。

これはいわき市の保健センターです。放射線の問題がありましたので、保健所としても速やかにサーベイメーターを設置しました。

3月14日、自衛隊の練馬駐屯地から派遣された化学災害専門の特殊部隊（第1特殊武器防護隊）により、速やかに除染テントやサーベイメーターが設置されました。すると、あっという間に検査待ちの列ができました。検査を受ける理由は、（放射線被ばくの）陰性証明が出ないと、ここからほかの避難所に入るときには入れてもらえない、ホテルに宿泊させてもらえないからです。

14日に、今度は3号機が爆発してしまいます。この際に、自衛隊の方、東電職員の方も負傷されています。

この日の夜、私は、いわき市の保健センターにいました。状況は比較的落ち着いていて、市の方と「博多はラーメンがおいしいんですよ」というような雑談をしていたところ、1《イチ》F《エフ》（福島第1原子力発電所）から人が逃げてきました。「高線量被ばくしたので、（放射線量を）測ってくれ」とのことで、「災害の映像を見ると不安になって、そういうことをいってくるけれど、まあ大丈夫でしょう」と測ったところ、4万cpmでした。明らかに大幅に汚染していて、その時点でいわき市の保健センターはパニックになりました。

先ほどの自衛隊の部隊の方に除染していただいたのですが、除染した後、どうしたらいいのか分からないと僕に聞くのですが、僕も分からない。そこで、明石先生に10回ぐらい電話して、やっとつながった。ですが、会話中に途切れてしまい、石井先生に電話したら、「取りあえず安定ヨード剤を10粒飲むように」と言われ、安定ヨード剤を飲み、最終的に県に連絡したら「帰していい」と言われた。「なぜ帰していいのですか。まだ汚染していますよ」という状況だったのに。そんな非常に混乱している中で対応したことを覚えています。

3月15日には、4号機の爆発と火災が起こり、午後2時、当時の菅直人首相が声明を出されました。それを聞いたいわき市の方は、「国に見捨てられた」と泣いていました。私も泣きました。

いわき市から医者が逃げたという話もありますが、それは私のことです。当時、外から支援に来た唯一の医師で残っていて、「君はわれわれと運命をともにする必要はないから、東京に逃げなさい」と言われ、最後に残っていた車両、ガソリンを提供され、東京に帰りました。

帰っただけでなく、当時の日本医師会から仕事をいただきました。記者会見をして、「今の福島の状況を伝えてくれ」ということです。

当時の東京の報道機関は、東京電力や政府に対する批判のみでしたので、私が見てきたこと、避難所でどういう思いで皆さんが過ごされているか、また、そういうところに目を向けてほしいとお伝えしました。

翌日、また石井先生と一緒に福島に戻るのですが、当時は混乱している状況で、米国政府からは、50マイル、80キロ圏内にいる米国人は、速やかに福島から出るようにという通知が出ました。残念ながら、当時、日本政府のことを信じる日本人はいなかったと思いますが、アメリカ政府の言うことは信じたと思い、80キロ圏内に入ってはいけないのだろうとは思っていたのですが。

自衛隊が空中から放水して、建屋に水を掛けているところです。やかんの空だき状況になって、放射線がばんばん出ている状態なので、冷やすしかなかったのです。この動画で覚えている方も多いと思います。

この自衛隊の活動を批判する方も多かったと思いますが、僕らはこれを見て非常に勇気をいただきました。というのは、福島に一歩でも、1センチでも近づいたら、体が溶けてしまうのではないかという恐怖におののいていたのですが、ヘリコプターが水を掛けるのを見て、「これはもしかしたらどうにかなるんじゃないの?」と、勇気をもって臨めばどうにかなるのではないかと解釈しました。ただ、この日、福島に行きましたが、その日のうちに帰ってきています。

一つ情報があり、当時の会津大学の学長の、原子力がご専門の角山茂章先生に、福島原子力発電所で政府や東京電力が何をしているのか、詳細に説明していただきました。

電源を再稼働させ、冷却装置を稼働させることで、炉の温度が下がる。そうすると、放射能の拡散が大幅に減る。そのため、電源をつなげる修理を大急ぎでしているので、状況はいずれ変わると思う、というお話をいただきました。

われわれはもう一つ、各地域の保健所が測定していた空間放射線量率の測定値を、地図の上に載せました。そうしますと、当時は、同心円状に避難計画が行われていたのですが、放射能の拡散は同心円状ではない、高いところと低いところがある、まして、いわき市は1・01でほぼ正常値でした。この値であれば医療班を入れていいのではないか、という判断をしました。

今でこそ皆さんは知っていますが、放射線の拡散が風向きの関係で北西の方角に流れていることが分かり、3月18日の時点でそう判断し、医療班を入れました。

入っていただいたのは名古屋の先生方です。名古屋から長い距離をわざわざ、薬がないとお伝えしていたら、薬も持参してきていただきました。それで、当時のいわき市医師会の中で、巡回診療や薬剤の配布を始めました。

避難といっても、多くの方は避難できていません。ご高齢のご家族がいれば避難できませんし、それに付き添う介護職員の方は、患者さんや利用者さんを置いて逃げるわけにいかないので、多くの方が残っていました。

実はそのとき、ヨード剤の配布も行われていました。本当は、ヨード剤の配布は国や県の下でしないといけないのですが、当時のいわき市は独自の判断で行っていました。

その間、国は何をしていたのか。とにかく炉を冷やさないといけないので、東京消防庁のハイパーレスキュー隊を入れて、放水活動を行っていました。私たちはその40キロ南にいて、巡回診療や避難所に残られている方の対応をしていました。それぞれの持ち場の中で、全力を尽くしました。

最終的に、一番頑張ったのは東京電力だと思いますが、再度、電源を回復し、接続し、制御装置や冷却装置を再稼働させ、炉の温度が下がることで、今までにつながる復興のプロセスに入ったということになります。

だから、ある意味、流れの変わり目は、3月18日、19日ぐらいだったかなと、現場にいて思いました。

その後、私も力尽きて、いったん福岡に戻り、休んで、また何度か福島におじゃましました。その1年目の後半は、福島第1原子力発電所の5号機、6号機に救急室ができたので、交代でそこに入り、復旧作業、修理を行っている東電職員や、全国から集まる関連企業の方の支援活動、医療面でのサポートをさせていただきました。その当時は、空間放射線量率が下がっていましたので、紙マスクだけで対応していました。

1Fの救急室から、朝日が昇るところがたまたま見えて、許可を得て写真を撮らせていただきました。どんなときでも太陽は昇り希望はあると実感しながら、この医療活動をいたしました。
これが、よそから来た一医師が見た、福島県、あるいはいわき市の状況でございます。

原子力災害と新型コロナ感染症の課題

続いて、「復興から考える原子力災害と新型コロナ感染症の課題」について、お話をさせていただこうと思います。

被災した上で、自分の心の変化を振り返ると、私もこのとおりだなと思うのですが、災害復興における感情にはいくつかの波があると言われています。最初は「ヒーロー(英雄)期」。自分は災害から生き残った、俺たちは頑張るんだ、人を助けるんだと、自分がヒーローになったかのような感覚で災害に立ち向かう時期があります。少し落ち着くと、次は「ハネムーン期」です。僕たちは生きているだけで幸せだよねという高揚感に包まれる時期があります。しかしそれは長くは続かず、厳しい現実の中で、どんどん幻滅していきます。給料はない、仕事はない、家族は離散する、友人は亡くなった、という中で、非常に複雑な感情が心の中に芽生え、幻滅していきます。それがどれだけ続くか、状況によってさまざまです。1カ月かもしれませんし、1年かもしれませんし、10年かもしれませんし。

そして、長い長い長い「幻滅期」を経て、「復興期」に至ると言われています。

やはり、原子力災害とパンデミック、今回の新型コロナ感染症には共通点があると思います。

私が考える共通点、相違点です。両者とも社会、国、国際社会に大きな影響を与えます。実際の健康被害よりも、心理的影響のほうが大きいと言われています。収束に時間がかかります。両者ともゾーニングといって、大丈夫なところ、そうでないところを分けないと、あっという間に被害が拡大してしまいます。コミュニケーションの相手も難しくなります。いずれも目に見えないという大きな問題があります。

一方で、原子力はきちんと汚染管理すれば広がることはない。コロナウイルスは感染症ですので、管理しないと広がってしまいます。放射線は測定可能ですが、感染症は検査が必要です。原子力災害に関わっている立場で考えますと、コロナウイルスのほうが難しいのかとも思います。

少しビジネスの話をします。今回の新型コロナウイルス感染症では、地域社会だけではなく、多くの企業も影響を受けたと言われています。多くの企業は、例えば、地震が起きたり、パンデミックが起こった場合、どうやってビジネスを続けるかという計画を、事前に立てることが求められています。これはＰＷＣというコンサルティング合同会社がポスト・コロナのため行った調査ですが、６割の会社が、事業計画は持っていたけれども、今回の新型コロナ感染症に対して、十分な対応ができなかったとコメントしています。中身を見ますと、社員へのマスクや消毒薬の配布、テレワークの準備等が、事前の計画の中に書き込めていなかったということです。ただこれはＢＣＰ、業務継続計画に意味がなかったということではなく、準備はしていたけれども、それ以上の、想定を超えたことが起こったとして解釈しております。

今もなお進行形の新型コロナウイルス感染症には、危機管理や一医師として、さまざまな教訓が得られると思います。

患者さんの対応は非常に負担がかかります。患者さんが出る、特に病院でクラスターが発生すると、病院そのものの経営が危うくなってしまうと言われています。職員の安全の確保も必要ですし、安全配慮義務が求められます。風評被害対策や職員のＰＴＳＤ（の理解やケア）も大事になってきます。本来であれば、事前の訓練や教育ができればいいのですが、そういうわけにもいかず、緊急事態宣言時の外出自粛の中で、どうやって人員を確保し、最低限の人員で病院を回すのかということもあります。また、特殊資機材（コロナウイルス感染症であれば、防護服、ＰＣＲ検査、体外式膜型人工肺のＥＣＭＯなど、原子力であればホールボディカウンター、ＧＭ管式サーベイメーターなど）が必要になるという意味でも、原子力とコロナウイルス感染症はよく似ていると思います。

起こる状況に対して先手で準備しておくことの必要性は言うまでもありません。英語ではProactive（プロアクティブ）と言いますが、日本人が弱いのは、これです。事前に想定して準備しておくことが、言うのは簡単ですが、なかなかできないのかもしれません。

もうちょっと教訓をお伝えします。

実際に病院の中でコロナウイルスの感染症が発生すると、病院長をトップとした指揮系統を立ち上げざるを得なくなります。その中で、職員を統制しなければいけませんし、行政、ガバナンスが弱いところは、職員が辞めてしまう状況が発生します。

コロナウイルスの場合は、一医療機関で対応することができません。やはり、県や他機関との連携が求められます。今の福岡もそうですが、コロナウイルス感染症を専門に診る病院、あるいは診ない病院という役割分担が大事になってきます。コロナウイルス感染症であれば、ＰＣＲ検査やＥＣＭＯを扱える医療従事者や、原子力災害であれば、ホールボディカウンターやＧＭ管式サーベイメーターを扱える人は、実は限られています。そういう人材は大事にしないといけないと思います。

危機広報やリスクコミュニケーションは、方法が確立されています。どうやったら皆さんに分かりやすく危機的状況をお伝えできるか。その重要性があります。

繰り返しになりますが、感染症も原子力災害も、そのものが大きな問題ですが、それによって起こる副次的な社会的影響のほうが、長く長く残る。このことを考えると、あらためて、BCP、業務継続計画を、会社でも学校でも家庭でも持つ必要があるのではないかと思います。

また、原子力災害とコロナウイルス対応、どちらを優先するかという、けっこう深刻な問題があります。

少し話が飛びますが、私は今、九州電力玄海原子力発電所の産業医をしています。月に2回、原発の中に入って、職員の健康管理をしています。

これは公開情報なのでお伝えしますが、今、玄海原発は定期点検中です。法令に基づいて、機械を止め、反応を止め、機械をバラして点検しているため、大量の人が入っています。それに加え、テロが起こっても原発が生き残るようにするための特重施設をつくっているので、要は数千人の方が、今、玄海原発のために来て働いています。

そこでもし、コロナウイルス感染症が発生したらどうするか。まず、コロナ対応をすればいいのですが、もし災害が起きて、地震が起きて、津波が来て、その結果として放射能が漏れ、原子力災害が起こったその上で感染症が発生したら、どちらを優先したらいいのか。病院の立場でいえば、どちらも大事ですが、おそらく最初に放射線のチェックをし、汚染の拡大を防いでから、ＰＣＲ検査等をするのかなという議論をしております。

原子力災害時のコミュニケーションは非常に難しいというのが実感です。私もこちらに2週間弱おじゃまし、いろいろ経験したのですが、それを福岡に帰って伝えても、分かっていただけないのです。実体験がないからということもありますが、非常に難しいと思われます。

それをどう考えたらいいのでしょうか。そもそもコミュニケーションは難しいと思いますね。例えば夫婦の間のコミュニケーションは日々悩むところではありますが、災害時・緊急時は特に、人は恐怖心にかられると思いますし、伝えても人によっていろいろな解釈がありますし、出た言葉はやり直しが利かないです。また、今の時代は、スマートフォンなどで全部記録されますし、コミュニケーションは一瞬一瞬が勝負です。だからこそ、訓練や事前の準備が必要ではないかと思います。

なぜ私たちは放射線を恐れるのか。答えを探すため、いろいろな専門家と議論させていただきました。

一つは、広島・長崎の原爆、あるいはチェルノブイリの事故の悲惨な状況を思い出してしまう、福島の事故を放射能と聞いただけで思い出してしまう、そういうことがあると思います。また、放射線は目に見えませんし、核物理・保健物理学というのはとっつきにくい分野であること。東日本大震災においては、地震・津波による壊滅的な状態、いまだに僕は津波の動画を見ると、気分が悪くなりますが、その上で原発事故が起こっていますので、恐怖がさらに増幅したと思います。そういうことを考えますと、いろいろな災害事象がありますが、放射線は最もリスクの高い困難なものではないかと思いますし、多くの研究者もそのように伝えています。

事実として、福島では、放射能で亡くなった方は1人もおりません。急性被ばく症候群で亡くなった方はゼロです。しかし、いわゆる災害関連死、避難所で病気で亡くなった方、自殺してしまった方は、2年前のデータで2250人。今はもっと増えていると思いますが、こういう事実があります。これが事実なのに、福岡県でもそうですが、いまだに多くの方に「放射能で亡くなった人はたくさんいるのでしょう」と言われてしまいます。

では、放射線を恐れる人とどうやってコミュニケーションしたらいいのか。いろいろなやり方があると思いますが、私も福岡でいろいろ実践した内容、いろいろ教育訓練を受けた中で、ポイントになることの一つは、放射線や原子力を恐れている人を否定しても仕方ないです。怖いと思っている人に、怖くないよと言っても仕方なくて、共感をもって接することは必要です。

ここは意見が分かれるところだと思いますが、誰が原子力災害のコミュニケーションの担い手になるかということです。一つはわれわれ医師だと考えています。どんな状況でも希望は常にありますし、対話を継続すること、そして、私たちがお伝えすることが、人々の行動変容を起こす、そういう形のコミュニケーションをしていかなければならないと思っています。

では、なぜコミュニケーションが大事なのでしょうか。原子力災害に対応する上でしないといけないのは、恐怖心の克服です。それが鍵になります。

恐怖や不安は、人間のどこで感じるのでしょうか。生理学の教科書でおさらいしますと、例えば目の前で悲惨な状況が起こったり、悲鳴が聞こえたという感覚としての情報は、頭の中に入って、頭の中の扁桃体《へんとうたい》という組織で情報処理され、感情として出たり、体が動いたりします。

扁桃体は常に「オン」の状態です。人間の体には、高次機能を司《つかさど》る前頭葉や皮質というところと、辺縁帯という爬虫類《はちゅうるい》の脳と、脳幹部、植物としての脳があります。辺縁帯は爬虫類の脳のところにあるのですが、そこで常に「オン」の状態になっています。横には海馬があるので、恐怖情報が扁桃体に入ると、古い記憶が呼び覚まされ、要は恐怖にかられてしまい、理性的な動きができなくなってしまうのです。

クライシスコミュニケーション、リスクコミュニケーションという言葉があります。リスクコミュニケーションは、一言で言うと、災害が起こる前のコミュニケーションの在り方です。クライシスコミュニケーションは事後、起こった後のコミュニケーションです。

現在、コロナ禍で求められているのは、おそらくクライシスコミュニケーションだと思います。実は方法論としては同じようなもので、ある程度確立されています。5年前になりましたが、エボラ感染症のときでも問題になりました。多くの国際社会におけるリーダーには、危機時のコミュニケーションが求められています。

クライシスコミュニケーションのポイントとして、メッセージは気を付けて話しましょう、置かれた状況に忠実でありましょう、メッセージをきちんと伝えましょう、人々の関心事に向けて伝えましょう、と言われています。

今、原子力災害は急性期として起こっていませんが、平時のときこそ備えるべきだと思っています。私がなぜ、福岡県で原子力災害の対応をしているかというと、私は産業医として、勤めている玄海原子力発電所の事故を想定しないといけないのですが、この原子力発電所の風下に、約200万人の方が住んでいます。九州大学の本学は半径30キロ圏内直近にあります。だから、10年前に起こった混乱が容易に福岡でも起こり得ると思っています。

しかし、皆さんは普段、そういうリスクを認知しません。私は当時の福島を目の当たりにしているので、やはり平時のときこそそれに備えるべきだと、今、さまざまな取り組みをしています。

どうしても、そういうリスクコミュニケーション、クライシスコミュニケーションは自分のことではない、自分の仕事ではない、広報部の仕事でしょう、先輩の仕事でしょうと思われるかもしれませんが、実際は、きょういらっしゃる皆さまが担い手になる可能性が十分あると思います。

誰が話をするかですが、三つの要素が求められると思います。きちんとコミュニケーションができる方、専門知識がある方、信頼できる方というふうに言われています。

原子力災害時のコミュニケーションはどうしたらいいか。ある意味当たり前ですが、危機の状況を把握しましょう、誰に対してしゃべるのか理解しましょう。

きょうのように、一般の方と対面で話す場合もありますし、報道機関の方に対して話す場合もあります。あるいは、ソーシャルメディアを使って情報発信する場合があります。それぞれの状況に合わせて、使う言葉や用語は気を付けなければいけないと言われています。

メッセージは三つぐらいがいいだろうと言われています。メッセージをたくさん言ってしまうと分からなくなってしまうので、三つぐらいに絞ればいいのでないか。そして、整合性、きちんと意味がつながるようにして、公共性、できるだけ速やかに話をしましょうと言われています。

コミュニケーションの話を、専門家とする上で一番大事なのは、共感性だと言われています。Empathyです。話している内容を一方的に言うのではなく、相手の立場になって考える。特に原子力災害であれば、相手は間違いなく恐怖の中にいるので、その心に寄り添う形で、きちんとメッセージを伝えるのが大事なのではないかと思います。

限られた時間ですが、10年前のお話、そして、原子力災害と新型コロナ感染症の課題についてお話しさせていただきました。ご清聴ありがとうございます。

基調講演4　国際的な災害対応から学んだ教訓について

ステファニー・ケイデン（ハーバード大学准教授）

日本の災害対策は世界でトップレベル

ここに参加することができて、非常にうれしく思っています。また、お招きいただきありがとうございます。そして、お時間を割いてくださった皆さん、ありがとうございます。皆さんが眠らないように、わくわくするような内容にしていきたいと思います。

私が話す内容は、国際的な災害対応の中で私たちが学んだことに関してですが、話を始める前に、2011年の東日本大震災でお亡くなりになった方々、そして震災時以降、今も東北の復興に尽力されておられる被災者の方々に思いを馳せたいと思います。彼らのことを今、こうやって思い、日本、および他の国の災害について私たちが学んだことが、彼

らの記憶の中に残るようにと願っています。

皆さんがすでにご存じのことから、まず話を始めたいと思います。

日本の災害対策は、世界の中でもトップレベルです。全ての学校の子どもたちは、地震が起きたら何をすればいいかを分かっていますし、日本の全ての建物は非常に高い水準で建てられています。そして、津波が来たときにはどうするべきか、誰もが分かっています。このような災害に対する備えのシステムは、日本がこれまで災害に対して積み重ねてきた専門知識と優れた訓練の賜物《たまもの》です。私は、日本ほど災害への備えをしている国はないと思います。

日本の災害対応は、アメリカを含む多くの裕福な国々と同様に、国や地方自治体の機関が災害後の支援を調整するために、例えば消防署、警察、救急・医療機関などの組織が、災害のたびに設けられているのが一般的です。

歴史的に見ると、これまで富裕国の災害は比較的局地的なもので、その影響も数日間から数週間でなんとか収まるといった比較的短期間のものでした。また、富裕国の災害は国の中央政府が比較的に簡単に管理できる傾向にあります。

どういう意味かと言いますと、富裕国は、貧しい国ほど災害からの影響を受けにくいため、災害が起きたからといって、他国の援助を必要としない傾向があるということです。そういうことで、富裕国に国際的な災害支援が行われるということはあまりありません。建物も、災害対応の計画もしっかりしているというのが、富裕国です。ですから、台風が来たり、テロリストの攻撃があったり、地震が起きたりしても、何千人もの人たちが家を失い、そしてそのままの状態が何カ月も何年も続くということはないのです。

しかし、世界の他の場所では、大規模な災害が発生しています。一度に何千人もの人たちが家を失ってしまう。それが人道的危機と呼ばれるものです。人道的危機に対する対応は、私たちが知っている災害への対応とは非常に異なっております。

2000年以降、世界では非常に深刻な災害がますます増えています。富裕国でさえも起きています。例えば日本、アメリカのような富裕国は、歴史上初めて実際の人道的危機に直面しているのです。この人道的危機においては、普通の災害対応とは非常に異なった考え方が必要です。災害に襲われたとき、人道的対応がより一般的にとられてきたのは国際的な援助を必要とする貧しい国々でした。そのため、これまで、こうした人道的対応は、アメリカを含む多くの富裕国の災害システムではあまりよく理解されてきませんでした。

そこできょうは、人道的対応に関して、国際的にどのような仕組みがあるかという話をします。その前に、人道的危機とはどういうものかという定義をしましょう。

人道的危機は、通常の災害とは少し違います。そこには二つの特徴的な要素があります。1点目は、大量の人口移動です。何千人もの人々が、数年ではないにしても、数カ月もの間、家を追われるという事態がしばしば起きるのです。そして2点目の要素は、この避難災害から生じる公衆衛生上の緊急事態です。

そこで例を二つ挙げます。一つは、貧しい国の例です。2010年のハイチ地震で25万人の人たちが亡くなりました。そして、多くの人たちが家を失いました。こういったことは、貧しい国で災害が起きるときには非常によく見られる影響です。

しかし、2005年に、人道的危機が歴史上初めて、アメリカでも起きました。ハリケーン・カトリーナのときです。非常に大型の台風がニューオーリンズを直撃しました。町は破壊され、何千人もの人たちが家を失ってしまい、かなり長い間、家に戻れませんでした。残念なことに、当時のアメリカの災害対応システムには、これだけ大勢の避難民の保護という経験がなく、また人道的対応の訓練を受けた人がいなかったため、人道的対応ができなかったのです。その災害の後に起こったことはひどいものでした。ニューオーリンズの空港では、空港が避難所となって、高齢者の方々が横になっていました。食べ物も医療ケアも適切なものではありませんでした。

これは、訓練が足りなかった、つまり、アメリカの災害専門家という部門に、人道的対応の訓練が不足していたからです。当時のアメリカは、この人道的対応に対する国際的基準に従っていませんでした。そのために、人命が失われ、多くの人たちが災害後、何カ月にもわたって苦しみました。

しかし今日、すでに災害の対応と備えの訓練を受けている人でも、誰でも国際的な人道的対応システムを学ぶことができます。私たちハーバード大学では、ハーバード人道的取り組み（Humanitarian initiative）で、今、自国のアメリカ政府も含めて、世界中の人たちに災害および人道的な対応の訓練を提供しております。

それでは、国際的な人道的対応の基準、対応する人や組織体制について少し見てみましょう。

まず、国際的な人道的対応のためのガイドラインは、20年以上も前から、『スフィア・ハンドブック（The Sphere Handbook）』と呼ばれるものの中に書かれています。この『スフィア・ハンドブック』は、日本語でもまた他の多くの言語でも利用できます。ウェブサイト spherestandards.org から無料でダウンロードできます。

これらの人道的対応に関する基準は、国際赤十字委員会が世界の主要な機関、例えば、国境なき医師団やセーブ・ザ・チルドレンなどと一緒につくったものです。このハンドブックを見れば、人道的危機の後に、人々に提供するための最低限の基準は何かという基本的なことが分かります。

例えば、対応について四つの主要なセクターがあります。食糧と保険医療、避難所、そして私たちが水（Ｗａ）、公衆衛生（Ｓ）、そして衛生学（Ｈ）の頭文字を取って「ＷａＳＨ」と呼ぶものです。

基準には具体的な指標があります。例えば、全ての人たちが、最低でも1日一人当たり、少なくとも15リットルのクリーンな水を手に入れなければならない。四ノ宮先生の話を聞く前に、トイレの話をしましょう。彼は、トイレは十分な数が必要だと言われました。そのとおりです。しかし、災害対策をしている人、あるいは災害に対応する人である場合、いったいいくつのトイレが必要になるでしょうか。その答えは『スフィア・ハンドブック』にあります。20人の人たちにつき少なくとも1基のトイレが必要だということです。

同様に、避難所の基準では、少なくとも一人当たり、3・5平方メートルの居住面積が必要です。それによって全ての人が避難生活の間、十分なプライバシーを保ち、安全に暮らすことができます。こういった指標は、このハンドブックに他にも数多く記載されています。

私たちは、世界中から集まる人道的対応に携わる人たちをこの基準に照らして訓練いたします。それによって、被災した方々は健康だけではなく、法律上の権利、そして尊厳も守られるのです。

国際的災害に対する人道的対応の仕組み

さて、この国際的な災害、あるいは人道的対応のシステムの第2部は、災害に対応する人たちです。国外からの支援が必要となるような大規模な災害が発生した場合は、それがどこであれ、その現場に行って対応する組織があり、それには四つのタイプがあります。まず、第1のタイプは国連です。国連は、被災した国の政府と連携して、対策について調整するのが仕事です。

2番目の担い手は政府機関です。日本のＪＩＣＡ（国際協力機構：Japan International Cooperation Agency）、アメリカのＵＳＡＩＤ（米国国際開発庁：United States Agency for International Development）のような政府機関が責任を持って、主に国際対応の資金調達を行います。資金は主にＮＧＯに手渡されますが、このＮＧＯが第3の担い手です。ＮＧＯは、国境なき医師団やオックスファム（Oxfam）、セーブ・ザ・チルドレンのような非政府機関・組織のことですが、これらの組織は、被災した人たちに直接援助を提供しています。そして最後に非常に重要な組織のタイプが軍隊です。今や世界の軍隊は、紛争による災害よりもむしろ、主に自然災害に対応しています。軍隊は、NGOができないこと、例えば、ヘリコプターで物資を運んだり、橋や道路を再建するといったことや、あるいは今のNGOではできないことを担う責任があります。

この4種の組織が、現地の機関や自治体と協力して活動を進めているわけですが、全体の対応については、国連のクラスター・アプローチを通じて調整されています。現在、クラスターとは責任分野のことを言います。例えば、保健（WHO＝世界保健機関）、食糧の供給・輸送（WFP＝世界食糧計画）など、それぞれがクラスターごとに組織化されています。どんな機関でも、例えば、健康・保健部門で援助をする人たちが、実際に会議を行い、その会議で、どの組織が、どんな救援を、どこで提供するかを決めます。それによって、誰もが必要な支援を得ることができ、資源を無駄にならないようにすることができます。

現在、こういったクラスターは、国連人道問題調整事務所（OCHA：UN Office for the Coordination of Humanitarian Affairs）によって全て調整されています。このクラスター・アプローチは、受け入れ国の政府職員が、国連のスタッフによる特別訓練を受けた職員の支援を借りて主導するために実施されるものです。受け入れ国の職員がクラスター・システムのクラスターをうまく主導できない場合は、国連の特別な訓練を受けたスタッフが指揮を執り、この取り組みが現地の政府とうまく調整されるようにすることができます。しかし、これは現地政府の責任と任務に取って代わろうとするものではありません。むしろ、対応を通じて現地政府を支援するためなのです。

従って、国際的な対応は、政府内、または組織内において、このクラスター・アプローチを通して調整されますが、通常は、緊急時総合調整システム（インシデント・コマンド・システム）が使われます。そのため、これは災害が発生するたびに、政府機関、市や州政府、病院によって使用される可能性があります。緊急時総合調整システムがどのように機能するかについては、少し後で詳しく説明します。

さて、国際的な人道的対応の仕組みについてご紹介してきましたが、ここで少しだけ福島の災害について人道的な観点からお話ししたいと思います。皆さまは永田先生からお聞きしたと思いますが、今回の放射能の災害と、それがもたらした因果関係には多くの類似点があります。例えば、津波に伴う福島の放射能災害により、多くの人々が避難を余儀なくされました。そして、このような原子力の事故災害でも、私たちが適切で人道的な支援を必要としているのです。なぜならば、この放射能災害ではほとんどの人は実際に放射能そのもので亡くなることはないからです。しかしながら、十分な食糧、きれいな水、衛生的な設備、また特に裕福な国では医療品がないということで人は亡くなってしまいます。

アメリカのニューオーリンズで起きたハリケーン・カトリーナによる災害では、超過死亡したとされる人のほとんどは被災時に医療が届かずに、避難所で亡くなられたのです。だからこそ、災害に対応する私たちや関係者、全ての人たちは、人道的な対応の体制と基準に精通していることが重要なのです。もちろん、『スフィア・ハンドブック』にある基準を満たすのは、どんなに良い時であっても難しいことがあります。私が皆さんにはっきりと言えることは、これらの基準を満たすことは、そもそも不可能なのです。

政府の職員や災害対応に当たる人たちが基準をまったく知らないとすれば、2011年の福島災害の際、私たちハーバード大学の人道的取り組みが、東日本大震災の対応に当たって、ごく微々たるものでしたが、支援できとてもうれしく思っています。

私の当時の同僚に日本の有井麻矢先生がおりました。ハーバードで私たちとともに人道的対応の特別訓練を受けた救急医です。この災害時には、日本の自衛隊と米軍の共同行動である「トモダチ作戦」の一環として、医療支援物資の輸送としては最大規模の一つとなるものでしたが、その調整のために有井先生は派遣されたわけです。永田先生、石井先生と一緒に、日本医師会のメンバーとともに、東北の地域で災害対応に参加してくださいました。

有井先生は、この災害後、今でも災害および人道的対応に携わっています。ニューヨークから国連でユニセフと協力し、新型コロナウイルスの世界的大流行の医療的対応をリードされています。

ハーバードの人道的取り組みは、有井先生の派遣に加えて、日本医師会（JMA）の活動を見守ってもいましたし、中でも放射能の緊急時の医療対応についてJMAとそのスタッフに情報を送りました。そして、対応している間は彼らと連携を取りつつ、JMAの医師団に要望された情報や専門知識を提供しました。

放射線災害は、今回の新型コロナウイルス感染症と同じでしょうか。私はそうだと思います。両者にはたくさんの類似点があるという有井先生の意見に賛成します。まず、両方とも私たちには目に見えない脅威であるということです。放射能は見えない、新型コロナウイルスも目に見えません。ですから、人々はこの種の災害に恐怖をたくさん抱いてしまうということが十分ありうるのです。つまり、噂《うわさ》やデマなどが人々の間に拡散し、そしてそれが災害対応をさらに難しくする現実の問題を引き起こす可能性があるということです。

危機のコミュニケーションにおける六つの方法

アメリカでもよく知られているように、災害対応に当たるリーダーたちのコミュニケーションや調整がまずければ、多くの人命を奪い、多くの人命を失い、混乱を招くことになります。

こういった災害の対応は非常に政治的なものになってしまう場合が多いです。例えば、アメリカでは、今回の新型コロナの世界的大流行が起きてから、ずっとトランプ大統領の政党である共和党を支持する人たちの多くは、フェイスマスクの着用を拒否しています。それは、トランプ大統領が過去にマスクは必要ないと言ったからなのです。そういう彼のコミュニケーションが混じっているわけです。彼らはマスクを着けたりすると、もう一方の主要政党である民主党の支持者だと勘違いされるのではないかと思っているのです。

それで残念なことに、アメリカでは、政治的な理由でマスクを着けようとしないためにコロナウイルスに感染する人が少なくありません。この的外れなメッセージの発信、そして不十分な対応の調整のせいで、アメリカのコロナウイルス対策は非常にひどい状況にあります。

私はアメリカの中でも小さな地域に住んでいますが、非常に幸運だったと思うのは、地方の自治体や州政府の病院関係者が、感染の対応を調整するにあたって危機のコミュニケーションという仕事を実際、非常に見事に行ってくれたことです。私たちは今、ここマサチューセッツ州のボストンにいるのですが、コロナの感染者数はアメリカ全体の平均に比べて、はるかに少ないです。

永田先生から危機のコミュニケーションについてお話を少し伺いましたが、もう一度、私から要点を繰り返してみたいと思います。

危機のコミュニケーションは、災害に対応する全てのリーダーにとって重要なスキルです。パンデミック時の危機コミュニケーションの方法は、アメリカ疾病予防管理センター（CDC）によって作成されています。そして、それは私の災害対応の中でもよく使います。人々に、明確に何が起きているかをコミュニケーションするためです。ごく簡単に言うと、六つの方法があります。

1番目は、最初にコミュニケーションすることです。人々は、緊急時にあっては最初に聞いた情報をよく覚えています。ですから、皆さん方はまず最初に、きちんとした情報源から情報を得ることが重要です。

2番目に、「正しくあれ」です。正確性は信頼性を確立します。事実を確認し、それが正しいかどうかをはっきりさせることです。誤った情報は信頼感を損ねてしまうからです。

3番目に重要なことは、信憑性《しんぴょうせい》があること、信じられるということです。皆さん方は常に正直でなければなりません。あなた方の言うことに耳を傾ける人々に信頼してもらうためには、タイムリーな情報と科学的な証拠を提示する必要があります。

4番目に、人々が不満や恐怖を感じていることに共感していることを表し、その思いを受け入れてあげることです。人々の感じていることを認めてあげることが大事です。そのことによって、あなた方がメッセージを最後まで伝えるまでもなく、そこに方法を見いだすことができます。

5番目は、行動を促すということです。行動を促すメッセージはシンプルで短いものにしましょう。例として、ここアメリカで今、ポピュラーなものを挙げれば、「咳《せき》をするときは口を覆いましょう」といったことです。

そして6番目。相手に対して尊重する気持ちをしっかり示すということです。病についての文化的な信念を理解して、皆さん方が情報を伝えているときに、可能であれば、自由に質問させるということが大切です。

危機のコミュニケーションとともに非常に大事なのが、メディア・トレーニングです。ハーバードで私たちは、人道的対応をする人たちに、メディアに対してどのように連携を図ったらいいのかを教えています。これは災害のときには非常に効果があります。災害時のリーダーは、災害が起きた最初の日に、現地の報道機関に会うべきではありません。可能であれば、災害が起きる前にメディアとの関係を構築しておくことが重要です。そうすれば、いざというときに、メディアは皆さん方の味方となり、皆さん方が良いメッセージを発信することを助けてくれるでしょう。

最近、永田先生から新型コロナウイルスの対応で先生ご自身の経験についてお伺いしました。この場をお借りして、永田先生にお話ししていただけますでしょうか。

永田　はい。ステファニーさん、どうもありがとうございました。お話しさせていただきます。

辞められました森まさ子法務大臣とご縁があり、今年の2月に法務省の危機管理アドバイザーを担当いたしました。本来の目的は、法務省で起こり得るさまざまなテロや危機に対応するためだったのですが、コロナの件がありましたので、それを中心にさせていただきました。

法務省の中に多くの刑事施設があり、3月に、大阪拘置所でコロナのクラスターが発生し、かなり厳しい批判を、法務省あるいは拘置所にいただきました。その反省を踏まえ、私は法務省・福岡矯正管区で、九州の刑事施設（刑務所、少年院など）を預かる部署のアドバイザーをさせていただきました。

福岡刑務所という割と大きな刑務所があり、そこにおじゃまして、どうやって防護服を着るかとか、感染者が出た場合、どういうふうに対処するかを、刑務官、医務官の方と話をしました。そして、一定のレベルに達したところで、刑務所長とも相談し、報道公開、マスコミに訓練を公開しましょうと提案しました。

十分に訓練した後、7月に、もちろん機密事項、隠さなければいけないところはありますが、刑務所の中でもし患者さんが発生した場合は、こういう動線で検査し、こういうふうに収容し、重症化したら外の病院に送るという訓練を、全て報道公開しました。割ときちんと扱っていただきました。

その3週間後、本当にその刑務所で感染者が発生してしまいました。刑務官4人が感染しました。通常であれば、メディアから厳しい批判があるところですが、事前に訓練を全て見せており、粛々と対応しましたので、報道機関は事実のみの報道で、特に厳しい批判にさらされることはありませんでした。

ただこれは、実は私はステファニー先生のところでメディア・トレーニングを受けていましたので、その手順に従って進めただけです。うまく乗り切れた事案として紹介させていただきました。

ステファニー　永田先生、ありがとうございました。

災害対応に当たるリーダーの大きな役割は、市民とのコミュニケーションのほかに、迅速な意思決定とチームとの連携を円滑に図ることですが、それ以外にも、緊急時総合調整システムの話をしました。そして世界中のほとんどの組織では、災害時にこれをどうまとめていくかという世界標準が採用されていますが、これが緊急時総合調整システムと呼ばれているものです。そして、これは次のような仕組みになっています。

まず、トップに緊急時総合調整官が1人いて、その人が対応を指揮しています。その下には通常3人の管理職がいますが、それは後ほど説明しましょう。その下に、四つの主要なタイプのセクションがあり、それぞれチーフがいます。この人たちが、作戦、計画、物流、財務の各分野で他の人のチームを動かす人たちです。私たちが申し上げているのは、緊急時総合調整官がリーダーになるということです。そして、作戦はセクションのチーフが立案し、計画はこのチーフが立てて、物流はこのチーフが実行し、そして財務のセクションのチーフがお金を払うということなのです。

ほかにも三つの立場があります。メディアに対して話をする広報担当者、災害の対応に当たっている全員の安全を確保する人たち、ほかの同じような組織との調整を業務とする連絡担当者の三つです。例えば、病院の緊急時総合調整の連絡担当者は、警察や消防署、地方自治体の緊急時総合調整システムと調整するということです。

いくつか知っておくべきことがあります。通常、これらのリーダー直属の部下は5人未満です。5人以上にはならないということは、迅速なコミュニケーションと迅速な行動が可能になるということです。

もう一つ知っておくべきことは、この緊急時総合調整官は必ずしもその組織のナンバーワン、トップであるとは限らないことです。

例えば、ある病院の院長がその病院の緊急時総合調整官であるとは限りません。緊急時総合調整官はむしろ災害管理に精通している人である必要があります。つまり、この緊急時総合調整官システムを最もよく知っていて、災害管理の経験が最も豊富な人でなければなりません。

私の病院では、今まさに新型コロナの災害対応に当たっていますが、例えば、緊急時総合調整官は実際には医務官のチーフが務め、病院の院長は、むしろ連絡担当者の役割を担っています。院長は、市や州政府、地域の他の病院と連絡を取って、対応調整を行っています。

緊急時総合調整システムが実際に私たちの病院でどのように機能しているかを説明いたします。緊急時総合調整で使う部屋は、通常は普通の会議室で、今、皆さんがいるような部屋です。しかし、災害時になりますと、緊急時総合調整のチームが部屋に入ってきて、キャビネットの扉を開け、テーブルを倒し、役職名のついた緊急時総合調整のベストを着ます。コンピューター、電話、参考となる資料、無線機、全ての設備がそろっています。この一つのコントロールセンターから災害対応を管理する準備ができています。

私たちの災害緊急時総合調整システムは、3月中旬からずっとコロナウイルス対策のために稼働しております。

さらに、緊急時総合調整システムのさまざまな担当官が、私たちの地域における別の病院の同じ役職の人と連絡を取っています。例えば、作戦を担う部署のチーフは、消防署や警察、市や州政府の中にいる役職的に同レベルの担当官と一緒に仕事をし、平時でも毎日一緒に訓練をしています。ですから、災害が起こったときには、彼は誰に相談すればいいかを分かっているので、物事を迅速に進め、情報を得たりすることができるわけです。このシステムは災害時の運営にとても役立っています。

まとめますと、皆さん方全員にぜひ知っていただきたいことは、災害は常に私たちの世界の一部であるということです。そして、私たち全員が災害への対応を、今よりももっと良くするために努力する必要があります。特に、きょう参加されている若い学生の皆さんには、次の災害に対応する責任を担う順番が来たときのために申し上げておきたいと思います。そのときに、きょうご紹介した『Sphere Standard』、危機コミュニケーション、そして緊急時総合調整システムのツールがお役に立ち、次の災害への皆さん方の対応がより良いものになることを祈っております。

どうもありがとうございました。

基調講演5　ハンガリーにおける社会的・体制的変化をめぐる考察

カタリン・ユーローヴ（バッキンガム大学ブダペスト校講師）

ハンガリーとはどのような国か

このたびはお招きいただき、ありがとうございました。この国際シンポジウムに参加させていただき、経験や考えを共有し、解決策を生み出す一翼を担えることを大変光栄に思います。まず、私の自己紹介をさせてください。私はカタリン・ユーローヴです。ブダペストから皆さまにごあいさつをさせてください。皆さまにお会いできてうれしいです。

多くの科学者や研究によれば、私たちの人生の25％は、経済的危機、自然災害、政治的危機など、さまざまな危機の中で過ごしていると言われています。この国際シンポジウムでは、地震、津波、福島原発事故、あるいはＣＯＶＩＤ‐19といったものによって引き起こされる緊急事態や大災害を効率的に管理するための解決策を求めて、学習点を明らかにします。また、予防に関する情報も追加で提供します。

この会議に参加し、そして「ハンガリー：変容、移行、転換」をテーマに発表できることを光栄に思います。私の発表では、トピックスに別の要素を加えたいと思います。これまで私たちは、自然災害や自然関連の災害を取り上げてきました。ケイデン先生の発表は、特に平和な自然環境の中で暮らしている私にとっては、深い学びに満ちたものでした。地理学としてはマイルドですが、政治、社会の安定、経済のバランスについては、そうではありません。

まず、ハンガリーについて簡単にご紹介します。私たちが誰なのか。私たちはカルパチア盆地で生活していますが、ここは東と西ヨーロッパ、北と南ヨーロッパが出会う場所です。皆さま方から9000キロ離れています。ここは大きな出会いの場所であり、融合する場所なのです。首都はブダペストで、ヨーロッパで最も美しい都市の一つです。私の地

域について、いくつかを紹介させてください。

日本と比べて、私たちの地理的な位置は、構造学的な見地から見て過去２０００年の間は比較的平和でした。バラトン湖は、ここ東欧中央部で最大の湖です。広大な平坦な地域がわが国の大部分を占めています。その一部は、自然保護区であるホルトバージ（Hortobágy）で、そこはコウノトリやツルなどの鳥たちの聖域であり、「巻き毛」のマンガリッツァ豚や高貴な灰色の牛の故郷でもあります。私たちの最も貴重な天然資源の一つは、温泉と医療用の水です。ブダペスト動物園では、人間もカバもこの温泉で大いに楽しんでいます。このお湯の効能により、体重の重い動物たちは、このお湯に浸かることで、世界有数の繁殖率を誇ることで有名になりました。

さて、経済的な側面に目を向けてみましょう。ハンガリーは、かつて中世から19世紀に至るまでずっとヨーロッパの「食料庫」でした。ハンガリーはもともと農業国です。肥沃な土地と気候のおかげで、広範囲で色とりどりの果物、野菜、穀物がたくさん供給されています。ワイン文化も復活しつつあります。現在、ハンガリーはＥＵに加盟していますが、農業への貢献度は２％です。農業はわが国のＧＤＰの３・３％を占めています。

１９５０年代以降、産業活動が急激に奨励されています。現在では、スズキ、アウディ、メルセデス、オペル、ＢＭＷといった自動車メーカーなどの重工業企業を中心に、戦略的なパートナーシップが形成されています。日本のスズキの工場はエステルゴムで操業しています。

過去数十年、軽工業の存在感は薄れてきています。それにもかかわらず、復活の兆しが見え始め、例えばハンガリーのファッション業界では、ナヌーシュカのような地元のデザイナーが今では国際的な舞台で活躍しています。観光業や建設業は、ハンガリー経済において重要な役割を果たしてきましたが、パンデミックの影響で、これらの成功は今、ほとんど保留された状態に追いやられています。

私たちの政治的・経済的アプローチは非正統的と呼ばれているものです。私たちが直面している課題について言えば、ハンガリーのGDPは確実に伸びているにもかかわらず、成長を図る上で欧州連合（EU）の資金に大きく依存していることです。主に西側の目で見てみると、汚職率が高いです。また、ロシアの資源にも依存しています。ハンガリーは欧州連合に属し、ユーロ圏にはまだ加盟していません。加えてもう一つの課題は使い古した医療システムを用いてCOVID‐19という問題に取り組んでいることです。

週ごとの宝くじが1950年代後半に導入されて以来、毎週500万～600万枚のチケットが購入されていることから分かるように、宝くじに対する私たちの信頼は強固です。

私たちはどんな人々でしょう？　約980万人というとても小さく、高齢化の進んだ人口の中で生きています。言語はユニークなフィンノ・ウグリア語で、周囲のどの文化とも無関係です。ヨーロッパではインターネットの普及率と利用率ではリーダー的存在です。実際に携帯電話は私たちの手、耳、目から離れることがありません。ハンガリーは創造性に富み、賢い国です。資源の制約がしばしば私たちを発明的かつ革新的にさせるのです。ハンガリーの創造性はよく知られています。小国であるハンガリーが、多くのノーベル賞受賞者や科学者が非常に優れた成果を上げていることを誇りに思っています。

私たちは普段、「ハンガリーの呪い」に立ち向かっています。私たちの才能は外国の国々やチームでさらに力強く発揮されるということがたびたびあります。ハンガリーの殿堂には、陣痛中の女性に触れる前に手を洗うことを「発見」したゼンメルワイスがいます。パプリカからビタミンCを抽出したことによりノーベル賞を受賞したセント＝ジェルジ。ハンガリーの音楽を作曲し、世に広めたバルトークとコダーイ。現代心理学におけるフロー理論の発明者、チクセントミハイ。ネットワークの研究の第一人者、バラバーシ。チェスの世界チャンピオン・ユディット・ポルガー。世界にキューブをもたらしたルービック。

私たちの宗教的ルーツは、ローマ・カトリック、またはギリシャ正教、ルター派／カルヴァン派、ユダヤ教にあります。

ハンガリー史上の大転換点

この簡単な紹介に続いて、ハンガリーの歴史の大きな転換点に目を向けてみましょう。過去のハンガリーの歴史は、現代の危機や大災害とどのように結びついているのでしょうか。また、それは移行期に直面した課題とどのように関係しているのでしょうか。ソ連主導の共産主義、後の社会主義体制から近代的な資本主義と市場経済への転換は30年前に起こりました。この転換は大規模で、私たちの現実を変えました。これまでのハンガリーの歴史の血まみれの変化とは異なり、この変化は奇跡的に平和なものでした。

［転換点］

私はハンガリーの歴史の主要な転換点を、抑圧、戦争、制度、病気——すなわち好機をもたらすものと災害をもたらすものの四つのカテゴリーに分類しました。

抑圧と戦争。1241年にモンゴル人がハンガリーに侵入し、1年以内に人口の半分が殺されました。1526年には、ヨーロッパは世界を征服するのに忙殺され、その間、オスマントルコはハンガリーの中央部で優位に立ち、2世紀にわたって駐留していました。私たちはヨーロッパから遠く離れてしまったのです。抑圧の恩恵を受けたのは、ハンガリー全土にトルコ風の浴場ができたことと、ブラックコーヒーが飲めるようになったことですが、それはもう少し後のことでした。

オスマン帝国に続くハプスブルク家の支配によって、私たちはオーストリア帝国の一部となりました。ハンガリーは税制面の不利な条件に直面し、植民地となりました。1848年、ハンガリー自由革命が失敗。ハプスブルク家が報復し、わが国は受動的な抵抗に身を包みましたが、ついにヨーロッパに復帰しました。

その後、ナチスの侵攻がありました。何十万人ものユダヤ人、ゲイ、社会主義者、ロマ人をガス収容所で絶滅させました。

このような占領が繰り返される中で、ハンガリーは人命、文化的地位、領土、経済力の損失に直面しました。ソ連の占領は40年間続き、西欧世界との距離はますます大きくなっていきました。

［制度］

最初の顕著な変化はカルパチア盆地への定住です。ハンガリー人は以前の生活様式を放棄しました。終わりのない馬乗りや襲撃はもうありませんでした。定住することで、彼らは動物を育て、植物を栽培し、土地を保護しなければなりませんでしたが、それは彼らにとって非常に新しいことでした。

もう一つの重要な制度的変化は、西暦１０００年に行われたキリスト教への改宗でした。ヴェイク公は改宗し、シュテファンという名で統治を開始しました。これはハンガリー人が異教の信仰を捨てなければならないことを意味していました。彼らはエルサレムへの十字軍のような新しい使命を果たさなければなりませんでした。彼らはまた、新しい同盟、結婚や商業を通じた新しい外交政策戦略をつくらなければなりませんでした。

体制の変化は、多くの形をもって訪れます。第1次世界大戦の直後、トリアノン条約により、領土、人口、経済の3分の2が併合されました。これはまだ消化、処理できていない私たちの歴史の一部分です。

20世紀になると、第2次世界大戦のユダヤ人や同大戦後の知識人、あるいは１９５０年代のより裕福な貴族社会に対する実行がさまざまな形で復活しました。

ソ連軍は40年駐留し、またしても私たちはヨーロッパから遠く離れました。ロシア語は義務化され、ハンガリー人は膨大な時間をかけて学びましたが、感情の抵抗を表すためか暗記はしませんでした。西ヨーロッパは再び遠くなり、国境は閉ざされました。

私たちは病気にも苦しめられていました。コレラ、ハンセン病、スペイン風邪、ペストなどの伝染病は何世紀にもわたって私たちを苦しめ、その死者数は膨大なものでした。伝染病の生存者によって建てられた感謝の記念碑は、全国の至るところにあって、今でもこれらの恐ろしい記憶を残しています。今日、私たちをまとめて窮地に追い詰めているのはCOVID-19です。

こうした血の滲《にじ》むような痛みを伴う変化を踏まえれば、1990年の移行が平和的に遂行されたことはユニークでした。アセモグルとロビンソンの無知仮説によれば、貧しい国が貧しいのは、指導者が知らず知らずのうちにひどい経済政策を採用しているからだと言います。では、最近の歴史をズームアップしてみましょう。

[移行の前奏曲]

20世紀に世界は危機の潮目に突入しました。第1次世界大戦、ハプスブルクの退位、君主制の終焉《しゅうえん》、国の3分の2を失ったトリアノン条約、ソビエト型の改革の試みが行われたものの失敗した評議会共和国。そして赤と白の対立による恐怖、第2次世界大戦。これらは全て30年以内に起こったものです。

1950年代は、私たちの現代史の中で最も暗い数十年でした。第2次世界大戦後、共産主義政権が優勢になり、恐怖が始まりました。貴族、裕福なブルジョワ、共産主義を批判した人々は、全ての労働収容所に強制送還され、〝マレンキーロボット〟(ロシア語で小さな仕事を意味する)に従事させられ、そこから戻ってくることは滅多にありませんでした。

権力に酔った党員たちは、私有財産や家を没収し、元の所有者を田舎の悲惨な場所に追いやりました。

人々は恐怖におののき暮らしていました。人々を収集する黒い車を恐れ、家族との永遠の別れを意味するドアベルが夜に鳴ると、パニックに陥りました。緊張感は至るところに行き渡っていました。1956年、ハンガリー人は武器を手にしてソ連政権と戦い始めましたが、失敗しました。報復は投獄、移送、差別という形で実行されました。

ブダペストのダウンタウンの刑務所では何年にもわたって処刑が行われ、近隣の通りでは銃声が響き渡っていました。

ラーコシ政権の時代はありがたいことに終わり、1960年代には共産主義は和らいでいきました。カーダールが政権を引き継いで、共産党と国民の間の新しい取引を設定したために、政治風土が変化しました。ソ連軍の存在を許容する代わりに、党は〝日常の自由〟を許可したのです。

ハンガリーは小麦と食肉の生産量がトップで、ヨーロッパでは4位にランクされていました。ピックサラミや他のいくつかの製品が輸出されるようになりました。ハンガリーは一時的な豊かさを生み出し、人々はより裕福になり、食料も豊富になりました。それがグーラッシュ（ハンガリーの伝統的なシチュー料理）共産主義、または「冷蔵庫型」社会主義の時代でした。社会主義経済では、共産党が全てを中央で計画しました。彼らは誰が何を生産するかを決めたのです。予算を決定し、賃金を設定し、さまざまな企業の経営者を都合のいいように選びました。1968年には改革の試みがいくつかありましたが、ソビエトの支配者ブレジネフはこれらの改革を快く思っていませんでした。カーダールには選択の余地がなく、ハンガリーを古いトラックに戻さざるを得ませんでした。

1970年代は事実上、第2次経済の誕生を意味していました。これは非常に新しい現象で70年代と80年代のトレードマークでした。私たちはまだ社会主義の中にいます。しかし、制度には少しだけ緩和がありました。民間の小さな作業場がたくさんあって、人々はそこで第1次の公務の後に副業をしていました。そして、勤務時間が終わると、ダブルシフトに突入しました。第2次経済の生産性は上昇し、その間、第1次の公的な経済は遅れをとっていました。人々は複数の変化に疲弊し、通常の勤務時間中の日常業務では生産性が劇的に低下してしまったのです。

ハンガリー人が西ヨーロッパやそれ以外の国との貿易関係を模索していたころ、多くの試みが実行されました。その一例が、日本で創作されたモンチッチです。この熱狂的な商品は1980年代にハンガリーに目立たないように知れ渡りました。私のようなハンガリーの子どもにとって、モンチッチはとても西洋的な製品であり、この小さなビニール製の猿を抱きしめることで、私たちは西ヨーロッパの同胞に似ていると感じていました。私たちの日常生活では、ラングラーのジーンズ、ジャーマンファの石けん、ドナルドのチューインガムは、より良い、より自由な、西洋の世界のシンボルでした。

バナナが町に届くと、なにものにも負けない何千人もの女性が何としてでも手に入れようと列をつくりました。この数十年の間に、日本はすでに先進国になっていました。皆さんはコンピューターで仕事をしていましたが、それらはＣＯＣＯＭ（対共産圏輸出統制委員会）のリストに載っていました。パソコンのコモドール64は進歩的な家庭の夢であり、その無限の創造力は国に受け入れられました。にもかかわらず、これら全ての小さなものによって、私の世代はさらに多くのものを欲しがるようになりました。私たちは海外から来たものには何でもこだわるようになり、それがさらなる成長へのモチベーションになったのです。

１９９１年、ロシア軍が去り、ハンガリーの体制が変わりました。その転換は、当時は何の準備もしていなかった市場経済に向かっていたことを意味します。90年代は経済危機をもたらしました。私たちは東欧における以前の社会主義市場を失いつつありました。私たちの製品は、西洋にはあまり魅力的ではありませんでした。人々は以前の体制に懐かしさを感じていました。

民営化が始まり、国有財産は60％減少し、国家所得は増加し、純負債は減少しました。外国からの直接投資にとって魅力的な国となり、欧州共同体とNATOに加盟しました。フィデス（ハンガリー市民同盟）は政治の舞台に足を踏み入れました。鉄のカーテンはなくなったのです。ハンガリーは移民の流入を止めるためにフェンスを再建していますが、これは悲しいことですし、運命の奇妙なねじれです。

今日でも1990～1991年については多くの議論がなされています。それは移行だったのか、変化だったのか。一つ確かなことは、西洋からの価値観、文化、イデオロギーの移入です。私たちは、ある10年から次の10年まで、さまざまなイデオロギーの間をジェットコースターのように揺れ動いていました。これらのパラダイムシフトの分かりやすい例がコカ・コーラです。1940年代から1950年代にかけて育った私の両親の世代を想像してみてください。当時、私の国では炭酸飲料水は販売されていませんでしたが、両親の世代はコカ・コーラを罪深い帝国主義的な飲み物だと見なすように教えられていました。その代わりに、地元で生産されているオレンジ味の飲料であるバンビを飲んでいました。60年代になると、なぜかコカ・コーラが登場し、辺鄙《へんぴ》な田舎で生産が始まり、後に生産規模が拡大していきました。70年代になると、コカ・コーラの消費は牛乳の消費を凌駕《りょうが》するようになりました。1991年に体制の移行が起こったときに、コカ・コーラは、重要な外国直接投資を行いました。今日、コカ・コーラは実質的に私たちのDNAの一部であり、小規模の起業家を支援するCSR（社会的責任）活動に不可欠な役割を果たしています。

起こった変化は、体制移行の定義を満たしています。

・議会制民主主義と多党制が、単一のマルクス・レーニン主義共産党に取って代わりました。

・現政権が例えば銀行などに特定の介入をしているにもかかわらず、市場経済が共産党主導の計画経済に取って代わりました。

・例えば、任意年金基金や「優先地域」不動産といったものを信じる考えを不確かなものにしようとする国家の行動があっても、私有財産と資本主義を廃止する政治は、民営化によって終焉を迎えました。

私たちはまた、資本主義と民主主義とは定義が異なっていることも学びます。厳密な政治的・経済的な用語は別にして、この体制の移行はどのように感じられたのでしょうか。それは私たちをどのように形作ってきたのでしょうか？　私は当時10代で、オーウェルを読み、ビートルズを歌っていました。変化にわくわくして、圧倒され、混乱していました。クイーンのフレディ・マーキュリーがハンガリーの聴衆に向けて〝春の風〟を歌ったときにも似たような気分を味わいました。

［学びのポイント］

転換期に埋め込まれた多くの学びのポイントの中で、一つは自分の直感に耳を傾けることです。社会主義の終焉と体制の移行をどう見るか？　灰色の白鳥として考えてみましょう。灰色の白鳥とは何ですか？　ナシム・ニコラス・タレブの考えを使ってみましょう。灰色の白鳥とは、発生する確率の低い出来事であり、私たちはあらかじめその存在を知っています。私にとって、多くの人々にとって、以前の制度は灰色の白鳥でした。私たちはその中で暮らしてきましたが、ゲームのルールが1度は変わることを誰もが期待していました。私たちは12年間ロシア語を勉強しましたが、今はまったく話せません。時間の無駄だと思っていました。これは正しい態度でしょうか？　そうではありませんが、理解できるかもしれません。

ロンドンのラジオ・フリー・ヨーロッパを聞いていましたが、人目を避け自宅の中だけで、背後のドアを閉めていました。もし訪問者が来たら、私たちはすぐに電源ボタンを切りました。私たちは勇敢だったのでしょうか？　いいえ、私たちは実用的で、それが生き延びるために役立ちました。私たちは、立派な社会主義者になるというビジョンを持った開拓者（ボーイスカウトの共産主義者版）でしたが、それでも秘密裏に洗礼を受け、捕まることを恐れながらも日曜日の教会のミサに参加しました。私たちは、それが全て一時的なものであることを何となく分かっていたのです。変化がいつ現れてもいいように準備しておきたかったのです。ひそかに英語を学び、語学の練習をするために西ヨーロッパや海外にペンフレンドがいました。私たちは海外の大学の奨学金や海外でのベビーシッターの仕事を得るために戦っていました。

大切な教訓は、未来を育むために自分のルーツに感謝することです。私の先祖、曽祖母、祖父母、両親は、私に強さ、立ち直る力、変化に対応するエネルギーを与えてくれました。私の曽祖母は19世紀に生きていました。19世紀風の幅の広いスカートを履いて、時には身重の身でヨーロッパをさまよっていました。夫に先立たれましたが、ゼンメルヴァイス学校に入学して助産師となり、大成功を収めました。ひと財産を築きました。未亡人で2人の子どもを一人で育てながら財産を築いたのは、とても感動的で力強さを感じます。父方の祖母は、第2次世界大戦中、地下室で何年も子どもを育てていました。モノ不足や苦しみにもかかわらず、彼らは子どもたちに確固として優れた価値観を植え付けることができました。ルーツは危機や混乱の中で力を与えてくれます。

変化は辛いものです。私たちの世代は、相反する二つのイデオロギーの間を行き来しています。重要なのは、先祖から受け継いだ価値観であり、情報源です。両親は賢明でした。私に異なった世界への準備をさせるために最善を尽くしてくれました。私の教育に投資し、人間関係を構築し、感謝することのお手本を示してくれました。

両親は、日本人、アメリカ人、ロシア人、グルジア人、北欧人、南米人の医師たちとネットワークをつくって親交を深め、イデオロギー的な狭い場所から一歩踏み出すべきだということを示してくれました。石井教授と友達になり、専門的な実践を共有し、医学・科学コミュニティーの貴重なメンバーとなっています。これらのルーツのおかげで、自分の周囲の価値観が混乱しているときに私は助けられ、危機に身を委ねることがあっても容易に脱することができるようになっていたのです。

三つ目の学びのポイントは、対話、議論、許しを通して過去と折り合いをつけていけば、すぐに立ち直ることができるということです。政権交代は平和的に行われましたが、民営化の質や前政権党のメンバーがどのように権力や富、資本を維持していたのかについては、今でも多くの議論がなされています。私たちの家族の運命に関するトリアノン条約については夕ブーが存在します。私たちの社会における富の格差は、目に見えて衝撃的なものとなっています。私たちは、社会主義という「比較的平等な」国を手放しました。それによって形成された新しい貴族は、依然として私財を増やすことに専念しているため、私たちには公共の富に投資するための時間がもっと必要なのです。日々の暮らしの中に貧困は明白に存在しています。多くの精神病院が閉鎖され、追放された患者はホームレスに加わりました。それでも、人口の84％が自身の所有する不動産に住んでいます。

地方の貧困のレベルは高く、ハンガリー世帯の53％が社会的最低限度以下の生活をしています。減り続ける中産階級はきわめて重要な課題となっています。これらは全て、私たちを無気力な人間、皮肉屋に変えてしまいました。私たちは、かつては非常に人に優しい文化、民族でしたが、過去数十年と体制の移行により、不親切になってしまったのです。課題は、フィリップ・ジンバルドー教授による無気力克服の入門、または障害者や貧しいマイノリティーのためのサポートと開発プログラムのようなプロジェクトを奨励し維持することです。

もう一つ体制の移行から得られるものは、健康と教育に継続的に注意を払い、予算を投入することです。ハンガリーの中等教育は世界的に有名でした。これは共産主義・社会主義制度の唯一の長所でした。今日では、ＰＩＳＡ（国際学力調査）の順位が下降しています。研究によると、日々の課題や問題に対処できるだけの能力が、私たちにはほとんどないことが明らかになっています。これは、私たちが人口動態学的な〝冬〟に直面している理由を部分的に説明しています。政府は、少子化という傾向を変えようとして若い家族のためのサポートと住宅ローンを提供するという主要な施策を講じてきましたが、出産の数はさらに減少しています。

学びのポイントは、体制の移行という私たちの話だけではなく、皆さんの独自の文化からも生まれます。金継《きんつ》ぎの修業では、傷や損傷、傷跡を含めて、私たち自身や歴史、物、遺産に感謝することを教えてくれます。過去や危機に対する私たちのさまざまな対応を、学びのポイントの流れとして、私たちを互いにつなぎとめる接着剤として見るべきであって、紛争や対立の無限の源として見るべきではありません。

恐怖や怒りから解放される心の集中状態である無心は、ハンガリー人が学ぶべきことです。それによって、私たちは過去を平和的に処理し、中立かつ慎重なラーニングポイントを持って未来に向かうことができるようになり、それは怒りに満ちた非難や指弾に取って代わるようになります。

皆さまが20年ごとに神社の神殿を再建することは、継続性とつながりを象徴しています。皆さまは、一つの世代から次の世代へと技術と伝統を継承しながらも、次の世代に責任を負わせ、刷新をもたらしています。

ご清聴ありがとうございました。

基調講演6　東日本大震災からウィズコロナまで
――繰り返される危機への対応

長谷川　学〈厚生労働省大臣官房企画官〈危機管理対応〉〉

新型コロナウイルス感染症対策の課題と論点

皆さん、こんにちは。厚生労働省の長谷川でございます。いわき市には1年ぶりに参りました。

これまで、1カ月に1回程度の講演を行ってきたのですが、今回は、コロナウイルス感染症の対応の関係で、ほぼ10カ月ぶりの講演です。ちょっと慣れない部分があろうかと思いますが、その点、お許しいただければと思います。

本日、「東日本大震災からウィズコロナまで」というお話をいたしますが、最初にコロナのお話を差し上げてから、東日本大震災の問題を振り返りたいと思っております。なお、本日は個人的な見解としてお話しいたしますので、話の内容の説明責任は全て私にございます。組織とは関係ありませんので、何かありましたら私の方に伝えていただければと思います。

私はもともと福岡で外科医をしており、その後、医局の教授の指示で厚生労働省の入省試験を受けました。

私の危機管理経歴です。国内の旧軍毒ガスの調査・処理を環境省が行うことになりました。中国大陸の旧軍毒ガスは、内閣府の担当ですが、国内では環境問題として整理され、環境省で行うこととなり、私が環境省に配属された際に、毒ガスの原料の処理の際の安全確保、健康管理に携わりました。それが最初です。

その後、２０１０年、総務省消防庁へ参り、２０１１年の東日本大震災、きょうお話しします、Ｊヴィレッジでの対応に関わった次第です。

その後、厚生労働省に戻り、医政局の災害対策室長として、さまざまな危機管理に携わってまいりましたが、多くの失敗を重ねてきたというのが、私としての本当の気持ちです。

その後、保健所の支援を行うＤＨＥＡＴ（災害時健康危機管理支援チーム）の立ち上げや、新型インフルエンザ対策推進室長としてアビガンの備蓄等々に関わり、内閣官房に配属された際には、新型インフルエンザ・国際感染症対策として、エボラ出血熱対応、特に、アフリカのコンゴ民主共和国で発生していたエボラ出血熱に罹患《りかん》した日本人を、どうやって国内へ帰すかという問題について、関係省庁と調整してきました。

その後、ワクチン政策に関わり、この８月から現職、厚労省の危機管理対応企画官で、併せて医師確保等地域医療対策室長を拝命しています。私は今、地域医療計画、地域医療構想、地域医療介護総合確保基金、また、在宅医療推進とＡＣＰ（アドバンス・ケア・プランニング）という人生会議の関係も所掌しているところです。

今一番大きな仕事としては、新型コロナ本部医療班の副班長として、医療対策の取りまとめをさせていただいています。

最初に、新型コロナウイルス感染症についてお話しいたします。

現在、二つ目の山が徐々に収まりかかっているところです。第１波、第２波という言い方もあり、この二つは同じウイルスの型なので、第１波が継続しているのだというさまざまなご意見もありますが、きょうは便宜的に第２波と呼ばせていただきます。

現在、第2波が徐々に収まりつつあるように見えますが、沖縄では第3波が始まっているようにも見えますし、一方で広島は、第2波の立ち上がりが非常にゆっくりだったのですが、今は急にぐっと上がってきている状況ですので、まだ状況を注視していなければならないだろうと思います。

新型コロナウイルス感染症の国内発生動向ですが、左側が年齢階層別陽性者数、右側が死亡者数を示したものです。第2波は特に、若い方々を中心に感染者が広がっています。一方で、重症者・死亡者は高齢者が多くなっています。2月・3月ごろは、このウイルスの状況について、なかなか理解が難しかったのですが、徐々に理解できつつあるところです。

政府の体制ですが、この種の感染症では、新型インフルエンザ等対策閣僚会議が立ち上がるのですが、今回は、新型コロナウイルス感染症対策本部が立ち上がりました。併せて、専門家会議として、新型コロナウイルス感染症対策専門家会議が立ち上がりましたが、その後、新型コロナウイルス感染症対策分科会に移行しております。内閣官房では、新型コロナ感染症対策推進室と新型インフルエンザ等対策室が、省庁の全体の指揮調整を行っていて、厚生労働省では、厚生労働省新型コロナウイルス感染症対策推進本部が全体の取りまとめをしております。

厚生労働省新型コロナウイルス感染症対策推進本部の組織図ですが、本部があり、それぞれ、地域支援、分野別対策、対外発信というふうに分かれています。

私が今、一番関わっている仕事は、病床の確保です。これまで日本では、「感染症法（感染症の予防および感染症の患者に対する医療に関する法律）」に基づく予防計画を、各都道府県が策定することになっていて、医療提供体制も含めて計画を立てることになっていました。

例えば、新型インフルエンザ等は、症状が出て、かなり重症化し、症状が出ている方から次の方へどんどん感染が広がっていくと想定し、各都道府県とも、基本的に、感染症用の病床でうまくコントロールしていくことにしていました。しかし、新型コロナウイルスの場合は、無症状の方も含めて感染させる可能性があって、そういう方々を、どこに入院していただくかということも含めて、まったく手探りの中で進めてきました。

6月に都道府県にお示しした考え方ですが今、北海道大学から京都大学に移られている西浦博先生のご指導を受け、それぞれの地域で活用可能な将来の患者推計の数式をつくっていただき、それに応じて、各都道府県でベッドをどのくらい用意したらよいかを考え、確保しているところです。各都道府県とも、入院者数が増大することを見越して、徐々に病床確保する計画になっています。

8月28日、安倍首相が退陣なさる直前に出された今後の取り組みの内容ですが、政府としては、「感染症法」に基づく入院勧告等の権限運用を見直します。現在、疑似症や感染症の場合、入院等々させなければならないのですが、その基準を見直すということです。

それから、検査体制の拡充を行います。特に、15分間で結果が分かるような抗原簡易キットをどんどん使っていくべきではないかということ。また、医療提供体制の確保については、秋冬のインフルエンザ流行期、国民にどういう受診をしていただくか整備する。それから、治療薬やワクチンの開発、保健所体制の整備、感染症危機管理体制の整備。7番目に、国際的な人の往来にかかる検査能力・体制の拡充です。水際対策、検疫対策をそれぞれ拡充していくと示されています。

日本では「感染症法」に基づいて、各都道府県に予防計画を立てていただき、医療を提供する体制の確保も、その中で計画することになっています。各都道府県で公表されている予防計画を一度ご確認いただければと思いますが、感染症病床以外の一般の病床を使うような計画になっている都道府県はなかなかなくて、ここの見直しを進めるべきではないかと、各種専門家からご指摘いただいています。

ついては先般、医制局で医療計画見直し検討会を開催し、今後、医療計画の中に、感染症対策を盛り込んでいくべきというご意見をいただいていますので、検討を考えています。

これは私の個人的見解ですが、新型コロナウイルス感染症対策の課題と論点を簡単にまとめております。

まず、次の波の大きさ、いわゆる第3波の大きさがどれくらいになるのかがポイントです。第1波と第2波は、単純に大きさを比較できるものではありません。第1波のときは、なかなか検査ができない中での陽性者数でした。第2波は、比較的検査ができる状態でした。そういうこともあるのですが、要は、絶対的な感染者数、有症状者数がどれぐらいのインパクトをもたらすのかということに注目しなければなりません。

次のポイントは重症者への対応能力です。重症になった方々について、今のところ、明確な治療法がないのですが、対処療法としてECMOという、強制的に血管内の血液を酸素化する大規模な機械を用いると、ずいぶん状態が良くなることが分かっています。この対応能力の拡充を図らなければならないということで、今、進めているところです。

一方で、なかなか難しいところが、ECMOの台数が、各都道府県とも決まっていますので、現在想定されている重症者数であれば、十分まかなえると思うのですが、もしそれを超えた場合、どういう優先順位で使うのかという究極の命の選択を現場は迫られる恐れがありますので、今後はそれについての議論が必要になるのではないかと思います。

危惧しているのは、ウイルスの変異です。このウイルスは、インフルエンザウイルスほどではありませんが、変わりやすいRNAウイルスです。10月1日から、海外のビジネスパーソンの受け入れを進めていこうとしていますが、世界からのウイルス株が入ってくる可能性も否定できませんので、今後、ウイルスの変異に注目していく必要があるだろうと思っています。

ウイルスの専門家によると、感染が広がるにつれて徐々に弱毒化する方向に向くというものの、かつての新型インフルエンザのように強毒に向かった例もありますので、そこは要注意だろうと思っています。

それから、社会としてウイルスにどのように対応していくかということです。このウイルスと人類は、これからずっと付き合っていかなければなりませんが、最終的に集団免疫の獲得で対応するのか、その方法はワクチンで獲得するのか、それとも自然の感染の中で獲得するのか。一方で治療法を確立する、治療薬を開発する、または感染症予防を徹底する等々あろうかと思います。

そして、ワクチン開発です。私も以前、予防接種室長をしておりますが、ワクチン開発には非常に難しいものがあります。現在、いざワクチンができた場合、接種体制、接種費用をどうするかという議論が進んでいますが、肝心のワクチンそのものについて、果たして質、量とも良いものができるのか。特に日本人の場合、副反応について非常に注目する国民性ですので、その点で満足ができるワクチンができるかどうか、注視していく必要があろうかと思います。

また、来年の7月、オリンピックを控えております。オリンピックを開催するに当たり、併せて対応を考えていかなければなりません。

ほかの感染症への影響と申し上げていますが、今、国民の皆さんがいろいろ頑張って、新しい生活習慣を取り入れたおかげで、新型コロナウイルス感染症についてもかなり数を減らすことができたという成功体験を持っています。

一方で、小児科領域で言いますと、小児科関係の感染症、溶連菌感染症、ロタウイルス、一般のインフルエンザも、かなり感染者数が減っています。インフルエンザに至っては、この夏の定点観測でゼロがずっと続いており、最近ようやく増えてきたところです。

数が減って喜ばしいと、私どもは思いがちですが、一方で私どもは幼いころ、そういう感染症にさらされ、一定の免疫を獲得しながら大人になってきています。今のお子さんはその機会を奪われている状態になっています。その影響がどの程度なのかについても、考えていく必要があるだろうと思っています。

やはり、新型コロナウイルス感染症の社会に与えるインパクトがポイントです。たぶん、局面、時間によっていろいろ変わってくると思っています。とにかく目の前の死亡者・重症者数を減らすという意味では、今の取り組みが正解かもしれませんが、一方で社会活動を制限する影響の見極めもポイントです。

あとは、今、出生率が相当、下がるだろうと言われています。日本社会の将来性を考える場合、どういう姿が在るべき姿かということも、併せて検討していく必要があると思っております。

以上が新型コロナウイルス感染症についてです。次に東日本大震災についてお話を進めていきたいと思います。

東日本大震災における消防庁の対応

東日本大震災の際、私は、消防庁の救急専門官で、消防庁の中で唯一の医師免許を持った人間として活動しておりました。総務省全体でも、医師免許を持っているのは私一人でしたので、総務省全体の医学的な相談にも応じていました。

発災後、本部が立ち上がり、消防庁長官である久保信保さんの指示で活動を開始しました。私は久保長官を尊敬しております。もう役所は引退されているのですが、新型コロナの関係でも、2月、3月にお電話をいただき、マスクの確保で海外との関係の中で奔走いただき、国のためにご貢献いただきました。

東日本大震災発災のとき、長官が「すぐに緊急消防援助隊を出す」という指示を出されたのですが、担当は、「まだ被災状況が把握できていませんから、分かってから出しましょう」と主張しました。長官は、「この状況だとかなり大規模な被害が予想されるので、私の責任で出す」とおっしゃいました。担当がなおも主張したとき、最後は「『消防六法』の条文を読め」と。「『消防庁長官は緊急消防援助隊を要請、または出動できる』と書いてあるじゃないか。この消防長官は誰のことか。私のことだ」とおっしゃいました。私は長官のその覚悟にかなり驚きました。

もう一つの一悶着《ひともんちゃく》は、緊急消防援助隊の派遣です。緊急消防援助隊は組織化されてようやく10年ほどたったところで、それまでは要請、お願いベースで派遣したことはあったのですが、「指示」は東日本大震災が初めてでした。指示で出すか、要請で出すかどうかで、相当な葛藤がありました。「指示」で出した場合、指示した側の消防庁の責任が発生するので、担当としては「できれば要請で……」というやり取りもあったのですが、長官から一喝され、「指示」で緊急消防援助隊を出動させました。

久保長官には、着任時にも面白いエピソードがあります。着任されて最初のあいさつの時に、「消防庁にとって一番重要な仕事は何か知っているか。戦争のときに国民を守ることだ」と、私たちにいきなりおっしゃったのです。要するに、消防庁が一番大変なときは何かというと、国民保護事態であり、自衛隊に前面で戦っていただいて、その後方を守るのが私たちの仕事だ、ということを最初におっしゃったので、平和ぼけしている私たちは非常に驚いた覚えがあります。

その後、さらに驚かされたのが、想定外の災害訓練を複数回やったことです。国民保護下での机上訓練を行いました。

また、東日本大震災の3カ月前に、大規模な想定外の訓練を行いました。通常、訓練は事前に情報が漏れてきて、だいたい頭の体操ができているのですが、その際は完全なブラインドでした。その際は、東南海全てのトラフで地震が起こるという想定で、消防庁職員はほとんど対応ができなかったという結果になりました。

それで私どもは長官、次長から、「何もできない中でもできたことがあるはずだ。ちゃんと検討しろ」と指導され、そういう中で、東日本大震災が起こりました。実は、東日本大震災の発災当初の部隊の出動等々は、長官の指示の下、訓練の成果もあってけっこうスムーズに行えました。しかし、一番の問題は福島原発で、想定外でした。

事故の経緯は、皆さんご承知だと思いますので、飛ばします。

3月17日の夜、総理大臣から東京都知事に対し、東京消防庁の出動要請がありました。その後、3月18日に、東京消防庁のハイパーレスキュー隊が出動し、翌日、燃料プールに対する放水を行いました。

この際、東京消防庁救急部の部長から私に、原発対応をする消防職員に対する健康管理や、緊急時の対応の検討が必要ではないか、というお電話をいただきました。この救急部長は荒井伸幸部長という立派な方で私のところに依頼の電話をかけてきました。

長官と相談したところ、「すぐに行うべし。関係機関と調整せよ」ということで、私の方で調整いたしました。

当初、原子力医療の専門家の先生、何人かにお電話したのですが、なかなか協力を得られませんでした。電力会社から研究費や活動費をいただいている手前、電力会社の了解がないと動けないという理由でした。そのため、電力会社にすぐに電話をしたのですが、電力会社は混乱状態で、なかなか意思決定を図れない状態でした。その後、救急関係については、昭和大学教授でいらした有賀徹先生と相談したところ、即決で、「国のために命を差し出す救急医はたくさんいるから大丈夫、安心しろ」と言って、複数の救急医を紹介してくださいました。一方で、放射線については、明石眞言先生にご指導いただきました。

緊急対応医療チームは、当初、山口芳裕先生に東京DMAT（Disaster Medical Assistance Team）の枠組みで行っていただき、その後、消防庁長官の依頼で専門家である、坂本哲也先生、森村尚登先生、山口先生、西山隆先生に行っていただきました。

坂本先生に至っては、その朝、ＮＨＫの報道番組に出演されていたのですが、消防庁の車でスタジオまで迎えに行き、スタジオから引きずり出し、そのまま私と一緒に現場に行きました。そういうバタバタの中で対応したということで、派遣に協力していただいた先生方には大変感謝申し上げますし、放医研の先生方の出動には、明石先生にいろいろ調整していただきました。

さて、Ｊヴィレッジですが、当時は緊急車両が複数駐車していて、ホールには物資がたくさん積まれていました。

消防部隊の防護服装着と、原発に向けて出動の状況に立ち会いました。

この際、行政の医師として、Ｊヴィレッジの中を見ていて、いくつか気がついたことがありました。

まず、緊急放射線医療への対応が、ほかの組織はどうなっているのかを確認しました。消防は、救急の先生と放射線の専門家、また救急隊に来てもらっていて、一定の体制は組んでいました。自衛隊も、衛生隊が来ていました。師団直轄の衛生隊で、お話をしたところ、実は特殊な放射線医療を、扱ったことがないという方々が来られた、ということを覚えています。これについてはこの後、森村先生に、自衛隊の衛生隊と連携をとっていただき、Ｊヴィレッジで、関係者に対し、放射線はこういうもので、緊急時にはこうすればいい、という講義をしていただきました。

警察は、放水１回だけでしたし、今ではＩＭＡＴ（Incident Medical Assistance Team）という組織がありますが、当時、そういう医療体制はありませんでした。

問題は東京電力でした。東京電力と関連会社の社員が大勢、Ｊヴィレッジの中で活動されていました。東京電力の社員はまだいいのですが、関連会社の孫請けぐらいの方々には、非常に健康状態が悪そうな方々や、また、Ｊヴィレッジは原則禁煙ですが、外に出てマスクを外してたばこを吸うような方々がたくさんいらっしゃって、その辺りが気になりました。

その後、３月24日、原発の敷地内で放射線の曝露《ばくろ》を受けた作業員３人がＪヴィレッジに搬送され、その対応を山口先生と森村先生にしていただきました。足を放射性物質を含む汚染水に浸けてしまった状態、つまりずぶ濡れ状態で、長靴のまま来られたらしく、現場では非常にびっくりし、その時点でわずかに赤くなっていたというお話も聞いたように記憶しています。除染を行い、福島県立医科大学へ搬送し、その後、明石先生の放射線医学総合研究所に搬送しました。

実はこの際にもトラブルがありました。山口先生と森村先生は、消防職員のために派遣された先生で、実際に消防職員は現地で活動中でした。活動中の彼らのために、待機するのも仕事の一つで、待機しているにもかかわらず、東京電力の関連社員のために、この資源を投入していいのかどうかが議論になりました。当然、消防庁内では「勝手にしてもらっては困る」という意見がありました。その中で、私が森村先生に「なぜ勝手に処置をしているのですか」と電話で伺ったところ、「長谷川、うるさい！」とガチャンと切られました。久保長官に相談すると、医師として当然のことをしているので、消防庁長官の指示で、先生方に診ていただいたことにしなさいということとなり、長官からあらためて指示をいただきました。

後日談があります。3月25日、東電の清水（正孝）社長から久保長官に「対応いただだいてありがとうございます」との感謝のお電話があり、その際、長官は「長谷川から聞いていますが、東電の作業員の方々の健康管理・救急体制の確立が必要ではないですか」という提案をしましたが、あまり反応がなかったというところです。

3月26日に、官邸に行ってJヴィレッジの報告してくるようにとの長官の指示で、作業員の方々の健康管理・救急体制の確立が重要だということのお話を、危機管理監以下、皆さんにお話をしたのですが、そのまま流れてしまいそうな感じでした。

その後、長官の指示で、Jヴィレッジにおける緊急医療体制の整備を行うことになりました。実はこのとき、消防庁は3月末でJヴィレッジから撤退することが分かっていました。長官から、消防が撤退するまでの間に、消防庁主導で早く体制をつくりなさいという指示があり、そこから関係機関と連携しました。

東京電力は、整備の必要性は担当者に理解いただいたのですが、体制確保は困難、医師、看護師の確保は難しいとのことでした。厚生労働省の労働部局は、労働者の健康管理は雇用主が行うべき仕事であるとの見解でした。一方で、防衛省・自衛隊からは非常に前向きなご意見をいただき、すでに消防のドクターとの連携が取れていますので、自分たちの隊員の健康確保のためにも連携は必要だということで、余力があればほかの原発作業員の対応も可能だとの話を、29日に防衛省からいただきました。

続いて29日、その日のうちに、Ｊヴィレッジの医療チームを確立し、3月30日にＪヴィレッジ内メディカルセンターを確保し、Ｊヴィレッジ医療チームをとにかく立ち上げ、31日に消防庁が撤退しても、その後、継続して回るようにしました。それが引き続き、日本救急医学会が中心となり、原発敷地内の救急医療体制の確保の継続につながりました。

指揮調整に関する大きな課題

話は変わりまして、政治家として省庁に来る内閣の大臣、副大臣や政務官の「政務」と、私ども「事務方」との関係についてです。

実は、民主党政権に代わった際、一部の大臣、特に厚生労働省に着任された長妻大臣などは政治主導で細かなところまで指示をしていました。しかし、震災発災直後、関係省庁の職員は、危機管理事案対応なので包括的な指示をいただけるだろうという解釈の下、関係省庁と連絡を取りながら、許容されている範囲で積極的な対応を行っていたところです。

しかし、3月12日の朝方、次のようなエピソードが入ってきました。

これは後日、産経新聞が記事にまとめましたが、3月11日、東京電力の清水社長は奈良市にいらっしゃって、発災後すぐに東京の本社に帰るべきだろうという話になりました。経産省は自衛隊・防衛省とも調整をし、とにかく名古屋までは電車で移動できたので、名古屋の小牧基地から埼玉の入間基地まで、関係省庁の連携の中で急ぎ航空機で運ぼうという話になりました。夜中の11時半に社長を乗せて離陸しました。

その後、念のため、防衛省内で、北澤俊美大臣に、こういうことで東電の社長を急ぎ運びますのでという話をしたら、大臣の方から、輸送機の使用は被災者救援を最優先すべきだという話になり、Uターンさせて、小牧基地に戻りました。その後どうしたかというと、陸路、東京電力の車で、一般道を使って、仕方なく時間をかけて、東京に社長が向かいました。

おそらくこれによって、相当な時間を失われていますし、社長も相応お疲れになっていて、正常な判断が難しいような状況に追い込まれたのではないかと想像します。

その後、一部の政務から、「聞いていない」「全て報告せよ」「私の指示通りやれ」「処分する」という発言が相次いで、職員が萎縮し、極端な前例主義、事なかれ主義という状態になりました。

一方で総務省は、非常にラッキーでした。大臣が片山善博さんという自治省OBで鳥取県知事をされていた方でした。さらに、逢坂誠二総務大臣政務官は北海道のニセコ町の町長をされていたのですが、彼らは私たちに全て任せてくれました。実は、政務の方々は、最初、情報を取れないので、消防庁の情報センターに来られたのですが、しばらくたって逢坂さんが、私たちに聞こえる声でほかの政務の方々に、「私たちは危機管理センターから引き揚げましょう。私たちがいると、彼ら(消防庁職員)はきちんと業務(災害対応)ができない。必要があれば執務室で報告を求めましょう」ということで、引き揚げていかれました。その後、非常にスムーズに業務が進んでまいりました。

今回、Jヴィレッジでもそうですが、現場の士気は非常に高いものがありました。一方で、情報の混乱、安全の軽視がありました。特に情報関係では、消防機関は、原発敷地内に重要免震棟の存在を知らされていませんでした。もしその存在を知っていれば、もう少し安全を確保した上で現地で活動できたと思われます。

また、Jヴィレッジ内にホテルがあることも知らされていませんでした。当時、Jヴィレッジで活動している警察・自衛隊は、Jヴィレッジの床で睡眠を取らざるを得ない状況でした。消防は、いわき市のご厚意で、市の総合体育館で寝泊まりさせていただいたので、一定のQOL（クオリティー・オブ・ライフ）はありました。しかし、Jヴィレッジのホテルが使えていれば、ずいぶん変わっただろうなと考えています。

それから、原発敷地内のがれき情報、空間線量情報が不正確で、消防の当日の活動は、車外に出て活動せざるを得ない状況でした。私がJヴィレッジの関係省庁の会議の場で、「空間線量の情報をいただけないでしょうか」という発言をしたところ、東京消防庁の全体の指揮を執っていらっしゃる方のナンバー2の方から「消防側から勝手な発言をしないでくれ」と怒られました。

しかし、そのやり取りが終わった後、自衛隊の方々からも、実は私たちもその情報が欲しいという話になり、一緒に東電の社員のところへ行きましたら、「あ、これ、持っていますよ」ということで、その場で提供され、さらにその日のうちに東京電力のホームページで公表されました。こういうふうに、必要な情報を得ることも、なかなか難しかったと思っています。

原発対応における課題は、資源配分、優先順位、スピード感への理解不足や、情報軽視、安全軽視、場の空気、指揮命令系統の理解不足、権限と責任、包括指示と直接指示の問題が挙げられます。

今回の新型コロナウイルス感染症の対応でもこういうことが起こっているでしょう。実は、先の東アジア太平洋戦争について、アメリカ軍が日本軍を分析していて、その報告書の中に書かれている内容とほぼ同じ報告がなされています。基本的には、私ども日本人は先の大戦の課題をまだ、国民としてきちんと消化しきれていないのではないかと思います。特に指揮調整に関しては、大きな課題があると思っています。私は永田先生、石井先生とともに、2014年、『Incident Command System』（緊急時総合調整システム）の翻訳をしております。これはずいぶん内容が古くなっておりますので、そろそろ新しいものに替えなければいけないと思っていますが、ようやくこの本が、各省庁の危機管理の人間の机の上に並びつつあるという状況です。

最後にリーダーシップについて触れます。NHKにもよく出演されています、ハーバード大学ケネディスクールのロナルド・ハイフェッツ先生は、「リーダーシップは経験・学習を通じて後天的に獲得したもの」としています。ここで言うリーダーシップは問題解決能力ですが、基本的に、彼らは、幼少期、若いころに多くの失敗をして、その中で学んできている。つまり、リーダーシップ、問題解決能力は後から学ぶことが可能であるというのです。

一方、ビスマルクは「愚者は経験に学び、賢者は歴史に学ぶ」と。後者を申し上げたいのですが、リーダーシップ、指揮命令系統については、きちんと学ぶことが可能だということです。

そこで私のライフワークとしては、いかなる場所、いかなる災害、いかなる状況、いかなる組織、いかなる職種、いかなる能力、いかなる体調でも必要とされる指揮調整を誰もが行うことができるようにすることです。特に体調によって指揮調整能力が変わることを、東日本大震災でずいぶん経験しました。そういう意味では、久保長官は非常に立派な方で、どんなに大変でも、睡眠が必要となった瞬間に、自分の部屋にこもり、堂々と睡眠を取られていました。

いかなる状況でも、必要とされる指揮調整を行うことができるようにすることが重要ではないか。特にこれは、政務たる大臣から現場の指揮官まで必要ではないか。今後は、指揮調整、リーダーシップに関する研究の場、学びの場が必要であるということで、まとめとさせていただきます。本日はどうもありがとうございました。

パネルディスカッション

災害現場の初動から真の復興、そしてウィズコロナの未来へ向けて

［パネラー］
明石 眞言（元放射線医学総合研究所理事）
四ノ宮 成祥（防衛医科大学校防衛医学研究所センター長）
長谷川 学（厚生労働省大臣企画官〈危機管理対応〉）
ステファニー・ケイデン（ハーバード大学准教授）
カタリン・ユーローヴ（バッキンガム大学〈ブダペスト校〉講師）
井上 忠雄（ＮＢＣＲ対策推進機構理事長）

［コメンテーター］
小野 栄重（いわき商工会議所会頭）
木村 守和（いわき市医師会会長）
高萩 周作（いわき市病院協議会理事長）

［コーディネーター］
石井 正三（東日本国際大学健康社会戦略研究所所長）
永田 高志（ＩＡＥＭ Ｊａｐａｎ〈国際危機管理者協会日本支部〉会長）

石井 それではパネルディスカッションに入りたいと思います。

非常に広いテーマに、さまざまな言及があったと思います。まず最初に、地震・津波・自然災害というものが、「最近増えているのではないか」というような言われ方もされております。もう一つは、地球温暖化、気象変動との関連で、気象についても「extreme weather」と言いまして、極端な気象現象が続くと言われています。日本人はもともと、そういう危機のときに集まってみんなで相談をし、方針を決定するというコミュニティーアプローチ、地域でものを考えるというスキルを持っているわけです。それで足りない部分もやはりあるのではないかという点も、きょうのプレゼンテーションで見えたのではないかと思います。

これらの点に関しまして、何かあればお願いします。

四ノ宮 私は、自衛隊の方からの支援という立場ですが、今、例えば台風災害でも、津波災害でも、ハザードマップというのができています。コミュニティーの中で、自分の住んでいる所がどのようなリスクにあるのかは、だいたい調べようと思えば調べることができると思います。

それをいかに平素からうまく活用するか。台風が来る直前になって慌ててそれを見ても、本当はあまり十分に活用できないと思います。その辺りの取り組みと言いますか、コミュニティーでそれを有効にやっていこうというような点について、ご存じの方があればお知らせいただけるとありがたいと思います。

石井　地域でとなると、地域のコメンテーターの方々で、何かそういう情報をお持ちでしょうか。

高萩　ハザードマップのお話をしてもよろしいでしょうか。いわき市では、ハザードマップ、特に昨年の9月、10月に大雨があり。洪水とか崖崩れが出やすいという所があり、その後、ハザードマップの活用を、いわき市の方で広報されていることと思います。

永田　現在、原子力規制庁からの委託事業で、全国に50カ所の原子力災害拠点病院がございます。明石先生にもご協力いただいています。

東日本大震災のときに、医療機関は原子力災害対応で非常に苦労しました。南相馬病院のように避難を必要とする病院もございました。その記憶を踏まえ、ハザードマップではないのですが、原発の位置・風向き・原発と病院の位置付け・人口の分布等を見ると、原子力災害時の病院の役割が見えてくると言われています。

このようなリスク評価をあらかじめBCP（業務継続計画）としてつくります。リスクを分析して、自分たちの業務を見れば、私たちがどういうことをしたらいいのかということがすぐに見えてきます。方法論として、リスクをきちんと分析し自分の立ち位置を見れば、災害対応においてやることは、全てではないものの、ある程度はできると思います。それはハザードマップを見て、例えば、家を買う、あるいは学校・通勤の中でどういう所が危ないのか読むのと一緒だと思います。そういう地道な取り組みが大事だと思います。

井上　ハザードマップに関連しまして、私はNBCR（N［核］・B［生物］・C［化学］・R［放射能］）対策推進機構という立場から、NBCR災害について、ちょっとご意見を申し上げたいと思います。

このNBCRの場合は、気象とか地形の影響を非常に受けやすいということです。

今回の福島原発も、ハザードマップの中には10キロ圏内、20キロ圏内というのがありますが、それだけに拘泥しますのは、今回のような話がありましたように、例えば、12日の夜、ベントを開けたそのときから、汚い放射性物質が風の方向に流れ、いわゆる20キロ、30キロではなくて、風が強ければ50キロ、80キロまでも影響します。従って、アメリカはその瞬間に今までの経験から「80キロ圏内の人は皆逃げなさい」としたわけです。日本の場合は、10キロ、20キロということに非常に拘泥してしまいました。従って、飯舘村とか遠方の方々が本当に大きな被害を受けているわけです。

このように、NBCR災害の場合、放射性物質あるいは化学剤のガスの場合、地形あるいは気象の影響を非常に受けやすいということです。特に風向、風速です。風向は流動方向を決定しますし、風速はいわゆる汚染の距離を非常に拡大するわけです。場合によっては、そこに山があり川があり谷があれば、それによって汚いガスが滞留するということが問題です。

だから、チェルノブイリの状況を見ますと、非常に大きな問題がいっぱいあるわけです。放射能が濃い所もあれば薄い所もあるということです。こういう化学あるいは放射能災害のような場合には、このように地形とか気象の影響を非常に受けやすい。従いまして、今のハザードマップには、あくまでも原則的なことしか書いてありません。こういう地形とか気象に対しても柔軟に対応するということが、非常に大事だと思います。これからは、原発の事故というのは必ず起こると考えなければいけないと思います。

この前の福島原発の最大の教訓として、それまではチェルノブイリ型の事故は日本では起こらないと考えて、政府も学者も対応してきました。従って、さまざまな非常に大きな問題点をたくさん残しました。ご案内のとおり、きょうのお話にもありましたように、いろんな反省事項、教訓がきょうも出ました。政府の報告書・国会の報告書・民間の報告書・東電の報告書、この4種の報告書を見ますと、いかに欠点があったかということがたくさん項目的に挙げてあります。だから、これからそういうことを生かしていかないといけないと思います。

その中で、ハザードマップも見直されてきているわけですが、これからは、今までの固定概念にとらわれず、それぞれの状況によって対応していくべきです。従いまして、これから放射能の、いわゆる原発事故への訓練も、風向きによってまったく違うわけです。だから、それに応じて、訓練をやっていく必要があると思っております。

石井　ご紹介が遅れましたが、井上忠雄先生は、NBCR対策推進機構の理事長をされております。先生は、オウム真理教のサリン事件時の対応をどうするか、日本にそういう文化がまだ根付いていないときに、その企画立案から実践をされた方です。そういうご経験からも、今おっしゃった地図、マップがあればいいというのではなくて、ダイナミックに状況が動いていくものとして捉えるべきだという、貴重なご意見だったと思います。特に人災のところでも、もう一度コメントいただければと思います。

汚染の被害という意味では、チェルノブイリについても言及されました。実はハンガリーは、チェルノブイリの影響を受けた地域の一つです。でも、そこをなんとか切り抜けてきました。カタリンさんは、経済的・社会的な大変動を経験し、しかもそのハンガリーはもともとチェルノブイリの影響も受けて、その上でもう一回復興を果たしている、社会をちゃんとつくっているという経験があると思います。

カタリンさん、チェルノブイリという経験を、お国ではされていますね。社会型・コミュニティー型のアプローチとか、情報技術の話題など、何かコメントがあれば伺いたいと思います。

カタリン　チェルノブイリについて申し上げますと、ケイデン先生のプレゼンテーションの中で強調されていたことに感銘を受けました。それは、コミュニケーションが明瞭であることがいかに重要であるかという点。特にあのような災害時には重要であるということをおっしゃっておられました。

チェルノブイリは私もよく覚えております。というのは、私は12~13歳だったと思います。そして、その夏は、旧ソ連に両親とともに行っておりました。両親は医療の研究者でした。数週間だったか、数カ月だったか、住み始めたところで、チェルノブイリのとても近くにいたんです。2週間後に戻ってきて、爆発が起きたという、そんな状況でした。

当時はそういう重要な情報開示がありませんでした。つまり、ハンガリーでは、チェルノブイリについての発表がきちんとされていなかったのです。そういう危機の情報というのは、やんわりとした形でしか伝わってこなかったんです。ネットワークに近い人たちが、それを捉えて、社会の中で団結の動きがあって、お互いにこういう危機が起きたということを警告し合っているような具合でしかなかったのです。ですから、専門家による危機に関するコミュニケーションのようなものは一切ありませんでした。放射能のどういう影響があったのかということについては、議論になっています。間違いなく大きな影響がありました。地理的に見ても近いわけですし、当時、不幸にも空気・風がハンガリーの方向に流れていました。がんもそれによって増えました。不幸にも、チェルノブイリによってハンガリーは、大きな影響を受けたと言っていいと思います。

石井　そうしますと、公式な発表ではなく、コミュニティー内で情報伝達が機能したということでしょうか。

カタリン　それはそうですが、そういうふうに情報を得ることができた人たちは幸運だったと言えるでしょう。ただ、コミュニティーのアプローチは重要でした。それが、公式であろうが、非公式であろうが、口伝《くちづ》てにこのニュースが伝わって、非公式なところでこの情報が伝わりました。もっとプロフェッショナルな形で、ケイデン先生がおっしゃったように、公式な場で話し合われるべきだったと思います。

石井　では、ステファニーさん。このようなコミュニティー型のアプローチについては、どう思われますか?

ステファニー　コミュニティーというのは、災害時にはとても重要です。と言いますのも、大きな災害が発生した後は、最初の72時間はとにかくコミュニティーだけで対応しなければいけないことも多いからです。ですから初期対応だとか、コミュニケーションだとか、いずれにしてもコミュニティーが頑張らなければいけない時期があります。

アメリカの真ん中辺り、非常に嵐がひどい年がありました。２００５年のハリケーン・カトリーナです。そこでは、女性の美容師さんたちを活用して、貧しい人たちに情報を伝えました。災害時に、特に高齢者の様子を確認するということをやっています。とにかく1週間に1回だけ美容院に行くときしか社会に出ないという人たちもいるわけですから、そういう美容師さんたちが一番高齢者とつながりがあるわけです。ですので、もし災害があった場合には、この町では美容師さんたちが電話をかけて、自分たちの高齢のお客様に確認をして、情報を取得するということが行われています。お客さんたちもそれを知っていて、高齢者のすでにあるネットワークを使って内容を確認する、とても良いソリューションだと思います。

石井　ローカルコミュニティーとか、そういうものを活用しながら対応していくということが大事だということが共通の認識になったかと思います。すでに放射線の問題、被ばくの問題も語られていると思いますが、加えて、結局、自然災害以外にこういう人災のコンポーネントが、ますます増えてきていると思います。自然災害に加わって、放射性災害があった、これは結局のところ人災が加わったというのが、東日本大震災の、特に福島県の実情だったと思います。そう考えると、今度は先ほど四ノ宮先生がおっしゃったように、さまざまなテロの試み、単なる間違いではなく、悪意を持って起こされるさまざまな事象にも、何が起こっているか分からない段階でわれわれは対処しなければならないわけです。

そういうときに、どういう手順、どういうものの考え方をしたらいいかという点を四ノ宮先生、お願いいします。

四ノ宮　私は、バイオテロを中心にお仕事をさせていただいています。バイオテロと言いましても、感染症の一つの形であるわけです。基本的には、感染症という視点から見ますと、生物兵器であったり、バイオテロであったり、いろんな工作的な陰謀的なことなどが右側の極端にあるとすると、左側の一番極端なものが、今まさにわれわれが経験しているコロナのように、自然発生的に起こったアウトブレイク、感染症の広がりということになります。

その中で、一番われわれが大事だと思うのは、やはり公衆衛生学的な医療の基盤です。

どれだけの患者さんに対して、事態対処において、どれだけ対応できるかという能力です。それはテロであっても、いろんな新しく起こってくる新興感染症と呼ばれる、そういうものであっても、基本的には同じアプローチで対応できるはずです。

ただ、いろいろな形でディスカッションはありますが、そこを事前にいろいろな形で予測をし、どう対応するかという局面においては、なかなかイメージ的には、特にテロでどうするかが、一般的な感染症と比べてどう違うかというのは、分かりにくいだろうと思います。ですけれども、両者は基盤が同じです。そこをしっかり、例えばわれわれ医療者であればちゃんとした医療をどのようなシチュエーションでも提供できる、ということが非常に大事だと考えております。

それから、テロを考えた場合、テロにも大きく分けて二通りあります。一つは、明らかにテロだという犯行声明があるような overt attack と呼ばれるものがあります。もう一つはひそかに行われていて、じわじわと感染が広がって、後で「これはテロじゃないだろうか」と分かる covert attack という、そういう二つのタイプがあります。

ですけれども、それもやはり基本的には同じ感染症に対する対応として、医療側がやるべきことは、まずは同じところから始まります。ただ、それ以降の対策というのはもちろんいろいろ違ってくるところがありますけれども。そういう基盤的なところでは、実は共通のものがあるというのがわれわれの認識です。

石井　ちなみに、今の新型コロナも人災だという説もございますよね。

四ノ宮　これはなかなか難しいところがあります。世界的ないろいろな研究者の中で話は出ていて、まだ確定的なところは言えない状況です。

　コロナの遺伝子に関しては、ちょっと前に起こったSARSと非常によく似ているというところから、解析が始まっております。おそらく大本はキクガシラコウモリのような中国にいるコウモリが持っていたウイルスが変異をして、今のような形になったのだろうと考えられています。しかし、いきなりコウモリからヒトには普通はうつらないわけで、ワンクッション別の動物があるという話になっています。その中で、一つ解析されているのは、マレーセンザンコウという、英語でpangolinと呼ばれる動物ですけれども、そういう動物がワンクッションあるのではないかという説があります。それも遺伝子の部分を細かに解析すると、なかなかそれだけでは説明しきれないところがありますから、まだ本当のところはよく分かっていません。

　一方、陰謀説と言いますか、実験室で研究していたウイルスが漏れたのではないかという話が、いくつかの筋からあります。それに関しても、いろいろなことは、われわれ情報として聞いておりますけれども、まだまだ確定的に「これをこういうふうにやったから、今のウイルスになったんだ」という結論はまだ出ていません。

　その両面から今のところ見ています。全体的な見方としては、自然に発生したのではないかというところに重きを置きつつ、でも実際の発生ルートはよく分かっていないというのが現状だと思います。

石井　今まさに新型コロナに直面しながら、われわれは先に大震災による被災をしたこのコミュニティーの中で、なおかつコロナ対策をやっているわけです。その実情から、例えばきょうコメンテーターのお三方にいらしてもらっています。いわき商工会議所会頭の小野栄重さんから順番に、現状の報告をしていただければと思います

小野　今の問題で、地域の状況を簡単に言ってしまいますと、今まで経験したことがないような経済的な危機の中にあることは、間違いありません。私はいわきの会頭なので、いわきを代表して申し上げます。

いわきは、もともとエネルギーの町として、石炭から始まりまして、さまざまな分野に発展し、もちろん製造業も盛んな地域でありました。かなり裾野の広い産業を持っている地域です。普通の災害では、ある産業が悪ければ、他の産業がそれをカバーするというような形態で、なんとか乗り切ってきました。しかし、今回の事象は世界的な事象であるだけに、全ての産業が影響を受けています。まず通常の営業成績で言えば、5割以上も落ち込んでいる企業がかなりの数にのぼっていますし、まだ回復するに至っておりません。特に、観光・宿泊・飲食業業界、これらは致命的な打撃を受けています。

このような中で未来はどうなるのかが、一番心配です。政府が出した緊急事態宣言以降、やはり休業、自粛、県をまたぐ移動の中止、さまざまなイベントの延期・中止。最近では忘年会・新年会の予約も一切入っていないという、こういう状態が来期も続くようであれ

ば、これは致命的な被害に広がり、おそらく廃業・倒産ということがかなり現実味を帯びてくるはずです。今は手持ち資金をなんとかやり繰りしつつ、緊急融資、補助金・助成金――これは国・県・市を含めて――それをわれわれがマトリックスにまとめて、それぞれの被災されている中小企業・小規模企業にご提示して、その申請を手伝いながら、なんとか乗り切ろうとしているという状況です。

石井　いわき市医師会会長・木村守和先生、お願いします。

木村　いわき市の新型コロナウイルス診療体制については、医師会から声を掛けさせていただいて、一番中心になって対応しているいわき市医療センター、それから帰国者接触者外来に協力していただいている、ときわ会の小名浜中央クリニックをはじめとした五つの病院。それと医師会と保健所とを担当するいわき市の行政で集まって、13回ほど対策会議を開いてまいりました。

その中で、二十数人の感染者がこれまで発生しましたが、あまり大きなクラスターはなく、病床が逼迫《ひっぱく》することもなく、いわき市医療センターさんの最新の診療体制で大変うまくいっているところです。現在は、今年の冬のインフルエンザがもし流行したらどうするのかということで、国の方からも報道機関等を通じて、「かかりつけ医が診るような体制づくりをそれぞれの地域でやるように」ということなので、今その体制をつくっているところです。

ただ、新型コロナの感染症が広がったことで、医療機関にかかり控えしてしまう、危ないと思って行かないでしまうというようなことが、4月・5月を中心に非常に多くありました。あるいは、検診を受ける機会が非常に少なくなってしまいました。高齢者の方もあまり外に出ることができず、虚弱性体質が進行することや認知症の進行なども心配されているところです。やはり適切な対応をした上での、医療を受けることや身体を動かすこと、そういったことについても、市民へこれからも啓発を行っていきたいと思っています。

私から市民の皆さまへどうしてもお話ししたいことがあります。やはり新型コロナウイルスに感染した患者さんや、その家族の方への誹謗《ひぼう》中傷とかが全国的にも本当に目に余るような内容のものがあり、いわき市でもちょっと行き過ぎた対応があったのではないかと思います。きょうのお話の中でもありましたように、目に見えないものに対する恐怖や、行動を制限されていることによるストレスなどで、どうしても過剰な反応、攻撃的な反応になってしまいがちです。

そこで、東日本大震災を経験したいわきの住民だからこそ、冷静に正しい知識を得ながら理性的な対応をしてほしいと思っています。感染者とか感染者の家族への誹謗中傷はやめていただきたいなと思っています。もし、病院や施設でクラスター感染が起きれば、大変大きな集団感染になる可能性もあります。われわれ、病院や施設も、最大限ウイルスを持ち込まないように、職員は皆さまにも増して神経を使って対応をして、ここまできております。もしそのようなことが仮に起きても、感染症にかかるということは、それは被害者であって、決して悪いことをしていることではないという、温かいコミュニティーというか、東日本大震災を経験したからこそ、お互いに思いやりが持てる地域であるということを、外に向かって明らかにできるような対応をしていきたいと思っています。

ソーシャルディスタンスという言葉がありますけれども。正しくはやはりフィジカルディスタンス、物理的に離れているのであって、気持ちではつながるんだ、ソーシャルにはつながっていこう、オンラインを使ったり、いろいろ適切な方法でつながっていこう。そういう中で、この新型コロナウイルスをいわきが人に優しい地域として乗り切ることができれば、私はいわきに大きな未来が開けるのではないかと思っています。そういった面で、医師会として頑張ってやっていきたいと思います。

石井　ソーシャルではなくて、フィジカルディスタンスだと。なかなか含蓄のあるお話だと思います。そして、病院もまた経営問題を抱えているわけですよね。

木村　やはり医療機関におけるかかり控えがあれば、当然医療機関の減収になっていきます。病院を中心に、大変な減収です。診療所においても、かなり厳しい状況です。国からの支援はございますが、小野会頭からお話があったように、社会全体がいろいろなところで傷んでいる中で、病院・医療にだけ十分に支援をしろとはちょっと言いにくいし、言えない部分もあります。しかし、医療機関が継続して運営できなければ、人々の健康を守れず地域社会は成り立ちません。

石井　つまり、商工会議所と医師会は、同じ船に乗っているということですよね。両者は対立関係では決してないですね。それでは、

いわき市の病院協議会、高萩周作先生、お願いします

高萩　いわき市は震災・原発事故、それから去年、大変な大水害に遭いまして、今コロナと、三つの災害にさらされている状況です。特に今のコロナに関しては、いわき市医師会といわき市病院協議会と病院と一致団結して、なんとか立ち向かっているところです。

本当にきょうは〝目からウロコ〟という話がありました。特に、ケイデン先生からは、災害対応と人道的対応は分けて考えるべきだというお話がありました。まさしくそうだなと。今のコロナ感染症に関しても、コロナの治療は医療センターなり、三次救急（三次救急医療機関）なりでやるべきです。しかし、コロナの治療に携わっていない病院やクリニックでも、例えば、コロナにかからないようにするにはどうしたらいいか、情報発信をどうするかという役割はやはりあります。ということで、人道的支援、言い換えれば、健康な人を疾患にさらさないようにするというのも、われわれの重要な仕事だと、あらためて思いました。

それに関して、永田先生もおっしゃっていましたが、メディアの情報公開の問題です。特に地域コミュニティーでの情報、正確な情報をどうやってお伝えするかです。先ほど、井上先生もおっしゃっていましたが、震災のときも、放射能がどう動いているかというのはわれわれも大変心配で、風向きなどを必死になって見ていたんです。そのころは、同心円状に危険だと言われていましたが、先ほどおっしゃられたように、72時間くらいたってようやく風向きによって違うというのがわれ

われに伝わってきました。

コロナの情報もそうですが、正確な情報をどうやって地域コミュニティーに伝えるかというのは、本当に大事なことだと思っています。私、コロナに関しては、毎日厚労省のホームページを見ています。本当に正確なデータがリアルタイムで載っていて、それは科学的に分析できることなので、私なりに貴重な情報をかみ砕いて、地域に情報発信しているつもりです。しかし、テレビなどを中心としたメディアが、必ずしも正確とは言えない情報を拡散してしまっています。むしろそちらの方が影響が大きいというのが問題だと思います。メディアには、正確な情報をできるだけ伝えてもらいたいと思うのですが、長谷川先生、いかがでしょう。

長谷川　なかなか難しいテーマです。この国には報道の自由があります。思想、言論の自由があります。権力に対する監視としてのメディアの役割は非常に大事です。ですから、常に批判的な視点で政府をウオッチするというマスコミの役割は重要かと思います。ですが一方で、こういう災害時には、マスコミも国民とともに歩んでいかなければなりませんので、やはり正確な情報を伝えることは重要です。

まず、厚生労働省としては、今もある程度国民の皆さんにホームページ上で情報を提供していますが、あれをさらに進化させ、元データと直結させ、リアルタイムに、そしていろいろな観点で分析できるように、ホームページを改変できればと考えています。より国民の皆さんにご参考にしていただけたらなと思っています。

あとは、2年前、内閣官房新型インフルエンザ対策推進室にいたときにアメリカCDC（Centers for Disease Control and Prevention 疾患予防管理センター）に行き、さまざまな議論をしてきました。その際、リスクコミュニケーションが大きな話題でした。そこで印象的だったのは、「CDCから発表される内容の方が、CNNなどの報道機関よりもより正確で速い」ということを国民に認識してもらえるような体制を考えていました。さらに、不確実な情報であってもそれも含めて情報を流す、ということでした。要は、日本の場合は、他の国もそうですが、国民に対してお知らせするときは、確実な情報、間違いはあってはいけないということで、不確実な情報は出さず、情報が確実になるまで待つということでした。しかし、まだ不確実性があったとしても、不確実であることを断った上で、国民を信じて情報発信することが重要だというような議論でした。政府からの情報発信は重要で、それについてもいろんな方法でトライしていくべきだろうと思います。

井上　今の件に関連しまして。10年前に起こった福島原発のことを考えてみます。ご指摘のように、当時、住民の避難誘導の安全面から、三つの面で、私は大きなまずい点があったと思います。

その一つは、放射能対応の初動のまずさです。その原因は、放射能汚染について、警報や注意を住民に流さなかった。これは非常に大きな問題だったということです。

二つ目が、それを流す、いわゆるオフサイトセンターというのがありました。ここで官の方々、あるいは市町村の方々が集まって、住民に対してこういう避難誘導をしなければいけないというようなことをやるのに、オフサイトセンターが潰《つぶ》れてしまいました。電源を含め、オフサイトセンターがまったく機能しなかったことが二つ目です。

三つ目は、150億円くらい資金を投じまして10年くらい前からやっていた放射能予防システム、いわゆるSPEEDI（緊急時迅速放射能影響予測ネットワークシステム）があります。これが日本では緊急時に迅速に発表しなければいけないのに、2週間も後に発表された。従いまして、ドイツだとか諸外国の方が逆に日本に情報を発信してくれていたのです。

だから、振り返ってみますと、NHK、先ほど出たメディアの方ですが、メディアは原発・火元の方ばかりを毎日ニュースで流していました。しかし、汚染された空気が住民に流れていっている状況については、ほとんどのメディアが触れないというようなことがありました。

そういうようなことから考えますと、官は正しいことばかりに拘泥しまして、メディアに対して重要なことを教えない、というようなことになりがちです。われわれが見ていますと、やはり一番最初に両方やる必要があるわけです。火元に対する安全対策もやらなければなりません。それと同時に、住民に対する避難誘導、あるいは汚染の状況をコミュニケーションを通じて流す。できるだけ早く情報を流していくということが、これから非常に重要になるのではないかと思います。これは、これからの反省点として、政府にも直していただきたいし、メディアにも直していただきたいです。これからの事故対策で非常に重要な面だと思います。

石井　東日本大震災、原発事故の後に、あの風が流れていった方向は、海岸地帯から山岳地帯を超えて「中通り」と呼ばれる平野に行く、ちょうどV字谷がある所だったんです。そして、そこに道路があるんです。従って、原発周囲の住民の避難路も、皆さんそこを通りました。もっと言えば、オフサイトセンターの方々が「ここでは仕事ができない」と避難されたときも、同じ道路を通って福島に避難しました。自衛隊の方々が、飯舘村にキャンプを開いて、毎日、浪江町などにサポートに入ったルートも、あそこのルートでした。情報が十分に開示されなかったために、そういう無用な被ばくが実際に起きたわけです。これは反省点として、私も記憶に残っています。

ですから、おっしゃったようにドイツのデータは非常に役に立ちました。われわれも永田先生と一緒に、独自にプロットしたものをすぐ開示して、医療活動、医療支援活動に活用しました。リスクコミュニケーション、危機コミュニケーションというのは、とても重要ですね。時にはこれがキーになると思いますが、ステファニーさんいかがですか。

ステファニー　私も、本当にそのとおりだと思います。災害時、危機時に一番重要になるのは、正確な情報を早い時間にできるだけ早く手に入れるということです。もし、きちんとした情報がなくて、自分たちでいろんな事実を作り上げてしまったとするなら、これによってデマとか噂《うわさ》が出てしまうということにつながります。

石井　カタリンさん、これまで現況について話をしてきました。このコロナに関して言えば、経済危機が起きています。政治、経済的な危機から今のところまで皆さん方の場合には克服してきた経験があるわけですが、ハンガリーでは今、どういう感じなんですか。

カタリン　コロナに関してのハンガリーの現況ですね。いろんなジレンマを抱えています。政治、経済の両方ともにです。そして、私たちの国は小さな国です。ですから、ＧＤＰはチャートを見るといい感じで伸びているようにも見えるんですけれども、ＥＵからたくさんのお金が入ってきています。ですから、毎年のＧＤＰの成長率というのが、もっと効率よくなるのかもしれません。小さな国であるということは、予算が厳しいということでもあります。ですから、今ハンガリーでは予算の支出に関して非常に大きな議論が起きています。

皆さん方も少子化が進んでいるということですが、実はハンガリーも同じで。20年間から30年間で、現在約９８０万人ほどの人口ですが、これが８００万人ぐらいになると予測され、少子化がどんどん進んでいます。そこで政府は、新生児の誕生を促進させようということで、例えば住宅ローンとか、若い家族を支援する助成金とか、２人から３人以上の子どもを持とうとする人たちには特別な助成金を出そうとしています。

その一方で、いろいろな予算の拠出が、建設復興に対して出ています。これは必要ないと考えられることもあります。ハンガリー政府はサッカー場の建設をする一方、病院とか学校とか、そういったところの予算は非常に厳しくなっています。こういった状況において、いろんな議論が政府の支出について展開されているところです。パネラーのお一人がおっしゃいましたように、コロナ感染症というのは明らかにわれわれの国でも一つのドラマになっています。日本は豊かな国です。アメリカもハンガリーなどに比べると、非常に豊かな国です。それは数字を見ると明らかだと思います。

私たちはこの春、学んだことがあります。われわれ経済学者の視点として、この危機に対応する企業の内部留保がどれぐらいあるのかです。例えば、家庭の財務力、もし失業という事態になって賃金が入ってこない、あるいは賃金の支払いが停止されるということになったときに、ハンガリーの一般家庭のその経済的維持力は非常に低いのです。その一方で、より望ましい条件、あるいは助成金やそういったものが、企業なしには継続することができないというジレンマがあります。この点で、非常に大きな議論があります。われわれの健康の維持と、経済を活性化するという二つの要素が、なかなかうまく両立できず、お互いにその条件をすり合わせることができないという問題があります。ハンガリーにおいても、大きなジレンマが存在します。

政府は、特別なコロナ対応病院を設立しました。比較的、感染者の数は少ないのですけれども、忘れてはいけないのは、実際に検査割合も低いのです。社会総体レベルでの検査がコロナに関しては行われていません。それがいいのか悪いのかは、まだはっきりしていない状況です。

石井　パンデミックからの復興というのは、

一つの地域だけの問題ではなく、世界的な問題です。しかも、なおかつ、それぞれの地域がここでなんとか生き延びないと、今まで頑張ったものを失っていくという状態にあると思います。

ちょうどカタリンさんがおっしゃった人口問題、日本は老人の比率がどんどん増えています。若い人が減っていっているところで経済的な復興を果たすのは、なかなか困難だと思います。われわれはこれ以上若い世代を失うわけにはいきません。非常に示唆に富む発言でしたが、残念ながら今回は人口論の専門家をお呼びしていないので、その問題はまた後ほど考えたいと思います。

今のウィズコロナの段階では、すでに感染症というレベルを超えて、経済危機をどうやって乗り切るかという状況が同時に起きているということは、確かだろうと思います。

そこで、どうこの先をデザインしていくか、頑張っていくかです。この点についていかがでしょうか。

永田　二点あると思います。コロナも原子力も、やはり私が繰り返しお伝えしているように、人間の心に深く傷を付け、恐怖を与えるものですが、この恐怖を克服することが復興の一つの始まりだと思います。「正しく恐れる」という言い方もございます。われわれ医師は、現場に行かないといけないので、やはり恐怖を克服する必要があります。そのためには、普段から備えておくということが大切です。常に、希望を持つことです。確かにコロナは面倒くさいものですけれど、人類を滅ぼすほどまで悪いものではないと思います。原子力災害も大変なことがありましたけれども、今こうやって皆さんと集うことができています。恐怖を克服する、希望を持つということ。抽象的な話ですけれども、それを踏まえた上で日々生きていくのが、人としての在り方ではないか、人類の進むべき方向ではないかと思います。

石井　小野栄重さん、どうですか。メンタル面が非常に重要だという指摘だったと思います。

小野　今、域内の事業者が一番悩んでいることとは、精神的なストレスです。もしかすると、心が折れて「これ以上、商売を続けたくない」「こんなに苦労しながら、なんでお客様が来ないのに店を開けていなくちゃならないのか」という方が、かなり大勢いらっしゃいます。商工会議所の会員メンバーは3800社弱あるのですが、アンケートを取って、回答のあった1500社くらいの中で、「自分の代で廃業を考えています」というのが3分の1にも達しました。これは衝撃的な数字です。いわきでさえそうであれば、他の地域も同じだろうな、という感じはしております。

では、この心が折れることを防ぐにはどうしたらいいのか。やはり「来年こそは明るい展望、希望、夢があるよ」ということを、政府が、国でも県でも市でもいいのですが、そのトップがきちんと言っていただけることが大事だと思っています。このコロナの問題は、出口が見えないので非常に難しいことだと思います。私の目からも、今までの災害のように目に見えてインフラが回復して整っていくというような復旧・復興とはちょっと違っていますので、非常にやりにくい面があるように見えます。

ここで先生方にお聞きしたいのは、心が折れないためにも、明るいニュースを将来期待するためにも、「コロナの終息という定義」はどこにあるのかなということです。私は、いつも疑問に思っています。「終息」という言葉は日本語にはありますけれども、いったい「コロナの終息」とはどういうことなのか。この辺をご教授いただければ、私も頑張って事業者の方に説得できるかなと思います。「終息」があるとすればいつごろなのか、この辺を率直にお聞きできればと思います。

四ノ宮　いつ終息するかと言うのは、非常に難しいことです。一つ明るい材料としては、4月~5月ぐらいのときの医療的にも何もよく分からなくて、ソーシャルディスタンシングをずっと続けていたところから、少しずつではありますけれども、どういう治療をしたら患者さんの重症化が減るのかということに関しては、新しく医療面では少し分かりつつあります。

一つは、抗ウイルス薬、具体的には「レムデシビル」とか、そういう抗ウイルス薬を適切なタイミングで使うということと、それからステロイド剤ですけれども、それを適切に使って肺の炎症を抑える。そして血液が固まりやすいという話もありますので、「ヘパリン」というような血液を固まりにくくする薬、このようなものをうまくどうやって使用すべきかについて、だんだん医療的な知識が蓄積してきています。

ですから、4月~5月に比べて、おそらく重症化をかなり抑制することが医療の技術的に可能になりつつあるというところが、少しは進歩した点だと思います。ただ、やはり感染のリスクが全て消滅したわけではありません。今後、どのくらい安全で効果のあるワクチンが行き渡るかというところが、一つの焦点です。細かい情報は、まだ私も得ていないので、なかなか確定的なことは言えません。残念ながら今年中にそれが解決できるという気はしません。来年のいつの時期になるか分かりませんが、できるだけ早い時期にある程度ワクチンが導入されれば、生活のパターンというのも、以前のパターンに少しは戻せるのではないかと思います。

ただ一方で、やはりこのような感染症に注意するという生活様式がなじんできています。それをきちんと徹底しながら、できるだけ経済活動をスムーズに元の状態に移行できるかというところは、やはり皆さんが知恵を出すところだと思います。われわれも、例えば消費者側も、そこをもう少し後押しするように、「その部分は安全だから」というところを確保しながら、もう少し活動を活発にして、もう少しいろいろな形で交流できるようにと考えています。ただ、私は医療側からの見解ということで、なかなかコマーシャルベースで考えてないのではないかとお叱りを受けることもあります。そういうところは少し医療の方でも意識して情報提供をしつつ、「ここまで来ていますよ」というところで、安心感を皆さんと共有しながら、一歩でも二歩でも前に進みたいと思っています。

石井　日本の被ばく医療でも、どの状態ならば大丈夫なのかというのは、明石先生、積み上げられてきているわけですよね。どういうときにどうすればいいかという知見もあると考えていますが、いかがでしょう。

明石　おっしゃるとおりで、かなりのことが改善されているのは事実です。きょうのシンポジウムで、僕は非常に印象的なスライドを見ました。長谷川先生のお話の中に、「歴史に学ぶ」という項目がありました。その点で言いますと、やはりわれわれは自然の言うことを聞くことはなかなかできない。つまり、自然のもたらす災害に対して100％対応はできないけども、科学的な技術があれば、コロナに対してもそうですけれども、ある程度克服できる点がある。その一つの例が、風の問題です。1954年に、太平洋上のビキニ環礁で、第五福竜丸がアメリカの水爆実験で被ばくをしたのは、皆さんご存じだと思います。実はあれは、風の向きを誤ったわけです。つまり、第五福竜丸の方向には風は吹いてこないとアメリカは考えてきた。ところが、風の方向がいつもと逆に吹いてしまった。それを見誤った。

つまり、現代の科学技術で言えば、おそらく、かなり天候の状況等がスポット的に分かります。科学技術が発達してきて追っかけることができる。それから福島の事故のときのように、蓄積された情報を送ることができなかったという点も、かなり克服できるはずです。ロボットもあれば、いろんな新技術もあります。

ということは、やはり一つの夢として、放射線もそうですけれども、まだ改善の余地があります。将来を見るため、頻出する情報をわれわれに分かりやすく伝えてくれるような技術にまだ改善の余地があるということは、僕らの夢だと思います。特に放射線の点で言えば、一時期は24時間測ったりしていましたけど、今はそんなことをしなくてもよくなりました。オートラジオグラフィーというX線のフィルムにくっ付けてディープフリーザーに入れておかなくてはいけなかったものが、スクリーンがすぐ検出してくれるようになりました。放射線についても、検出能力が上がり、検出率が上がっています。

ただ、われわれは一つの数字にとらわれないで、科学技術に対応した知識も得ていかないと、得られた情報を見誤ってしまうのかなというところも反省点です。ですから、放射線についてもかなりよく分かってきているし、改善できている部分もかなりあると思うけれども、やはりそれに負けないためのわれわれの知識、それから勉強が必要なのかなと思いました。

石井　井上先生は、そういう正しい知識を世の中に広めたいということで、ずっと活動なさっていますね

井上　私たちNBCR対策推進機構は、きょう副会長の深山前防衛装備庁長官からお話がありましたように、自然災害であれ、あるいは人為的なテロを含む、そういう災害であれ、基本的なことをしっかりやっていく必要があるのではないか。それは、きょうは明石先生からもありましたが、基本をしっかり正しく皆さんに知識を持っていただく必要があるということです。私たちNBCRは、核とかバイオとか、特に21世紀はこの二つの面で人類に課題が突き付けられているように思うんです。一つは核の問題です。核は軍事的な核兵器の話がありますが、きょうはアメリカからのお話もありますけれども、最近は unconventional nuclear threat という、原子

力災害、あるいは核を使ったテロ、放射能のテロとか、いわゆる核兵器の使用でないような、そういう核の脅威というのは、これから非常に出てくる可能性があると思います。

もう一つはバイオ災害です。バイオ災害は、新興あるいは再興の感染症をはじめとして、今バイオテクノロジーが非常に一般化しています。これから、こういうバイオ技術が悪用される可能性もあるということです。これをなんとか人類の知恵で封じ込め、抑え込まなければなりません。この二つが、人類に課された21世紀の最大課題だと言われています。

だからきょうのお話がありましたように、われわれ、官と民が知恵を出し合って、これに対応していくしかないのではないかと思っています。やはりバイオも課題、問題がいっぱい出てきます。そういう面も含め、みんなの知恵でこの二つの課題をなんとかして抑え込んでいかなければなりません。私たちNBCRも、なんとかしてそのお役に立ちたいと考え、今二つのことに力を入れています。

このような講演会やフォーラム・セミナー等を行い、一般の皆さま方にできるだけ基本的な知識を持っていただくことです。あるいは機材を持っていただく。そしてみんなで考えよう、と。こういう知識や機材がなければ何もできないということです。これは地下鉄サリン事件の教訓なんです。それからもう一つは、できるだけ皆さんに知識とか知恵を持っていただくために講習会をやろうということで、年に7~8回の講習会を今までもやってまいりましたが、これからはオンラインを主体とした講習会も考えております。皆さんもぜひ機会がありましたら、ご参加いただければと思います。

そしてこれから大事なのは今、政権の方でも言っていますように、こういうNBCRの災害は、まず自助・互助。自助を7割、互助2割、公助1割の時代になっていると言われています。こういう原子力災害でも、自助・互助、特に地域・家庭・個人、まず自助をスタートとしまして、みんなで助け合っていく。この精神が非常に大事だと思っております。

石井　長谷川先生、きょうの議論を通して何かコメントをお願いします。

長谷川　まずコロナについては、経済と感染症対策の両立が重要で、これは非常に難しいテーマです。そして、国民の皆さんに複数の選択肢を示す中で、国民がどれを選ぶのかということが重要です。つまりはブラジルのように自由にやっていくのか、スウェーデンのように理屈をもって緩やかなコントロールでやっていくのか。それとも、より厳密にロックダウンなど、経済を相当締め付けながらでもやっていくのか。

そういう意味では今、日本では中間の方法をとっています。医療における病院での入院者の数をウオッチしながら、医療崩壊を防ぐと言ったら変な言い方ですが、医療の対応能力を超えないところでうまく調整する。そういう意味では、8月半ばに沖縄において少し医療の能力を超えかかったのですが、沖縄県民に強くお願いをして、一時的に外に出ていくことを控えていただきました。その成果もあって、ようやく危機を脱しました。今、沖縄は、再び、県民が外出するようになり、また観光客も集まってきつつあるという状況です。要はバランスを見ながら進めていくということになっていくと思っています。

もう一つのテーマですが、やはり危機、いろんな危機をこれまで人類は経験しております。吉村先生のご専門のエジプト時代からあったというのですが、日本においても複数の感染症もありましたし、原子力災害もありました。そういう意味では、最終的にやはり私たちはもう一度歴史に学ぶ。最初に深山前長官がおっしゃったように、日本人はすぐに嫌なことを忘れようとしてしまいますが、やはりここは一度立ち止まって、過去のことをきちんと検証していくべきでしょう。そういう意味では、大学機関においても、一定の役割があるのではないかと考えております。

石井　おかげさまで用意された時間いっぱいを使って、大変内容の濃い活発で有意義な論議を、三重の複合災害に見舞われた地元からの発信にすることができました。さらに新型コロナ対応についても直面する課題を共有できたと思います。ご清聴ありがとうございました。パネラーの皆さま、コメンテーターの皆さまに拍手をいただければと思います。ありがとうございました。

＊このシンポジウムは2020年10月4日、東日本国際大学1号館201教室にて開催されました。
【主催】学校法人昌平黌東日本国際大学／地域医療連携推進法人医療戦略研究所
【共催】いわき市医師会、NBCR（核・生物・化学・放射能対策推進機構）、IAEM Japan（国際危機管理者協会日本支部）
【主管】東日本国際大学健康社会戦略研究所
【後援】福島県、いわき市、いわき市病院協議会、日本救急救命士協会

昌平黌出版会の本

人間力回復宣言

吉村作治著

古代エジプトと儒教の知恵に学ぶ、人間力回復の道とは。「ほんとうの人間力をつけたいと思っているすべての人に勧める。古代エジプトと儒教の知恵が21世紀に甦る」——佐藤 優（作家・元外務省主任分析官）

本体1600円

昌平黌出版会の本

人間力とは何か——3・11を超えて

東日本国際大学東洋思想研究所編

本体1800円

東日本大震災から満5年。心の復興と共に、いま人間力の深化が求められている。第一級の識者8名の熱きメッセージ！（山脇直司、森田実、中野信子、玄侑宗久、孔垂長、小島康敬、片岡龍、二宮清純）

昌平黌出版会の本

東日本国際大学東洋思想研究所編

本体2000円

いわきから問う東日本大震災

――フクシマの復興と日本の将来

「超過酷事故」が問いかけるもの。東日本大震災とは何だったのか。震災を自然科学の立場から、人間の心の復興をめぐる問題にいたるまで幅広く考えるための問題提起の書。吉岡斉、中島岳志、木村政昭、松本健一、末木文美士、松岡幹夫ほか。

東日本大震災と原発事故からの10年
災害現場の初動から真の復興、そしてウィズコロナの未来へ向けて

2021年3月11日　初版第1刷発行

編　者　東日本国際大学健康社会戦略研究所
発行所　東日本国際大学出版会
〒970-8023 福島県いわき市平鎌田字寿金沢37
tel. 0246（21）1662　fax. 0246（41）7006
発売所　論 創 社
〒101-0051 東京都千代田区神田神保町2-23　北井ビル
tel. 03（3264）5254　fax. 03（3264）5232　web. http://www.ronso.co.jp/
振替口座　00160-1-155266
印刷・製本／精文堂印刷　装幀／奥定泰之
ISBN978-4-8460-2024-8

Decade from the Triplet Disaster of Great East Japan Earthquake and Tsunami with the Nuclear Accident

Toward the Actual Reconstruction of the Community from the First Respond Resuscitation to the Prospects for the New Normal with COVID-19 Pandemic

Edited by
Healthy Society Strategy Institute, Higashi Nippon International University

Foreword

March, 2021

Hiroshi MIDORIKAWA
Chairman of SHOUHEIKOU Education Foundation

It has been 10 years already since the Great East Japan Earthquake had occurred. The tribulations of people of the Tōhoku region over the past decade are indescribable. Fortunately, we have risen like a phoenix from the abyss of despair thanks to the encouragement and support by the people from all over Japan and the world. However, in October 2019, we were once again severely damaged by the direct hit of the Typhoon Hagibis (Reiwa Gannen Higashi-Nihon Taifu), while the recovery from the 2011 Tōhoku earthquake and tsunami was confirmed day by day. Here in Iwaki City, there was a series of damage such as flooding and water outages—our faculty, staff and students were affected by the disaster with no exceptions. In those disasters, our school motto "practicing righteousness to carry out their principles"[1]—a passage of the Analects of Confucius—brought us emotional support. We realized what has deepened the bond each other and what has become a driving force for reconstruction: the human qualities; the enriched mind; and "A life lives for others."

It is said "*Juu-nen hito-mukashi*" in Japan, meaning a lot can change in a decade. Although the memories at the time of the great

earthquake are still vivid, they are often forgotten. The vanished past can no longer be changed, though there is much to learn from the past. This is the unwavering guidepost to the future. Last fall, we held an international symposium "*Decade from the Great East Japan Earthquake and Tsunami with the Nuclear Accident (Triplet Disaster) - Toward the Actual Reconstruction of the Community from the First Respond Resuscitation to the Prospects for the New Normal with COVID-19 Pandemic*," hosted by the Healthy Society Strategy Institute. As the subtitle says, we also considered the global impact of COVID-19 that has been rampant since the beginning of last year. This book summarizes the full scope of the symposium— consisting of lectures and panel discussions, as well as documents from medical professionals and related personnel who were involved in relief operations during the two disasters: 10 years ago and also the year before last. How we faced those disasters. How leadership should be in the event of a disaster in order not to repeat the same mistakes. Crisis management strategies. How information should be shared, etc. These valuable testimonies, constructive suggestions, and numerous scientific knowledge from many experts in their fields are scattered around.

Higashi Nippon International University is the closest university to the site of the nuclear power plant accident. Therefore, we have established some research institutes for the community recovery and reconstruction after the disaster—the Institute for Regional Development Strategic Studies; the Institute for

Fukushima Reconstruction and Revitalization; and the Institute for Healthy Society Strategic Studies, etc. This is how we serve in the role of "Intellectual Center of Community (COC)" and seek wisdom from around the world to build a network. We are making steady progress. Holding international symposiums and publishing this book is also part of our ongoing effort.

I would also like to touch on the coronavirus crisis. Yuval Noah Harari—a historian, philosopher and best-selling author of "Sapiens," also known as "Intellectual Giant" in Japan—has written some articles and been interviewed about on the coronavirus pandemic. These articles from *TIME, The Financial Times and The Guardian*, and an interview with NHK has been translated in Japanese and published as a book[2]. What I paid most attention to was the next passage of the preface to the book: "The biggest danger we have faced is not the virus, but the inner demons of humankind: hatred, greed and ignorance" (Harari, 2020).[2] Therein lies a deep insight into human existence and a serious sense of crisis. Why did Harari point out that "hatred, greed and ignorance" would be the biggest danger? That is because, "To defeat an epidemic, people need to trust scientific experts, citizens need to trust public authorities, and countries need to trust each other" (Harari, 2020)[3] and what damages such "trust" is nothing but "hatred, greed and ignorance" which nests in man's heart.

On a side note, Buddhism preaches the three poisons as the

most fundamental of all human sufferings. There are three types: "Raga, Dvesha and Moha (Greed, Hatred and Delusion)," so it is no exaggeration to say that Harari's "hatred, greed and ignorance" overlaps exactly with these three poisons. The world is now shaken by unprecedented violent divisions and conflicts. While saying that we respect diversity and protect human dignity, there is nothing to feel ashamed of using abusive language to others who have opposing opinions. I have to say that the crisis—humankind is facing right now—is a crisis of humanity and a crisis of the human spirit.

"To every man that is born, an axe is born in his mouth, by which the fool cuts himself when speaking bad language." (*Buddha no Kotoba [Word of the Buddha]*)[4,5]

"Speak only the speech that neither torments self nor does harm to others." (ibid.)[6,7]

"Let the superior man never fail reverentially to order his own conduct, and let him be respectful to others and observant of propriety — then all within the four seas will be his brothers." (The Analects)[8,9]

"A man of virtue speaks good words." (ibid.)[8]

In times of crisis, we must understand the nature of the crisis and believe in the inner power of human beings to overcome it. I am convinced that is more important than anything else. The theme of the symposium will be of interest to everyone in Japan and around the world. Therefore, we have decided to translate the main

contents into English in this book. I hope that this book will give useful suggestions to many who sincerely wish for the reconstruction of Tōhoku and Fukushima.

References

1. English trans. James Legge (1815–1897).
2. Harari, Yuval N. (2020). *Urgent Suggestion on the Pandemic: Articles and an Interview*. Translated into Japanese by Shibata, Y. Tokyo: Kawade Shobo Shinsha, 2020.
3. Harari, Yuval N. (2020). *In the Battle Against Coronavirus, Humanity Lacks Leadership*. Retrieved from https://time.com/5803225/yuval-noah-harari-coronavirus-humanity-leadership/
4. Sutta Nipata, verse 657. *Buddha no Kotoba* [Word of the Buddha]. Translated into Japanese by Nakamura, H. Tokyo: Iwanami Shoten, 1984.
5. English trans. Tachibana, S. (1926). *The Ethics of Buddhism*. Richmond, Surrey: Curzon Press, 1992.
6. Sutta Nipata, verse 451. *Buddha no Kotoba* [Word of the Buddha]. Translated into Japanese by Nakamura, H. Tokyo: Iwanami Shoten, 1984.
7. English trans. Thanissaro Bhikkhu. (1994). 3:3 *Well-spoken*. Retrieved from https://www.dhammatalks.org/suttas/KN/StNp/StNp3_3.html
8. Confucius. *The Analects*. Translated into Japanese by Kaji, N. Tokyo: Kodansha, 2009.
9. English trans. James Legge (1815–1897).

Preface

Masami ISHII, M.D.,Ph.D., Professor

President, Healthy Society Strategy Institute, Higashi Nippon International University

The coastal areas of Fukushima prefecture were deeply afflicted by the triplet disaster; attack of the Great East Japan Earthquake and Tsunami with the nuclear accidents of the Fukushima Daiichi Nuclear Stations of TEPCO (Tokyo Electric Power Company Holdings, Incorporated) on 11 March 2011. The number of deaths was approximately 15,900; among them, 92.5% of death by drowning due to tsunami, 4.4% by crush injury or other causes and 1.1% by fire. The number of injured people was 43,800 in total. The over-all number of the victims of disaster-related deaths became more than 20,000, of which most of the deaths were caused by worsening of acute to chronic diseases or mental deterioration during their status as evacuees. There were no reported deaths by direct impairment from heavy radiation-absorbed dose.

The restoration processes of local communities begun in the midst of the chaos with lack of precise information, filled with variety of rumors, instead, in the situation of shortage of supplies to support casual lives to maintain community health together with about 14,000 evacuees of about 30km radius zone from the epicenter of nuclear disaster in Fukushima prefecture. Iwaki city,

just located adjacent to the nuclear disaster zone with about 350,000 population and the second largest city in Tohoku area (the northern area of the main Honshu Island of Japan), became an actual multidisciplinary support center for regional inhabitance as well as evacuees from the severely affected zones of nuclear disaster. Moreover, Iwaki played a role as a supplying base of workforces and various necessary goods with temporary or dwelling houses for evacuees, workers and business enterprises.

I played a role as an incident commander in a nation-wide scale as an executive board member of JMA (Japan Medical Association) to conduct and adjust all the actions to dispatch disaster relief teams of JMAT (Japan Medical Association Team) to support impaired community health at widely affected areas. The registered number of JMAT was 1,398 teams with 6,054 members until 15 July, 2011 and finally more than 20,000 members by the end of March, 2012, which became the largest number of activities as an NGO of Japan in the Great East Japan Earthquake and Tsunami.

The catastrophic nuclear accidents were considerably stabilized as a result of continuous efforts with good fortune. Now, a high level of food safety is secured, and only a low level of environmental pollution is remaining in many of areas as a result of arduous decontamination activities. This can be said to most of the facility grounds in the TEPCO nuclear stations. However, the road to finalizing the nuclear stations would be still long and tough.

It is our honor to host the International Symposium to review 10 years from the triplet disaster of Great East Japan Earthquake and Tsunami to actions for the Pandemic Disaster of COVID-19 ~ at the Higashi Nippon International University in Iwaki-City on 4 October 2020, which is located only 42km away from the TEPCO nuclear stations . It is geographically the nearest 'on-site' university involved with the incidents, and along with the community members, became the first of mankind in the world to observe and face such difficulties. We are facing the multilateral missions to restore the community, to build a wise program for the pandemic, and to restructure our "new normal" for life 'With COVID-19'.

As there are few "on-site" information presented from the triplet disaster throughout these 10 years, it should be our obligation to afford valuable raw contents of the current international symposium as a whole style in English soon to the global arena urged to build-up a new normal ' With COVID-19' system or any other disaster attacking humans in the future.

All our efforts are dedicated to the victims of the Great East Japan Earthquake and Tsunami.

Keynote speech 1 What did we learn from the Fukushima accident? Were we able to utilize our experiences for COVID-19?

Makoto AKASHI MD, PhD

Professor of Faculty and Postgraduate School of Nursing, Tokyo Healthcare University

Abstract

Radiation cannot be felt or sensed, and knowledge of the effects of radioactivity on health is not imparted in schools. Therefore, members of the general public did not have enough knowledge about radiation when a nuclear accident occurred in Fukushima. Moreover, there were many "experts" concerning radiation exposure, and they provided differing information; public people did not understand which information was right or wrong. This confused people. In this regard, some patients at hospitals refused medical tests using X-ray, for the simple reason that radiation increases the risk of cancer mortality. One of the most important lessons learned from past accidents is that misunderstandings and misconceptions cause excess anxiety, leading to social problems. We have learned again from the Fukushima accident that a lack of scientifically correct knowledge results in discrimination and prejudice, and also causes economic problems.

Since an outbreak of corona virus disease COVID-19 caused

by SARS-CoV-2 occurred in December 2019 in China, the disease rapidly spread all over the world. I was involved in the public response to the infection with this virus at a public health center of a prefecture in Japan. In Japan, public health center was a forward base for battling the outbreak at the time and played an important role; people developing symptoms such as fever, dry cough, and shortness of breath had to call the center to be advised before they saw doctors. Our public health center is located about 50 kilometers from the center of Tokyo and many people working in Tokyo reside in the area where our public center has jurisdiction. As the number of people infected with the virus was increased in Tokyo, many residences were infected in the area. The public health center also opened telephone consultation access for 7 days to provide correct information about health issues to the public, medical professionals, fire fighters, and others, and received almost 200 calls a day. A cluster of COVID-19 cases was identified at a general hospital in this area. This hospital was designated as a facility for infectious disease by the prefecture before the outbreak, and treated the residents infected. However, the staff of the hospital and also their family members were discriminated against only for a reason to work at this hospital; their children were declined to go to nurseries. Moreover, a pharmacy near the hospital refused to serve outpatients of this hospital. The numbers of patients visiting clinics or hospitals were reduced in the area and also calls to the ambulance service were significantly reduced; many people thought that clinics and hospitals were “dangerous”. Probably a

significant reduction in necessary admissions of seriously ill patients to hospital or their calls to ambulance service because of excess concern for infection was included in these numbers. It is not easy for the public people to understand viruses because they cannot be felt by human senses. However, correct knowledge could minimize socio-economic problem. The system for the people to obtain scientific knowledge about occurring events may be urgently required.

Keynote speech 2 How should we respond to complex disasters? – Lessons learned from the past history

Nariyoshi SHINOMIYA[1, 2]

[1] Director of the National Defense Medical College Research Institute

[2] Professor of the Department of Integrative Physiology and Bio-Nano Medicine, National Defense Medical College

Abstract

Thinking about the effective response to complex disasters, it is essential to collect appropriate information and apply the accumulated knowledge for dealing with various sorts of difficulties. We have faced to great numbers of misfortunes including natural disasters and man-made ones. As it is said "A fool learns from experience; a wise man learns from history", it is important to know well about the lessons learned from the past history.

Through the experience of Hanshin Awaji earthquake disaster (1995), many inadequate points regarding disaster medicine were unveiled. Treating many patients with acute traumatic injuries with limited resources became an important issue in the field of traumatology. With this as a starting point, disaster medical assistance team (DMAT) has been organized. Also, many patients with crush syndrome died even after they had been rescued by the

rescue squad. Since then the importance of confined space medicine has been recognized. In the JR Fukuchiyama line derailment accident, which occurred ten years later, DMAT members were first dispatched and medical care under the rubble was developed along with the practice of triage.

The year of 1995 was a terrible one for Japanese people. In addition to the disastrous great earthquake in January, a subway sarin attack that was a criminal act by a fanatical religious group named AUM Shinrikyo occurred, in which more than ten people were killed and about six thousand people were affected. After many years, a lot of injured are still suffering from post-traumatic stress disorder (PTSD). We learned a lot from this incident. First, it turned out that the information was confusing and could not be transmitted correctly in the beginning. Second, onsite rescue activities without decontamination induced more victims. Confusion near the disaster station prevented proper response. Likewise, the orderly response at the hospital was very difficult. Because of the difference in the personal protective equipment (PPE) levels between the Japan Self Defense Force (JSDF) staff and the staff from the fire department or the hospital departments, the latter suffered a lot of secondary damage. It is also necessary to emphasize the importance of follow-up research in order to correctly grasp the details.

The worst biological disaster ever seen in history was the anthrax leak accident in Sverdlovsk (1979), former Soviet Union. Covering up the fact by the authorities, inappropriate

decontamination, and non-provision of information acted in combination and led to outbreaks of patients for over a month. Rajneeshee bioterror attack using Salmonella bacteria in the US (1984) revealed the possibility that even non-researchers could get dangerous pathogens from cell banks. AUM Shinrikyo also tried to use anthrax bacteria and botulinum toxin for bioterrorism, but they resulted in failure due to lack of technology. However, it must be learned that they took this opportunity to devote themselves to chemical terrorism. Amerithrax (2001) caused a great shock on the American society, which brought about a change in values placing the emphasis on "safety" from "freedom".

Great East Japan Earthquake hit East Japan in March of 2011, and disaster medicine has become a very important part of our medical research activities. At that time nuclear meltdown in Fukushima Daiichi nuclear power plant occurred and how to control it became a serious problem. The Japanese government could not use the information from the System for Prediction of Environmental Emergency Dose Information (SPEEDI) for effective radiation protection measures. Life of the disaster victims in shelters has been fragile. They were provided with insufficient number of restrooms and forced to live a different life in a dusty environment without privacy, which put them very stressful condition. The nuclear accident made people uneasy and induced psychiatric symptoms that could not be explained medically. Unfortunately, evasion of responsibility, prejudice, and criticism to the residents arose. In addition, mental health of personnel

supporting was one of important things to consider; effective support could not be achieved without solving this issue.

Taken together, complex disasters not only bring the impact of the original disaster itself but also cause many problems associated with subsequent conditions including mental, social, and environmental issues. In order to properly deal with new disasters, therefore, it is important to accumulate knowledge and know-how based on the analysis aquired from past cases, and to develop the ability to apply it to the onsite activities under an appropriate support system.

Keynote speech 3 The lessons learned from Fukushima and COVID-19

Takashi NAGATA

President, Headquarters of Japan, International Association of Emergency Managers

Abstract

The common characteristics that both of the Great East Japan Earthquake/Fukushima Disaster in 2011 and COVID-19 in 2020 had is the fear against invisible things such as radiation or virus, and the key is to overcome this fear.

The Great East Japan Earthquake was caused by the earthquake with Richter scale 9.0 occured at 2:46 pm, March 11, 2011. The tsunami hit several coastal prefectures like Fukushima, Miyagi, and Iwate, and caused devastating damage. About 22,000 people were killed, and about half million people were evacuated. Additionally, tsunami also hit Fukushima Daiichi Nuclear Power Plants, and destroyed the main and back-up power supply. The failure of core cooling system for nuclear reaction caused consequences of hydrogen explosion in the nuclear units and released the radioactive contamination widely. People in Fukushima needed to evacuate outside their hometown. More than 100,000 residents had to live at the evacuation shelters for a long time. Officially, 2,286 people have died because of disaster-associated diseases until September 1st, 2019. People in general

misunderstand that many people died because of radiation by Fukushima Daiichi Nuclear Power Plant Accident. However, the reality is no one died because of radiation itself. No one died due to acute radiation syndrome in Fukushima. Also, people were concerned about the increase number of thyroid cancers among children based on the experience of Chernobyl accident. There is no scientific evidence to prove this. However, it is true many lives were lost in Fukushima.

COVID-19 is an infection, which originated from the novel virus diseases (or severe acute respiratory syndrome coronavirus 2) occurred in Wuhan, China in November 2019. This was spread out globally very rapidly and caused the pandemic. The mortality rate is high among older people, and the standardized treatments for COVID-19 have not been established. Many countries restricted the movement of the people and economic activities to control the infection. This pandemic affects the lives and future of the people in the world. At the end of October 2020, 44 million people were infected, and more than one million people died, and still the infection is not under control.

There are several commonalities between a radiation disaster and a pandemic. Both are caused by invisible things such as radiation or virus. The impact of both disasters spread widely and globally. And takes a lot of time and cost for mitigation. Their real impacts on health were relatively limited; however, the psychological impacts are devastating because of strong fear against radiation or virus.

The biological effect of radiation is dose-dependent and does

not have immediate lethal impact. Radiation affects the DNA and caused the mutation of DNA, then the possibility of cancer occurrence increases. In other words, the biological effect of radiation is relatively limited. However, radiation reminds people the tragic scene of Hiroshima and Nagasaki Atomic bomb, and it is true that people have strong fear and hatred toward radiation.

COVID-19 caused many fatalities in the world, and caused serious social confusion; therefore, people think that COVID-19 is a deadly, devastating pathogen. However, in the reality, not all infected people die, and appropriate public health approach and medical treatment work well for mitigation.

The difference between radiation disaster like Fukushima and pandemic like COVID-19 is described as follows. Radiation might be distributed or spread out, but radiation itself does not reproduce. On the other hand, in the pandemic, the pathogen reproduces itself and spreads out.

If we can overcome the fear against radiation or pandemic, the roadmap for recovery will be found. How do we overcome this fear? Physiologically, the fear is processed in the brain. The information related with fear is transmitted to amygdala, and then hippocampus (the core of old memory) and sympathetic nerve system. Therefore, the main target to overcome fear is to control amygdala in the limbic system, which is a set of brain structures located in the brain, but it is not easy at all. Base on the long history of human being, we established several ways to overcome fear. The first is time. By time, memory of fear disappears. The

second is reason. The sense of reason is controlled by cerebral cortex. Cerebral cortex can control amygdala. If we can digest irrational events such as radiation disaster or pandemic objectively and scientifically, and obtain full understanding, we can comprehend radiation disaster or pandemic as one of the events which sometimes occur in the human societies. The lack of appropriate knowledge makes people panicky, therefore, risk communication or how to communicate in the critical situation is also important. We should not deny the existence of the people who feel fear, and we should always respect to and empathize with the people.

In the near future, we will overcome Fukushima disaster or COVID-19, and the recovery and restore will be achieved. However, we will face up to new crisis or unknown disaster. At that time, we will remind the lessons learned from the past and overcome the difficulties and keep the humanity. Finally, I wish this symposium will be the milestone for the future.

Keynote speech 4 Lessons Learned from International Disaster Response

Stephanie KAYDEN

Associate Professor, Harvard University

Director, Lavine Family Humanitarian Studies Initiative, Harvard Humanitarian Initiative

NAGATA: So could you please start?

KAYDEN: Thank you very much Takashi. It's a pleasure to be here. And thank you for inviting me. And thanks to all of you for your time. I know you've just had your lunch. And so I'll try to make this exciting for you so that everyone can stay awake.

My talk is on the lessons that we've learned from international disaster response. But before I get started in the talk, I just would like to take a moment for remembering all the people who died in the disaster in 2011, and also the survivors who have been rebuilding the Tohoku region since that time. We remember them today. And hopefully, what we've learned about disasters, both in Japan and elsewhere, serve in their memory.

So I'm going to start my talk by telling you something you already know.

Japan's disaster preparation is the best in the world. Every school child knows what to do in an earthquake. All the buildings in Japan are built to a very high standard. And everyone knows

what to do when a tsunami comes. This system of disaster preparedness is due to the expertise and the good training that Japan has for its disasters. I think no country has done more to prepare for the disasters that it faces, then Japan has.

As in most wealthy countries, including the United States, disaster response in Japan is usually organized by the national and local government agencies to coordinate aid after disasters by organizations like the fire department, the police, the ambulance and medical services during every disaster.

Historically, in the past, disasters in wealthy countries have been relatively localized. They've been relatively short lived, meaning lasting days or weeks. And also, these disasters in wealthy countries tend to be relatively easy for the national government to control.

What do I mean, wealthy countries are not as vulnerable to the impacts of disasters as poor countries because of that, wealthy countries tend not to need help from other countries after a disaster. And so it's not very common that international disaster aid comes to wealthy countries. Another thing about most disasters in wealthy countries, because they have good building in good disaster response plans, these disasters in wealthy countries, whether it's from a typhoon, or a terrorist attack, or even an earthquake, typically don't force many thousands of people from their homes for months or even years.

But in other places in the world, you do get disasters that are so large, that they do force thousands of people from their homes at

a time. And those are called humanitarian crises. And the response to humanitarian crises is very different than the response to disasters as we know it.

Since the year 2000, the world has been seeing even more and more of these very severe disasters, even now in wealthy countries. And so wealthy countries, like Japan, and like the United States, are facing for the first time in living memory, actual humanitarian crises, and these require a very different way of thinking about disaster response. Humanitarian response is actually more commonly used in poorer countries that require international aid when disaster strikes. So for this reason, humanitarian response is not very well understood in many wealthy countries, including in the United States in its disaster systems.

We're going to look today at the international system for humanitarian response. But before we do that, we want to just look at the definition of a humanitarian crisis.

A humanitarian crisis is a little bit more than a regular disaster. A humanitarian crisis has two signature elements. First is mass population displacement that many thousands of people are forced from their homes, often for months, if not years. And the second element is a public health emergency that results from this displacement disaster.

So two examples are one in a poor country, the 2010 earthquake in Haiti, where 250,000 people died, and many people were displaced from their homes. That is a very common effect of a disaster in a poor country.

But in 2005, there was a humanitarian crisis for the first time in living memory in the United States. And that was Hurricane Katrina, a large typhoon that destroyed the city of New Orleans in the United States. And there again, we saw that many thousands of people were forced from their homes for a very long time. Unfortunately, the United States disaster response system at that time, had never had anyone who had the experience of caring for these very large numbers of displaced people.

They didn't have anybody who was trained in humanitarian response. What happened after that disaster was terrible. And the picture in the top left is of elderly people in New Orleans, being kept at the airport, one of the disaster shelters with improper shelter, food, medical care.

And this was due to a lack of training in humanitarian response on the part of the US disaster experts. At that time, the US did not follow the international standards for humanitarian response. And because of that, lives were lost, and many people suffered for many months after this disaster.

But anybody can learn the international humanitarian response system, even those who already have training in disaster response and preparedness. We at Harvard, in the Harvard humanitarian initiative have been bringing disaster and humanitarian response training to people around the world, even to people in our own government in the United States. So let's look for a moment at the standards, the responders and the organization system of international humanitarian response.

First, as for the standards for more than 20 years, there have been guidelines for international humanitarian response, written in something called the sphere handbook. The sphere handbook is available in many languages, even in Japanese, you can download it for free at the website sphere standards.org.

These standards for humanitarian response were created by the International Committee of the Red Cross together with some of the world's major agencies, like Doctors Without Borders, or Save the Children. Inside the Sphere Handbook, you'll find the basics of what are the minimum standards to provide for people after a humanitarian crisis.

For example, in the four major sectors of the response, which are food, health, shelter, and what we call WaSH, which stands for water, sanitation, and hygiene.

There are specific indicators provided in the standards, so, for example, every person should get at least 15 liters of clean water per person per day as a minimum. Now before you heard Dr. SHINOMIYA, talk about the latrines. He said you need enough toilets. That's true. But if you're a disaster planner or a disaster responder, how many toilets is that? Well, the Sphere Standards provide the answer. And the answer is a minimum of one latrine or toilet for every 20 people.

Similarly, in the shelter standards, it says that there must be at least 3.5 square meters of covered living area per person. That's to make sure that everyone has sufficient privacy and protection during the displacement. There are many many other indicators

like this in the book. And when we train humanitarian responders from around the world, they're trained in this Sphere Standards so that they can help people affected by disasters in a way that protects not only their health, but also their legal rights and their dignity.

The second part of the International disaster or humanitarian response system, are the people who respond. So whenever a disaster is large enough to require help from outside the country, there are four types of organizations that arrive at the response.

The first type is the United Nations. The United Nations has the job of coordinating the response together with the national government of the country where the disaster happened. The second organization that you see are government agencies, like JICA, from Japan, the Japan International Cooperation Agency in the United States, it's USAID, the United States Agency for International Development, these government agencies have the responsibility primarily for funding the international response. They do that by giving money primarily to the NGOs, which are the third type of organization. NGO stands for nongovernmental organizations, or agencies, like Doctors Without Borders, or Oxfam, or Save the Children. These agencies provide mostly direct aid to the people affected by the disaster.

In the last very important type of organization that arrives are the militaries. Now the world's militaries primarily respond to natural disasters, rather than conflict disasters. But they are responsible for doing the things that the NGOs can't do, like move

supplies, with helicopters, or rebuild bridges and roads, or any other thing that the NGOs lack at the moment.

These four types of organizations work together with local organizations and local government. And the entire response is coordinated through the United Nations cluster approach. Now a cluster is a sector of the response, like health, or food, or logistics. And when international responses used, it's organized in clusters, so that every person or every agency who is providing care in health sector, for example, or the health cluster, those two meetings, and those meetings actually are where they decide which organization is providing what kind of help in which location, and by doing this, they can make sure that everybody gets the help they need and that no resources are wasted.

Now, the clusters are all coordinated by the United Nations Office for the Coordination of Humanitarian Affairs, or OCHA. The cluster approach is attended to be led by government officials from the host country with help from specially trained officers from the United Nations staff. But if officials from the host country are not available to lead the clusters in the cluster system, then the United Nations specially trained staff can lead it and ensure that this effort is coordinated with the local government. So the cluster system is not intended to replace the responsibility and the mandate of the local government, but rather to support it with aid through response.

So while the international response is coordinated through this cluster approach, within governments or within organizations, the

incident command system is typically used. So this could be used by an agency, a city government, a hospital, every time a disaster strikes. We're going to talk more about the details of how the incident command system works a little later.

Now that we've been introduced to the international humanitarian response system, I want to take a moment to talk about the Fukushima disaster from a humanitarian perspective. As I think you heard from Dr. NAGATA, there are a lot of similarities between this radiation disaster and the causes and effects it had.

So, for example, the Fukushima radiation disaster along with the tsunami forced many people from their homes. And even in this nuclear radiation disaster, it's a time when we need proper humanitarian resources. Because most of these people in this radiation disaster won't actually die of the radiation itself. But people will die if they have not enough food, or clean water, or sanitation, or especially in wealthy countries, their medicines.

In the New Orleans disaster in Hurricane Katrina, in the United States, most of the people who had excess death there in the shelters for dying because of lack of access to their medications. So that's why it's important for all of us disaster responders and officials to be familiar with the humanitarian response systems and standards. It can be difficult to meet the Sphere Standards, even in the best of times. But I guarantee you, it's impossible to meet these standards.

If officials and disaster responders don't know about them at all, at the time of the Fukushima disaster in 2011, my organization,

the Harvard humanitarian initiative, as you heard from Dr. NAGATA, was very pleased to be able to provide a very small amount of help in response to the Great East Japan earthquake.

My colleague at the time, Dr. Maya Arii, that you see here in the center of the photograph, is an emergency physician from Japan, who was specially trained in humanitarian response at Harvard with us. And at the time of this disaster, she was sent to help coordinate what ended up being one of the largest shipments of medical relief supplies in this disaster as a part of Operation Tomodachi, which was a joint action of the Japan self-defense forces, together with the US military. Dr. Arii also was able to join Dr. NAGATA and Dr. Ishii, with the Japan Medical Association teams in their response in the Tohoku region.

After this disaster, and happy to say that Dr. Arii still works in disaster and humanitarian response now with the United Nations out of New York, where she is working with UNICEF, to lead their medical response to the worldwide COVID pandemic.

In addition to sending Dr. Arii, the Harvard humanitarian initiative also monitored the operations of the Japan Medical Association and sent information especially on the medical response to radiation emergencies to the JMA and its staff and stayed connected with them during the response, supplying information and expertise as requested by the JMA teams at the time.

But is a radiation disaster the same as a COVID disaster? I think it is. I agree with Dr. NAGATA that there are many

similarities. Both of these threats are invisible to people. You can't see radiation, and you can't see the Coronavirus. So people can have a lot of fear in these kinds of disasters. That means that rumors and misinformation can spread among the people and cause real problems for the response.

And as we know, all too well in the United States, bad communication and bad coordination from disaster response leaders can cost a lot of lives and result in a lot of deaths and a lot of confusion.

Disaster response efforts are often very political. For example, in the United States throughout the coronavirus pandemic, because of the mixed communications from President Trump, many people who support President Trump's political party, the Republicans, refuse to wear face masks. It's because President Trump has said no to masks in the past. And so if they think that if they wear a mask, they'll be confused for people who support the other major political party, the Democrats.

And so unfortunately, that's led to a number of people in the United States, catching the coronavirus because they won't wear a mask for political reasons. This missed messaging and poor coordination from this response has led to a very terrible situation for Coronavirus in the United States.

I'm very happy actually to live in a small pocket of the United States where the local and state governments in the hospital officials have actually done a much better job of crisis communication in the coordination of the response. And the

Coronavirus numbers, where we are here in Boston and in Massachusetts, are much better than the national average.

We heard a little bit about crisis communication from Dr. NAGATA. But I'm happy to repeat the points again.

Crisis communication is a key skill for all disaster leaders. This method of crisis communication during a pandemic was created by the Centers for Disease Control and Prevention in the United States. And it's often used in my area of disaster response to help us communicate clearly with people. There are six ways to do so very briefly.

The first is be first. People often remember the first information they hear in an emergency. So it's important to get that information from you good source out there first.

The second be right, accuracy establishes credibility. So check your facts and make sure that they're right because incorrect information destroys trust.

The third thing that's important is be credible, be believable. You must always be honest, you must come with timely information, and scientific evidence to build trust to the people who are listening to you.

Fourth, express empathy, acknowledge that people are feeling frustrated or scared. But it's important to acknowledge those feelings so that the rest of your message can find its way there.

In fifth, promote action. Keep the action messages simple and short. A popular one here in the United States right now is cover your cough, like that.

Six show respect. It's important to acknowledge cultural beliefs about disease and to let people actually ask questions when you're giving the information if possible.

Along with crisis communication, media training is very important. At Harvard when we are training humanitarian responders, we train them how to work with the media, and this makes them more effective disaster leaders during the disaster. A disaster leader should not meet the local press for the first time on the day of a disaster. But if at all possible, you should build a relationship with the media before the disaster strikes. That way when it comes, the media is your ally and will help you broadcast a good message.

I'd like to take just a moment here if I may and ask Dr. NAGATA to share his own personal example of this recently with the Coronavirus that's been adapted. Will you be able to share?

NAGATA: Thank you, Dr.KAYDEN.. Yes, Stephanie, thank you. Let me introduce an episode. I had an acquaintance with the Minister of Justice Mori at that time, who has already been retired, I was accounted for Ministry of Justice crisis control adviser in February, 2020. Originally, the purpose of it was to deal with various terrorisms and crises which will possibly occur, however, since there were COVID-19 concerning cases, I mainly have accounted for these.

There are many criminal facilities in the Ministry of Justice, however, in March, 2020, a cluster of COVID-19 has occurred in

Osaka Prison. The Ministry of Justice and the Osaka Prison have been rather severely criticized for it. Then, the reconsiderations for it were performed, I became the adviser of the Department in charge of the criminal facilities (prisons, reformatories and the like) in the Kyushu District Under Jurisdiction of the Ministry of Justice.

There is the Fukuoka Prison, which is a rather large scale prison, where I went out, and consulted with prison officers and medical officers how to wear PPE (Personal Protective Equipment) and how to deal with these cases if victims of a pandemic infectious disease happen to be appeared. And at the time when they reached a certain level, after I consulted with the warden of the prison, I proposed to publicize the trainings of these for the news front of the press and various media of mass-communications.

After they have been sufficiently trained, in July 2020, we publicized the whole training scenes to the press, for example, in the case where a victim happens to be appeared in a prison, the examination is to be performed in such way along the line of flow, accommodated in such way, and if the victim becomes seriously ill, the victim has to be sent to the relevant hospital. I think that it was considerably and properly treated by them.

After three weeks of the publication, the victims of a pandemic infectious disease really occurred in that prison. The four prison officers has fallen a pandemic infectious disease. Conventionally, it was supposed that we were severely criticized from the media, however, the whole training procedures were

shown previously, and we solemnly coped with the press, therefore, we were not especially criticized severely, and the press reported only the facts.

I only proceeded in accordance with the procedures because I learned the media training, especially how to cope with the media, in the institution to which Stephanie belongs. Therefore, I have introduced it as a case where we were managed to get over the trouble.

KAYDEN: Thank you, Dr.NAGATA.

So I said before we would return to the incident command system, in addition to communicating with the public, the other big role of a disaster leader is to make quick decisions and to work very smoothly with their team. And in most organizations around the world, the worldwide standard for how to organize this in a disaster is called the incident command system. And it works like this.

There's one incident commander at the top, and that person leads the response. Below them, there are three other usually management positions, which I'll come back to later. But then the decisions go down to four major types of Section chiefs. These are people who run teams of others in operations, in planning, in logistics, and in finance. So what we say is the incident commander leads it. The operation section chief does it. The planning section chief plans it .The logistics section chief gets it. In the finance section chief pays for it.

Now, the three other positions are the public information

officer that does these the talking to the media, the safety officer that makes sure that everyone they're responding to the disaster stay safe. And then there's the liaison officer who has the job of coordinating with other similar organizations. So a hospital Incident Command liaison officer might coordinate with the police or the fire, or the local government Incident Command systems.

A couple of things to know. Normally, each of these leaders has no more than five people directly under them. Not more, because with only five under each person, it means quick communication and quick action can be taken.

The other thing to know is the incident commander is not necessarily the number one top person in that organization. So for example, the president of a hospital is not necessarily the hospital's incident commander. Instead, the incident commander should be the person with the most expertise in disaster management. It should be the person who knows best the incident command system and has the best disaster management experience.

At my hospital right now, in our COVID disaster response, for example, the incident commanders, actually the chief medical officer, the president of the hospital, is actually doing a role more like the liaison officer. Our president is talking to the city government, the state government and other hospitals in the region to coordinate the response.

This is a photo of how the incident command system works actually, in my hospital. This is during a training drill. It's not right now during COVID, because no one is wearing a mask.

But what you can see there is that there are cupboards, that in a normal time are closed, because the room that we use for incident command is normally a regular conference room, sort of like the one you're in now, but flat. In a time of the disaster the incident command team comes into the room, opens the cabinet doors, pulls down the tables, puts on their Incident Command vests that have their titles on them.

And all the resources are there computers, telephones, reference materials, radios, it's all ready to manage the disaster response from this one control center. And our disaster Incident Command System has been running since mid March for this COVID response.

In addition, the different officers of our Incident Command System have each counterpart at other organizations in our area. So, for example, the operation Section Chief, this man here has his counterpart in the fire department, in the police department and in the city government. They work together they train together every day, even in normal times. So when a disaster comes, he knows the people to talk to make things happen quickly and get information. It's a very helpful way to run the disaster.

So in summary, I just want all of you to know that disasters will always be a part of our world. And all of us can work to make our response to disasters, even better than it is right now. Especially to the younger students in attendance today, I would like to say when it's your turn to take on the responsibility of leading the next disaster response. I hope you will find these tools. The Sphere

Standards, crisis communication and the incident command system will help make your response even better to the next disaster.

Thank you very much.

Keynote speech 5 Transformation, "transition", "transfusion"—reflections on social and system changes in Hungary

Katalin JULOW

Module Leader in MBA Data-Driven Management, Lecturer in MSc and BA Strategy Management (IBS-Buckingham University, Budapest)

Forewords

Thank you for the invitation and your kind attention. It is a great honor to participate in your International Symposium and therefore be part of the sharing of experiences, thoughts, and the creating solutions. Firstly, allow me to introduce myself.

Many scientists and many studies state that we spend 25% of our lives in different economic, natural disaster triggered, or political crises. This International Symposium dedicates time and attention to seek solutions and clarify learning points for the efficient e management of emergency and catastrophes: such as the disaster emerging from the earthquake, tsunami, and power plant Fukushima, or such as COVID-19, and also to add inputs to prevention.

I am honored by this conference, and my presentation: "Hungary: Transformation, Transition, Transfusion," adds a different color to the topics. Up till now, we addressed natural and nature-related disasters. Professor KAYDEN's presentation was

full of profound learning points, especially to me living in a peaceful natural environment. Mild as for the geographics, but not for the politics, social stability, and economic balance.

Introducing Hungary

First, let me briefly introduce you to Hungary. Who we are. We live in the Carpathian Basin, where East meets West Europe, or North meets South Europe, 9,000 kilometers from you. It is a big meeting and melting point. The capital is Budapest, one of the loveliest cities in Europe. Allow me a few "snapshots and facts" about my region:

Compared to Japan, our geographical location, tectonically, has been relatively peaceful in the past 2000 years. The Balaton is the largest lake here in central Eastern Europe. The vast plane areas make out the majority of our country. A section of it is the Hortobágy, a natural reserve area, a sanctuary for several birds as storks and cranes, and a home of the "curly hair" mangalitza pigs and the noble grey ox. One of our most precious natural resources is hot thermal and medical water. Both humans and the hippopotamus in the Budapest zoo find great enjoyment in it. Due to the water's beneficial qualities, these heavily weigh beasts have become famous for their world-leading reproduction rates as they soak in these waters.

Now, let us turn our attention to the economic dimensions. Hungary used to be "the pantry" of Europe throughout the middle Ages until the 19th century. Hungary originally is an agricultural

country. Fertile lands and our climate offer a comprehensive and colorful array of fruits, vegetables, grains. Our wine-culture is under revival. Currently, Hungary is part of the EU and contributes to agriculture by 2%. It makes out 3.3% of our GDP.

Industrial activity is encouraged radically since the 1950s. Today, strategic partnerships are formed with mainly heavy industry players, such as automobile producers: Suzuki, Audi, Mercedes, Opel, and BMW. The Japanese Suzuki plant operates in Esztergom.

The presence of the light industry in the past decades has faded out. Nevertheless, some promising signs of revival started to show, for example, in the Hungarian fashion industry, where local designers, as Nanushka, now make it to the international stage. Tourism and the construction industry have gained a role in our economy; the pandemic puts these successes now firmly on hold.

We have what is called an unorthodox political and economic approach. As for the challenges we face, there is definite progress in the Hungarian GDP; nevertheless, we rely heavily on the European Union funds in growth creation. The rates of corruption are high, primarily through Western eyes. We also have a reliance on Russian resources. We are part of the European Union, and we have not become a member yet of the Eurozone. One additional challenger is the COVID-19 that we tackle with a worn-out health care system. We have an unbreakable trust in the weekly lottery, as 5-6 million tickets are purchased weekly since its introduction in the late 1950s.

Who are we as people? We are a tiny and aging population, in 9.6 million. Our language is unique, Finno-Ugrian, not relating to any surrounding cultures. We are leaders in internet penetration and use in Europe, and practically mobile phones are glued to our hands, ears, and eyes. We are a creative, smart nation, and limitations in our resources often constrain us to be inventive and innovative. Hungarian creativity is well known. As a small nation, we have great pride in our numerous Nobel prize winners and scientists, who achieve exceptional results. We face the "Hungarian curse" usually; our talents often thrive better in foreign countries and teams. Our Hall of Fame includes Semmelweis, who "invented" washing hands before touching women in labor. Szent-Györgyi a Nobel prize winner for extracting vitamin C from paprika. Bartok and Kodaly for composing and exposing Hungarian music, Csikszentmihalyi inventor of the flow theory in contemporary psychology, Barabási the guru of researching networks, Judit Polgar a world champ in chess, Rubik who gave the world the cube. We have Roman or Orthodox Greek Catholics, Lutherans/Calvinists, and Jewish religious roots.

Following this brief introduction, let me turn to the major turning points in Hungarian history. How does past Hungarian history connect to contemporary crises and catastrophes? How does that relate to the challenges we faced in the transition? The transition, the conversion from the Soviet steered communist, later Socialist regime into modern capitalism and market economy happened 30 years ago. This conversion was profound and changed

our realities. Unlike the previous blood-soaked changes of Hungarian history, this has been miraculously peaceful.

The turning points

I grouped Hungarian history's major turning points into four categories: oppression, wars, systems, and diseases; some bringing opportunities, some bringing disasters.

Oppressions and Wars. The Mongols invaded us in 1241; they killed half of the population within a year. In 1526, meanwhile, Europe was busy conquering the world; the Ottoman Turks got the upper hand on Hungary's central part and stayed for two centuries. We got far from Europe. Blessings of the oppression were the establishment of Turkish baths throughout Hungary, and the black coffee, though it came a bit later.

The Habsburg ruling followed the Ottoman Empire; we became part of the Austrian Empire. Hungary was facing unfavorable tax conditions and became a colony. In 1848, the Hungarian Liberty revolution failed. The Habsburgs retaliated, our nation wrapped itself up into passive resistance. But at last, we rejoined Europe.

Then the Nazi invasion came. It exterminated hundreds of thousands of Jewish, gay, socialist, and Roma people in gas camps. Under these repetitive occupations, Hungary faced losses in human lives, cultural status, territories, and economic power. The Soviet occupation lasted 40 years, and our distance from the Western world got bigger.

Systems. The first significant change is the settle down in the Carpathian Basin. The Hungarians gave up their previous lifestyles. There were no more endless horseback ridings and raidings. By settling down, they cultivated animals, plants, and they had to protect their lands, which was very new for them.

Another significant systemic change was the conversion to Christianity in AC 1000. King Vajk was converted and started his ruling under the name Stephen. It meant that Hungarians had to give up their pagan beliefs. They had to fulfill new missions such as crusading to Jerusalem. They also had to make new alliances, new foreign policy strategies through marriages, commerce.

System changes come in many forms. Right after the First World War, the Trianon treaty annexed two-thirds of our territory, population, and economy. Still an undigested, unprocessed piece of our history. Witch-hunts also enrich this category. In the middle-ages, these hunts usually targeted affluent, elderly ladies in Hungary, and they came to an end only just a tiny bit before the 19th century. In the 20th century, the practice was resurrected in different forms: against the Jewish in the Second World War, intellectuals after the Second World War, or the wealthier noble community in the 1950s.

The Soviet army stayed 40 years. Again, we got far from Europe. The Russian language was obligatory, and Hungarians spent countless hours learning it without memorizing it as a sign of emotional resistance. Western Europe was far again; borders were closed.

Diseases were also afflicting us. Epidemics of cholera, leprosy, the Spanish flu, the plague tormented us through centuries, and the death toll has been high. Throughout the country, the gratitude columns elected by survivors of the epidemic still preserve these horrific memories. Today it is the Covid-19 that corners us, collectively.

Based on these blood-soaked, painful changes, the peacefulness of the 1990 transition has been unique. Acemoglu and Robinson state in the ignorance hypothesis, that poor nations are poor because their leadership unknowingly adopts bad economic policies. Now let's zoom at recent history.

The prelude to the transition

In the 20th century, our world went through a tide of crisis. the First World War, the Habsburg dethroning, the end of the Monarchy, the losing 2/3 of the country (Trianon Treaty), the republic of council-where soviet-type conversion attempts were made but failed. Then the red and white terrors, then the Second World War, all that happened within 30 years. The 1950s were the darkest decades in our contemporary history. After the Second World War, the communist regime got the upper hand, and the terror started. The nobility, the wealthy bourgeois, people who criticized communism were all deported to work camps, to "malenkij robot" (little work) and often never returned from there. Power drunk party members confiscated private properties and homes and transferred previous owners to countryside misery.

People lived in fear; they feared the black cars that collected people, they panicked from doorbells ringing at nighttime, which usually meant an eternal farewell to the family. Tension filtered into everywhere. In 1956, Hungarians took weapons and started their fight against the Soviet regime. They failed. Retaliation came in the form of imprisonments, transfers, and discriminations. For years, executions were on-going in Budapest's downtown prison, and the neighboring streets echoed the shootings.

The Rákosi era thankfully ended, and the 1960s brought softened flavors of communism. Climate changed as Kádár took over and set a new deal between the communist party and the people. In exchange for the tolerance of Soviet military presence, the party allowed "everyday freedom". Hungary was a top wheat and meat producer, ranking 4th in Europe. Pick salami, and several other products made it to export. Hungary created temporary abundance; people became wealthier, food was plenty. That was the era of the Goulash Communism or "refrigerator" socialism. In the socialist economy, the Communist Party planned everything centrally. They defined who to produce and what to produce. They determined the budgets, set the wages, handpicked the management of the different companies. 1968 brought some reform attempts; however, the ruling Soviet head Brezhnev did not cherish these. Kádár had no choice; he had to put Hungary back on the old track.

The 1970s practically meant the second economy's birth; this was a very new phenomenon, a trademark of the 70s and 80s. We are still in socialism. But there was a little bit of an easing in the

system. There were many private small workshops, where people had second jobs after their first official job. And when the office hours were off, they rushed into the double shifts. The productivity of the second economy was booming; meanwhile, the first official economy was lagging. People got worn out by the multiple changes; their productivity dramatically decreased in their everyday work during the regular office hours.

There were many attempts when Hungarians were seeking trade relations with Western Europe and beyond. One example is the Monchitchi, invented in Japan. This cult product discreetly filtered into Hungary in the 1980s. That was considered a very Western product for a Hungarian child like me, and hugging the little fury plastic monkey made us resemble our Western European coevals. In our daily lives, a pair of Wrangler jeans, a German Fa (brand) soap bar, a Donald chewing gum were the symbols of a better, freer, western world. When some bananas arrived in town, thousands of invincible women queued up to get them at any cost. In these decades, Japan was already a leading power. You worked on computers; we had them on the COCOM list. The Commodore 64 was the dream of progressive families, and creativity was infinite to get them into the country. Nevertheless, all these little objects made my generation hungry for more. We stuck to anything that came from abroad, which motivated us to strive for more.

In 1991, the Russian troops left, and Hungary changed the system. The turning point meant that we were heading towards a market economy, unprepared at the time. The 90s brought along an

economic crisis; we were losing the former socialist markets in the East. Our products were not appealing enough to the West. People felt nostalgia for the previous system.

Privatization started, state property decreased by 60%, and increased state income Net indebtedness decreased. We became an attractive country for foreign direct investments; joined the European Community and NATO. Fidesz (Hungarian Civic Alliance) stepped into the political arena. The Iron Curtain came to an end. It is a strange twist of fate that Hungary rebuilds its fences due to migration, sadly.

Today, there are still many debates about 1990/1991. Has it been a transition, has it been a transformation? One thing for sure. A transfusion of values, cultures, ideologies from the West. We roller-coasted through different ideologies from one decade to the next. A straightforward example of these paradigm shifts is Coca-Cola. Imagine my parents' generation, raised in the 1940s-1950s. They were taught to consider Coca Cola a sinful imperialistic drink, though the soft drink was not available in my country at that time. Instead, they were drinking Bambi, a locally produced orange-flavored refreshment. Somehow in the 60s, Coca-Cola appeared, and in some remote rural location, its production started, later the scale of production increased. In the 70s, the consumption of Coca-Cola out ruled the consumption of milk. In 1991, when the transition happened, Coca Cola made a significant foreign direct investment. Today, Coca Cola practically is part of our DNA and

plays an essential role in CSR activities supporting small entrepreneurs in the COVID.

The changes that happened fulfill the definition of a transition.

- Parliamentary democracy and a multi-party system replaced the single Marxist-Leninist Communist Party;
- A market economy replaced the Communist Party led planned economy, although the current government does specific interventions, e.g., in banking
- The politics to abolish private property and capitalism came to an end with privatization, though some state actions uncertain this belief, e.g., voluntary pension funds; "priority zone" real estates

We also learn that capitalism and democracy are different definitions.

Apart from strict political and economic terms, how did the transition feel? How has it shaped us? I was a teenager at the time reading Orwell and chanting the Beatles. The change was exciting, overwhelming, confusing. A similar spirit when Freddy Mercury from Queen has sung "tavaszi szél" (spring winds) to the Hungarian audience.

The learning points

Among the many learning points embedded in the transition, one is to listen to your instincts.

How do we look at the end of socialism and transition? As a

grey swan. What are grey swans? Let me use Taleb's idea-Grey swans are events with a little probability of occurrence; we know their presence beforehand. For me, for a lot of people, the previous system was a grey swan. We lived in it, yet we all hoped that once the rules of the game would change. We studied Russian for 12 years, and we speak none today. We considered that a waste of time. Is this the right attitude? Not, but it may be understandable.

We listened to the London based Radio Free Europe, but only in our homes' privacy, behind shut doors. If a visitor came, we immediately turned the button away. Were we brave? No. We were practical, and that was useful for survival. We were pioneers (a communist version of boy scouts) with the vision to become good socialists, yet we were baptized in secrecy and attended Sunday masses with the fear of getting caught. We somehow knew that was all just temporary. We wanted to be ready for the changes whenever it appears. We studied English secretly; we had pen-friends from Western Europe and overseas to practice the language. We were fighting to get foreign university scholarships or babysitting jobs abroad. Just to stand ready to rejoin Europe.

An important lesson is to appreciate your roots to nurture the future. My ancestors, great-grandmothers, grandparents, and parents gave me strength, resilience, and energy to cope with changes. My great-great-grandmother lived in the 19th century. She wandered across Europe, sometimes pregnant, in those vast 19th-century skirts. She lost her husband. She joined the school of Semmelweis and became a very successful midwife. She made a

fortune. She made it while she was a widow raising two kids alone, which I find very touching and powerful. My paternal grandmother was raising her children for years in a basement during the Second World War. Despite the shortages, the sufferings, they could plant definite and good values into their children. Roots give power in crisis and confusion. Change is painful; we are a generation maneuvering between two contradicting ideologies. What matters is the values, sources you get from your ancestors. My parents were wise and did their best to prepare me for a different world. They invested in my teaching and showed an example in constructing and appreciating relationships. They were networking and making friendships with Japanese, American, Russian, Georgian, Scandinavian, South American doctors to show us that we should step out from an ideological cubicle. They have become friends with Professor Ishii. They shared professional practices; they have become valuable members of the medical scientific community. These roots help me when values around me are confusing, and surrender myself to a crisis would be easy.

The third learning point is that one can be resilient if one comes to terms with the past through dialogues, discussions, forgiveness. The transition was peaceful; however, there are still many debates over the quality of privatization or how previous governing party members kept their power, wealth, capital. We have taboos about Trianon Treaty about the fate of our families.

Wealth differences in our society have become striking and

visibly shocking. We let go of the "relatively equal" state of socialism, and the forming, new aristocracy are still focused on growing private wealth and need more time to invest in the public wealth. In our every day, poverty is evident and present. Many asylums closed and dismissed patients joined the homeless. Yet, 84% of the population lives in an owned real estate. Rural poverty levels are high; 53%-of Hungarian households live under the social minimum. The melting down middle-class is a crucial challenge. These all converted us, apathetic and cynical. . We used to be a very kind culture, people, but the past decades and a transition turned us unkind.

The challenge is to encourage and keep up projects such as Professor Zimbardo' s anti-apathy initiation, or support and development programs for the disabled (e.g. Bátor Tábor), or impoverished minorities (e.g. Soma, Magyar Máltai Szeretetszolgálat).

Another takeaway from the transition is to invest continuous attention and budgets into health and education. Hungarian secondary school education was world-famous; this was unique merit of the Communist/ socialist system. Today, we degrade on the PISA list. Studies reveal that our ability is little in coping with daily challenges and problems. This partly explains why we face a demographic "winter": Fewer babies are born though the government has taken central measures to provide support and mortgage for young families to turn the trend.

The learning points do not only come from our story of the transition, but also your unique culture. The ‘Kintsugi’ gold mending practice teaches us to appreciate ourselves, our history, objects, and heritage, including the wounds, damages, and scars. We should view the past, our different responses to a crisis as a flow of learning points, a glue that sticks us together, and less as an infinite source of conflicts and oppositions.

The ‘Mushin’ the focused state of mind detaches one from fear and anger, is what Hungarians should learn. It could enable us to process the past peacefully and turn towards the future with balanced and sober learning points, replacing angry accusations and finger-pointing.

Your reconstructing the grand shrine every 20 years symbolizes continuity and connection. You pass skills and traditions from one generation to the next, yet you allow the next generation to take up responsibilities and bring renewals.

Thank you for your attention.

Keynote speech 6　From the Great East Japan Earthquake to With Coronavirus Era repeated responses to crises

Manabu HASEGAWA

Planning Officer of Minister of Health, Labor and Welfare

First, we will look back on the coronavirus and then on the problems of the Great East Japan Earthquake. My career in crisis management began when I was involved in ensuring safety and health management when processing raw materials for poisonous gas, in the Ministry of the Environment. After moving to the Fire and Disaster Management Agency of the Ministry of Internal Affairs and Communications and responding to the 2011 Great East Japan Earthquake, I was the director of the Disaster Countermeasures Office of the Medical Affairs Bureau at the Ministry of Health, Labor and Welfare. In addition, I was involved in the launch of DHEAT, which supports health centers, and the stockpiling of Favipiravir as the director of the New Influenza Countermeasures Promotion Office. Also when I was assigned to the Cabinet Secretariat, I was in charge of countermeasures against new influenza and international infectious diseases, and responded to Ebola hemorrhagic fever. About this, we have been making efforts to coordinate with related ministries and agencies.

After that, I was involved in vaccine policy, and now I am the director of the Crisis Management Response Planning Officer and

Regional Medical Measures Office for securing doctors of MHLW. I am currently coordinating medical measures, mainly as a deputy leader of the COVID-19 Headquarters Medical Team, and my most important task is to secure beds for patients. Until now, in Japan, each prefecture was supposed to formulate a preventive plan for infectious diseases based on the "Infectious Diseases Law". However, in the case of new influenza, each prefecture was basically able to control the beds for infectious diseases well, whereas in the case of new coronavirus, there is a possibility of infecting even asymptomatic people. Therefore, we tried to secure a hospitalization place for infected people by groping. Infectious disease control sites have various problems.

An important issue is how society as a whole responds to viruses. And the important point is whether humans respond to this virus by ultimately acquiring herd immunity, and if so, whether the immunity is acquired by a vaccine, or we get immunity with natural infection. On the other hand, there are various problems such as establishment of treatment methods, development of therapeutic drugs, through prevention of infectious diseases, and vaccine development. Another point is the impact of the new coronavirus infection on society. While the current efforts may be correct in order to drastically reduce the number of deaths and serious illnesses, it is also important to identify the impact of limiting social activities. Furthermore, there is a possibility that the birth rate will drop considerably in the future, and I think it is necessary to consider the future of Japanese society as well.

By the way, at the time of the Great East Japan Earthquake, I was the only emergency specialist of the Fire and Disaster Management Agency and I was the only one who had a doctor's license in the entire Ministry of Internal Affairs and Communications, so I was also available for medical consultations throughout the Ministry of Internal Affairs and Communications.

At the time of the earthquake, the Commissioner of the Fire and Disaster Management Agency at that time issued an instruction to "immediately send an emergency fire brigade." In the past, the dispatch of aid teams was requested, but the instruction to dispatch was the first time in the Great East Japan Earthquake occurred. The Secretary once said, "The most important task for us is to protect the people during the war." In short, the Fire and Disaster Management Agency has to work hardest during national protection situations, and it is our job to protect the back when the SDF is fighting in front. We are very surprised because we are not accustomed to emergencies such as war. What was even more surprising after that was multiple unexpected disaster response trainings. We received training in the room about the protection of the people, and three months before the Great Earthquake, we received a large-scale unexpected training. The training was conducted on the assumption that an earthquake would occur in all troughs in the Tounankai, and unlike usual, the Fire and Disaster Management Agency staff, who were not informed in advance could hardly respond. Therefore, we were instructed by the executives, "Even if you thought you couldn’t do anything, you

could have done something. Consider it properly." After that, the Great East Japan Earthquake struck. In fact, the dispatch of troops at the beginning of the Great Earthquake was fairly smooth, partly due to the results of the training under the direction of the Secretary. However, the biggest problem was the Fukushima nuclear accident, which was unexpected.

On the night of March 17, the Prime Minister requested the Governor of Tokyo to dispatch the Tokyo Fire Department, and the next day the Tokyo Fire Department's hyper rescue team was dispatched, and the team discharged water to the fuel pool. At this time, there was a debate about the need for health management for firefighters responding to the nuclear power plant and consideration of emergency response, and the Secretary said, "Immediately coordinate with related organizations." I have dealt with the problem.

I first asked some of the nuclear medical experts to help, but they said they couldn't work without the power company's consent, so I immediately contacted the power company. However, the power company was in a state of turmoil, and it was difficult to make decisions. After that, I was fortunate to be introduced to several emergency doctors by the people concerned, and I was able to receive guidance on how to deal with radiation.

At the relief site, J-Village, there were multiple emergency vehicles parked at that time, and the hall was full of supplies. At that time, as a doctor of government agency, I noticed some points.

First of all, regarding the response to emergency radiology,

the fire department had an emergency medical technician, a radiation expert, and an ambulance crew come to visit us, and an appropriate system was in place. The Self- Defense Forces also dispatched a sanitary corps under the direct control of the division, but I remember that they were actually people who had never dealt with special radiology. After that, a radiology expert gave a lecture to the people concerned about the appropriate response to radiation.

In addition, many employees of TEPCO and affiliated companies are active in the disaster area, and some of them seemed to be in very poor health. Also, despite being a non-smoking area, many people went out and took off their masks to smoke. I was concerned about those points. After that, three workers who were exposed to radiation on the premises of the nuclear power plant were transported to J-Village. They came in soaked boots, with their feet in contaminated water containing radioactive material. The people there were very surprised. And I remember hearing that it was slightly red at that time. We decontaminated and transported them to Fukushima Medical University and then to the National Institute of Radiological Sciences.

After that, the Fire and Disaster Management Agency was scheduled to withdraw from J-Village at the end of March, so it was decided to improve the emergency medical system in J-Village at the direction of the Secretary, and efforts were made to create a system in cooperation with related organizations. TEPCO understood the need for maintenance, but said it would be difficult to establish a system and secure doctors and nurses. The MHLW

said that managing the health of workers was a task that employers should do. On the other hand, we received very positive opinions from the Ministry of Defense and the Self-Defense Forces. The comment was, "The Self-Defense Forces have already cooperated with rescue doctors. We need to cooperate to ensure the health of our members, and if possible, we will also deal with other nuclear workers." I heard it from the Ministry of Defense on the March 29th.

Then, on the same day, 29th, we established a medical team at J-Village and secured a medical center within J-Village the next day. Anyway, we set up the J-Village Medical Team to keep it functioning even if the fire brigade withdrew on the 31st. After that, the Japan Emergency Medicine Society played a central role in securing the emergency medical system in the nuclear power plant.

By the way, I would like to talk about the relationship between the "political affairs" of the cabinet ministers, deputy ministers and parliamentary secretaries, and our "clerks". I realized that it depends on the political leaders whether the staff in the field will atrophy and fall into extreme precedentism and immobilism, or they will be able to grow and respond positively within the allowable range. The morale of the disaster area was very high. On the other hand, there was confusion of information and neglect of safety. Especially in the information field, the fire department was not informed that there was an important seismic isolation building on the site of the nuclear power plant and that there was a hotel in J

Village, and at that time, the police and the Self-Defense Forces slept on the floor without beds. Fortunately, the fire department stayed overnight at the city's general gymnasium, so a certain standard of living was maintained. However, I think it would have been better if the J-Village hotel could be used.

And the debris information and air radiation dose information on the site of the nuclear power plant were inaccurate, so the fire department had to go out of the car to work. The members of the Self-Defense Forces also wanted information on the amount of radiation in the air, so we together consulted with TEPCO employees, they were immediately provided us and announced on the TEPCO website that day. In this way, it was quite difficult to obtain the necessary information.

Issues in dealing with the nuclear accident include lack of understanding of resource allocation, priorities, and sense of speed, disregard for information, disregard for safety, lack of understanding of the atmosphere of the field, the command system, authority and responsibility, comprehensive support, and direct instructions. I think that the same problem is occurring in the response to this new coronavirus infection. In particular, there are likely to be major issues regarding command coordination.

Finally, Professor Ronald Heifetz, Harvard Kennedy School states that, "Leadership is acquired through experience and learning." Leadership here refers to problem-solving ability. And basically, leaders have made many mistakes in their childhood and young age and have learned from it. In other words, leadership, or

problem- solving ability, can be learned in the course of lifetime. Bismarck, meanwhile, said, "Fools learn from experience, wise men learn from history." Regarding the latter, it means that it is possible to properly learn about leadership and the chain of command.

So my lifework is to enable anyone to make the necessary command and coordination in any place, any disaster, any situation, any organization, any occupation, any ability, any physical condition. In particular, I experienced a lot of changes in command and coordination ability depending on my physical condition after the Great East Japan Earthquake.

It is important to be able to make the necessary command coordination under any circumstances. In particular, this is necessary for ministers who execute affairs and commanders in the field. To summarize, we need a place for conducting research, research on leadership, and a place for learning, in the future.

Thank you very much.

Panel discussion
From the initial action of the disaster site to the true reconstruction and the time with COVID-19

[Panelist]
*Makoto AKASHI (Professor of Faculty and Postgraduate School of Nursing, Tokyo Healthcare University)
*Nariyoshi SHINOMIYA (Director of the National Defense Medical College Research Institute)
*Manabu HASEGAWA (Planning Officer of Minister of Health, Labor and Welfare)
*Stephanie KAYDEN (Associate Professor, Harvard University)
*Katalin JULOW (Lecturer in MSc and BA Strategy Management, IBS-Buckingham University, Budapest)
*Tadao INOUE (Chairman of Institute for NBCR defense)
[Commentator]
*Yoshishige ONO (Chairman of the Iwaki Chamber of Commerce and Industry)
*Morikazu KIMURA (President, Iwaki City Medical Association)
*Shusaku TAKAHAGI (Chairman, Iwaki City Hospital Conference)
[Coordinator]
*Masami ISHII (President, Healthy Society Strategy Institute, Higashi Nippon International University)
*Takashi NAGATA (President, Headquarters of Japan, International Association of Emergency Managers)

[Discussion]

ISHII: Thank you for your joining us to this on line international symposium today. First of all, it is said that the number of natural disasters like earthquake, tsunami or extreme weather is increasing at the global arena recently. Japanese people have the skill to solve problems by consulting together in their community. Still,we need something more to face something to such a severe phenomenon repeatedly happening as natural, man-made or combined disaster. In this regard, please tell me your opinions, could you?

SHINOMIYA: I have supported victims as the Self-Defense Forces. These days, we can use hazard maps for both typhoon and tsunami disasters. I think, in our community, we can find out what kind of risk our place of residence has if you want to. How to make good use of hazard maps is important. Even if you check them in a hurry just before the typhoon attacks, I don't think you can use in a short while effectively. I would like anyone who knows about the efforts to make good use of maps in the community to tell me something related to this.

ISHII: Do the commentators who represent our community have any such information?

TAKAHAGI: May I talk about the hazard map in Iwaki City? We had heavy rain, and floods and landslides occurred in September and October last year, 2019. After that disaster, the use of hazard maps has been more publicized by Iwaki City office.

NAGATA: Currently, there are 50 base hospitals for nuclear disaster in Japan as a project commissioned by the Nuclear Regulation Authority. We also have the cooperation of Dr.AKASHI.

When the Great East Japan Earthquake happened, hospitals had difficulty responding to a nuclear disaster. People in some hospitals, such as Minamisoma Municipal Hospital, were required evacuation. Based on that memory, I hear that the role of the hospitals can be roughly seen by paying attention to the location of the nuclear power plants, the direction of the wind, the position of the nuclear power plants and the composition of population. We draw up Business continuity planning (BCP) each time. We analyze the risks and look at our duties to see what we should do easily. As a methodology, if we analyze the risks properly and realize our position, we can response to disasters precisely. I think it's the same as checking at a hazard map as commuting route. Also when buying a house, we should check them. I believe that such steady efforts are important.

INOUE: Regarding the hazard map, I would like to talk about the NBCR (N [Nuclear], B [Biology], C [Chemistry], R [Radioactivity]) disaster from the status of member of Institute for NBCR defense. In the case of NBCR, I think, it is very susceptible to the weather and landform. The hazard map of Fukushima nuclear power plant has shown “within 10km” and “within 20km”. But at the night of the March 12th, the moment when the vent was opened, dirty radioactive material flows in the direction of the wind. Thus areas up to 50-80 km from the power plant were affected because it was windy. So, at that moment, the Government of United States said, “Everyone within 80 km should take refuge" from their past experience. In the case of Japan, government stuck the index “within 10 or 20km”. Therefore, people in the villages where is far from the plant at the northwest direction,

such as Iitate village, are really seriously damaged. In this way, in the case of NBCR disaster, radioactive substance or chemical gas is very susceptible to topography or weather, especially with the wind direction and speed. The wind direction determines the direction of diffusion, and the wind speed greatly increases range of pollution. In some cases, if there are mountains, rivers, and valleys, they can hold very dirty gas. It is a big problem. Looking at situation of Chernobyl, we find there were many big problems; some places have high radioactivity and the others have low radioactivity. In the case of such a chemical or radioactive disaster, it is very susceptible to topography and climate. Therefore, it can be said that current hazard map only describes the basic principles. I believe it is very important for us to flexibly respond to such landform and weather. From now on, we should think that a nuclear accident will definitely occur. The disaster of the Fukushima nuclear power plant showed us that it was not proper that government and scholars believed as the Chernobyl-type disaster would not occur in Japan. So, it left a lot of various and big problems. As mentioned in today's talk, various reflections and lessons have come out today. Looking at the government report, the Diet report, the private sector report and the TEPCO report, we find that these four types of reports show the lacking points. Therefore, I think we have to make use of such ideas. Hazard maps have been reviewed in that process, but from now on, we should respond according to each situation. We should not be bound by the conventional stereotypes. So, the way of the training for radioactivity and the nuclear accident is completely different depending on the

wind direction. I think it is necessary to carry out training in the various situations.

ISHII: Thank you, Professor INOUE, chairman of Institute for NBCR defense. He planned a measure devised to deal with sarin incident caused by AUM Shinrikyo. Those days, nobody else assume that case in Japan. From that experience, I think it was a valuable opinion that simply checking maps is not sufficient and we should realize situations can be changed dynamically. I would appreciate it if you could comment again, in the case of man-made disasters. "Chernobyl" was also mentioned in terms of pollution damage. In point of fact, Hungary is one of the regions affected by Chernobyl accident. Katalin, you had experience with Chernobyl phenomenon. How do you think about the influence, and any approaches, like a community approach, or information technology? Do you have any comment?

JULOW: So as for Chernobyl, I think I was amazed by Dr. KAYDEN's presentation that how much she emphasized the clarity of communication that how important it is for example, in such a catastrophe. Now, I remember Chernobyl well, because I was a teenager, I think of 12 or 13. And that was the summer, that actually we spent in the former Soviet Union with my parents who were in a medical research transferred there for a couple of weeks or months. And we were actually very close to Chernobyl. So, we got back. Two weeks later, the explosion happened. And I have to tell you that I haven't, we haven't had those crucially important things installed at that time, actually Chernobyl was not really announced in Hungary. So, the news about this crisis situation, came in a very soft way. Some

people who were close to networks were able to pick it up. And there was like, more like a solidarity movement in society that bigger warning one another, that there was a crisis going on. So, we were lacking, these very professional crisis communication elements. The impact is very highly debated. But, there definitely has been an impact geographically, we are very close. At that time, unfortunately the air, the rain came towards Hungary. There are increases of cancer, due to that. Unfortunately, impacted by Chernobyl.

ISHII: Thank you. In that case, more than the official statement but solidarity approach or community approach, worked well for you at the time, you mean.

JULOW: Yes, I think that, how should I say it, it was the privilege of the lucky ones. Really, the community approach was very important, as I said networks are very important let them be formal or informal. So we talked well that people were spreading the news, and usually it went through the informal circles. I think it should have been much more, as Dr. SHINOMIYA and Dr. KAYDEN described.

ISHII: Stephanie, how do you think about this kind of community approach? Do you have any comment?

KAYDEN: Communities are very important in disasters, because normally we can expect that after a major disaster communities are on their own for response in the first 72 hours. And so, whether it's for the initial relief, or the communication communities are very key. I'll give you an example, in the middle of the United States, where they had terrible storms. There's one city where they are actually using the women's hairdressers, and the poor inner cities as a way to form,

informal networks to check on the elderly citizens, especially the women in times of disaster or many of those elderly people. The only time they go out of the house is to go get their hair done every week or so. And so they end up knowing their hairdressers more than anyone else in the community. And so a plan has been put into place, that when a disaster strikes the city, the hairdressers will actually telephone, all of their older clients to make sure they're okay.

It's a voice that the clients know, and it's a good way of checking on the older people through the networks that already exist community. I think it's a good creative solution for them.

ISHII: I think it has become a common understanding that it is important to respond to disasters by utilizing such local community components. I think that the number of such man-made disasters other than natural disasters is increasing more and more. I suspect it was the reality of the Great East Japan Earthquake, especially in Fukushima, that there was a nuclear disaster in addition to the natural disaster, which was ultimately a man-made disaster. So, as Dr. SHINOMIYA mentioned earlier, we must deal with various terroristic attempts, not only mistakes, but also various malicious events at time when we do not know what is happening. I would like to know, in such a case, what kind of procedure and what kind of thinking should be done. Could you talk about it, Dr. SHINOMIYA?

SHINOMIYA: I work mainly on bioterrorism. Bioterrorism takes as a form of infectious disease. Basically, from the perspective of infectious diseases, if there are biological weapons, bioterrorism, and various conspiracy theories on the right side, whereas, just like the

COVID-19 we are experiencing, the spread of infectious diseases is in the most extreme left side. Among them, the most important thing we think is the foundation of public health medical care. It is the ability to deal with many patients and to respond depending on the circumstances. Whether it is terrorism or various new emerging infectious diseases, we can be able to deal with it with the same approach basically. Though there are discussions in various forms, it is difficult to predict or image a difference between terrorism and normal contagious disease. However, both have the same basic construction. I believe it is very important that we, for example, medical professionals, can provide proper medical care in any situation. Then, considering terrorism, we find that there are roughly two types of terrorism. One is called an overt attack, which is clearly terrorism. The other is secretly carried out; infection gradually spreads and people later realize that this is terrorism. It is named "convert attack".

However, basically, as a response to the same infectious disease, what the medical staff should do in the beginning is the same. Of course, there are various differences after that. It is our perception that there is actually something in common at such a fundamental point.

ISHII: They say that the COVID-19 is also a man-made disaster.

SHINOMIYA: This is quite difficult. Various researchers around the world discuss it, and they haven't draw a conclusion. Regarding the gene of COVID-19, the analysis started from the point that it is very similar to the gene of SARS that occurred a while ago. Perhaps the origin is

that the virus carried by bats in China, such as the Greater Horseshoe Bat, has mutated and is now in its current form. However, bats do not usually transfer to humans suddenly, and it is said that there is another animal between Bats and human beings. One that is the animal called pangolin in English. There is a theory that such an animal may have carry. However the analysis of gene part in detail found that there were some parts that could not be explained by the theory, so the truth is still unknown. On the other hand, there is a story from some sources that the virus that was being researched in the laboratory may have leaked, which is called a conspiracy theory. Regarding that, we have heard various things as information, but we have not yet definitively concluded that "it became the current virus because of blah-blah-blah." I'm looking at it from both sides so far. From a general perspective, I think the current situation is that the actual route of occurrence is not well understood, while suspecting that it may have occurred naturally.

ISHII: While facing the new virus right now, we are still deal with corona in this community that was previously damaged by the great disaster. From that fact, for example, the three commentators is with us, today. I would like them to report on the current situation. First, Mr. Yoshishige ONO, Chairman of the Iwaki Chamber of Commerce and Industry, could you?

ONO: About the current problem, I find that there is no doubt that we are in an economic crisis that we have never experienced before. I would like to speak as the representative of Iwaki. Iwaki was originally an energy town, starting with coal, engaged in various businesses, and of

course the manufacturing industry was also thriving. It is an area with a very wide range of industries. In a normal disaster, if one industry was bad, the other industries covered it. However, since this epidemic is a global event, all industries are affected. In terms of normal business results, there are a considerable number of companies whose sales have sunk by more than 50%, and they have not yet recovered. In particular, the tourism, accommodation and food service industries have been damaged terribly. Under such circumstances, I am most worried about future of those industries. After the state of emergency issued by the government, many companies also closed, people refrained from doing something, stopped moving across prefectures, and postponed or canceled various events. Year-end-parties and new-year-parties won't be held in this term. If this situation continues in the next fiscal year, this will cause fatal damage, and perhaps cessation of business or bankruptcy will become quite realistic. Now, while the small businesses manage the money on hand, emergency loans, subsidies,—this includes countries, prefectures, cities—, we put them in a matrix. We are trying to make the businesses by helping with the application.

ISHII: All the aspects of the economic activities, food and environmental safety the once recovered from damages with Triplet Disaster in Iwaki 2011, are facing to the new crisis by COVID-19 now. I see. Thank you Mr. ONO, Dr.KIMURA, the President of the Iwaki Medical Association, please.

KIMURA: Regarding the new COVID-19 medical care system in Iwaki City, we cooperate with the Iwaki City Medical Center, which

supports mainly, the outpatient clinic for returnees, five hospitals and the administration of Iwaki City, which is in charge of the medical association and the public health center, gathered and held about 13 countermeasure meetings. Among them, more than 20 infected people have occurred so far, but there have not been so large outbreaks, the beds have not been running short, and the latest medical care system of Iwaki City Medical Center has been going very well. Now, we discuss what to do if an epidemic of flu occurs because the national government asked us to create a system that allows family doctors to work in each region. We are currently creating that system, however, due to the spread of the new corona infectious disease, there were a lot of cases, especially in April and May, where people would refrain from going to hospitals because they thought the hospitals were dangerous. Also, people have very few chances to get medical checkups. Elderly people cannot go out so much, so they are worried about the progress of frailty syndrome and dementia. After all, I would like to continue to educate the citizens about receiving medical care, physical activity, with taking appropriate steps. I have something I really want to talk to the citizens. There were the cases where COVID-19 victims and their families might be slandered all over Japan. I came across unpardonable behavior. In Iwaki, there were bad measures, I think. As the commentators mentioned today, fear of invisible things and stress caused by restricted behavior tend to lead to excessive and aggressive reactions. Therefore, I want the residents of Iwaki who have experienced the Great East Japan Earthquake to calmly acquire correct knowledge and behave rationally. I would like

you to stop slanderous injuries to infected people and their families. If an outbreak occurs in a hospital or facility, it can become very large outbreak. We, hospitals and facilities, have been working harder than you to prevent the virus from outside as much as possible. Please understand that patients are victims and they should not be to blame. Iwaki is a warm community where people can be considerate of each other, because of experience of the Earthquake. I would like to take measures to make it clear to the outside. There is the word social distance. To be correct, it's "physical distance". We are physically separated, but try to be connected by feeling, socially, online, and in various appropriate ways. Under these circumstances, if Iwaki can survive this new virus as a human-friendly area, a big future will open up in Iwaki, I think. In that point, I would like to do my best as a medical association.

ISHII: Not social distance, but physical distance. It suggests a great deal. And hospitals also have management problems, don't they?

KIMURA: After all, if people refrain from taking care of medical institutions, the sales of medical institutions will naturally decrease. Sales have dropped significantly, especially in hospitals. Even in the clinic, the situation is quite severe. There is support from the government, but as Mr. ONO said, I am little sorry to have to say that only hospitals and medical care institutions should provide sufficient support while whole society is being damaged in various places. However, if medical institutions cannot continue to operate, people's health cannot be protected and the local community cannot be sustained.

ISHII: In other words, the Chamber of Commerce and Industry and the Medical Association are on the same ship. The two should be never in conflict. Then, Dr. TAKAHAGI from the Iwaki City Hospital Conference, please.

TAKAHAGI: Iwaki City has been hit by the earthquake, the nuclear accident, and last year, a huge flood, and is now exposed to the third disasters, COVID-19. The Iwaki Medical Association, the Iwaki City Hospital Conference work together to confront COVID-19. Today I heard interesting topics. In particular, Dr.KAYDEN said that disaster response and humanitarian response should be considered separately. I agree this. Regarding the current COVID-19 infection, the treatment of this disease should be done by the medical center and the tertiary emergency hospital or tertiary emergency medical institution. However, even other hospitals and clinics that are not totally involved in COVID-19 treatment still have a role to play to announce, for example, how to prevent from being infected and how to send information. I recognize that humanitarian assistance, in other words, keeping healthy people out of the disease, is an important task for us. Regarding that, as Dr.NAGATA said, there is a matter of information disclosure by media. Especially, how to convey accurate information in the local community is important. As Mr. INOUE mentioned earlier, we were very worried about how radioactivity was moving during the earthquake, and we were desperately looking at the direction of the wind. At that time, it was said to be concentrically dangerous, but as earlier topic, after about 72 hours, it finally became clear to us that danger depends on the wind direction. I think it is

really important how to convey accurate information, like the information on COVID-19, to the local community. I visit the Ministry of Health, Labor and Welfare website about COVID-19 every day. Really accurate data is available every time, which can be analyzed scientifically, so I try to interpret valuable information and show it to the community. However, media such as television are spreading information that is not absolutely accurate. I think the problem is that it has a greater impact. I would like the media to provide as much accurate information as possible. How about Dr. HASEGAWA?

HASEGAWA: This is a difficult theme. There is freedom of the press in this country. There is freedom of thought, speech and writing. The role of the mass media as watchmen of power is very important. I think the role of the mass media, watching the government from a critical perspective at all times, is important. However, on the other hand, in the event of such a disaster, the media must also walk with the citizens, so it is also important to convey accurate information. The Ministry of Health, Labor and Welfare provides information to the public to some extent on the website, but we will further evolve it, connect it directly with the original data. And it will be able to be analyzed in real time and from various perspectives. We will modify it. I hope that the people will find it more helpful. Two years ago, when I was in the New Flu Control Promotion Office of the Cabinet Secretariat, I went to the US CDC (Centers for Disease Control and Prevention) and had various discussions. At that time, risk communication was a big topic. What impressed was that I was

thinking of a system that would make people aware that the content announced by the CDC is more accurate and faster than the media such as CNN. Furthermore, even if the information isn't sure, the information will announcement. In short, in the case of Japan, as in other countries, when announce to the public, no uncertain information is given and the only reliable information is announced. Thus, it was released after being made sure. However, even if there is still uncertainty, it is important to trust on people and disseminate information after notifying the uncertainty. Information dissemination from the government is important, and I think we should try various methods for that as well.

INOUE: In relation to the current case, I look at the Fukushima nuclear accident that happened 10 years ago. As was pointed out, I think there were three major problems in terms of the safety of evacuation guidance for residents at that time. One of them is the poor initial response to radioactivity. The cause was that they did not give warnings or cautions to the residents about radioactive contamination. This was a very big problem. The second was about the so-called off-site center. The off-site center was crushed though officials or municipalities had to gather here to do something like this to guide residents for evacuation. So, the second point is that the off-site center, including the power supply, did not function at all. The third is the so-called SPEEDI (System for Prediction of Environmental Emergency Dose Information), which has been in operation for about 10 years. It was invested about 15 billion yen. In Japan, this announced information two weeks later, although it must announce

much promptly in an emergency. Instead, Germany and other countries sent useful information to Japan. So, looking back, the topic of media, NHK, was only broadcasting the news about nuclear power plant and the fire source in the news every day. However, there were times when most media did not touch the situation where polluted air was flowing to the inhabitants. From such a point of view, the government tends to be obsessed with only the accuracy and not to tell the media important information. As we see it, we still have to do both at the very beginning. Safety measures against the source of the fire must also be done. At the same time, evacuation guidance for residents or the status of pollution will be announced through communication. I think it will be very important in the future to disseminate information as soon as possible. I would like the government and media to review and to improve this point. I think this is a very important aspect of future accident countermeasures.

ISHII: Thank you very much. Do you have any more comment with this issue as risk communication or crisis communication, Stephanie?

KAYDEN: I agree completely. In the time of disasters and crises, it's more important than ever that people get accurate information quickly. If you lead people without good information, then they begin to create the facts for themselves. And that can be both fear inducing and dangerous.

ISHII: Katalin, we already discussed about the current status as a kind of the economic crisis with this coronavirus. And you once already conquered political and economical terrible crisis after falling down of an iron curtain and led your country to the current state, and you

are the only one person with taking part in the economical field, here. You are the excellent bank officer. Any comment with these kinds of the issue, or what's happening in Hungary, for example, in relation with COVID-19?

JULOW: Well, we have a lot of colorful dilemmas. In our politics in our economy and COVID, we are a small country and, as I said, though our GDP looks very nice when you see the charts. We also have to be aware as terms of economy that we are very heavily funded and aided by the European Union among the percentile of growth, year by year, in the GDP. I think we could be much more efficient. Being a small country and usually having a very tight budget, we have very vivid discussions, now in Hungary. Regarding the budget, spending by the government, which is a very positive thing. One of you mentioned that you also face the dilemma of negative childbirth. And the same is witnessed in Hungary. There are very negative numbers that in two to three decades, the number of 9.6 million inhabitants could grow negatively under eight million. Therefore, the positive thing that the government tries to enhance the birth of new babies by providing very special financial mortgages and loans and aids to young families who want to have two or even more than three children. This part is very positive. On the other hand, I think that there are many budgets pending on constructions or even reconstructions, sometimes considered not really necessary, my government invests a lot in e.g. constructing football arenas. Meanwhile, hospitals and schools have very tight situations, if any budgets exist. So, in this kind of situation, we have very vivid debates over the governmental spending. And

obviously, as also one of the members of your panel mentioned, COVID is also a drama here, because you are a rich country, Japan and also US, compared to us if you see the numbers, I think it will be more than evident. Now, I think what we learned in spring with my economist mind, what surprised me is how you reserves companies and coping with a crisis. What I mean is that private households have very limited financial resources that in case of job loss. They don't tell their ages, then they are put on hold. It is amazingly low level in terms of reserves -what Hungarian families have on the other hand. They also don't have to go on unfortunately without businesses. And this is a very debatable and interesting. I would say even moral question that the preservation of our health and keeping our economies pumping and moving. Sometimes, just don't go hand in hand, but they are a little bit against one another so in Hungary. We are also having big dynamos around that the government set up very special COVID hospitals, but you can I guess you, we have the relatively low numbers. But also please bear in mind that we have very relatively low testing environment right now. So, we don't have that high level testing of the population for COVID, that would be desirable. Thank you.

ISHII: Reconstruction from a pandemic is not just a problem in one region, but a global agenda. Moreover, if each region does not survive in this situation we will lose a lot what we have built up. Katalin mentioned the population problem. The proportion of elderly people in Japan is steadily increasing. I think it is quite difficult to achieve economic recovery when the number of young people is decreasing more.

Japanese society should not lose the younger people any more. Those are very suggestive statements. Unfortunately, I didn't invite an expert on population theory this time, so we would better think about that comment later. At the current stage of "With Corona", I think it is certain that there is already a situation where we should consider how to survive in the economic crisis beyond any level of infectious diseases. Therefore, how to do our best and design our future is crucial. How about this point?

NAGATA: I think there are two points. Both coronavirus and nuclear power, as I have repeatedly said, deeply hurt and scare the human mind, I think overcoming this fear is one of the beginnings of reconstruction. There is an expression, "afraid correctly." We physicians still have to overcome fear because we have to go to the scene of accident. It is important to be always prepared and always have hope for that. Surely, COVID-19 is a hassle, but I don't believe it is evil enough to destroy mankind. The nuclear disaster has been difficult, but now we are able to gather, here. It seems like an abstract story, but I believe that living with having hope to overcome fear is the way we should take as a person, or mankind.

ISHII: I listen that the mental aspect is very important. How about Mr. ONO?

ONO: The biggest concern for businesses in the region right now is mental stress. Perhaps there are quite a lot of people who are broken and say, "I don't want to continue business anymore" or "Why do I have to open a store when customers don't come though I labor hard?" There are 3,800 members of the Chamber of Commerce and Industry, and

one-third of the 1,500 companies that responded to our questionnaire. One third of them said, "We are thinking of going out of business on my own generation." This is a shocking number. I feel that situations of other areas might be the same. Then, what should I do to prevent their heart from being broken? After all, I want the top of country, prefecture or city to say "there will be bright prospects, hopes, and dreams next year," I think the problem with this coronavirus is very difficult because nobody can see the exit yet. From my point of view, it seems different from former natural disasters, because in the former disasters, the infrastructure was visibly restored and prepared. What I would like to ask the lecturers expect bright news in the future in order not to break our hearts, is what the "definition of the end of COVID-19" is. I always wonder. There is the Japanese word "end", but what exactly does "end of COVID-19" mean? If you can teach me about this, I think I can do my best to persuade the business managers. I would like to hear frankly about it".

SHINOMIYA: It is very difficult to say when pandemic will end. One bright material is that we didn't understand anything medically from April to May. And since time when we had been doing “social distance”, it is clear what kind of treatment should be done for patients. New medical understandings to serious cases are found little by little. One is to use antiviral drugs, specifically "Remdesivir" or such antiviral drugs at the right time, and, use them steroids to suppress lung inflammation. And since blood tends to clot, medical knowledge is gradually accumulating about drugs that make it difficult for blood to clot, such as "heparin", and how to use such

drugs well. Therefore, compared to April or May, I think that it is a little progress that medical technology is becoming possible to considerably suppress the aggravation. However, the risk of infection has not completely disappeared. How safe and effective vaccines will be available in the future, is going to be one of focal points. I haven't got the detailed information yet, so I can't flatly say. Unfortunately, I don't think it can be resolved by the end of the year. I don't know when it will be, but if the vaccine is introduced to some extent as soon as possible, I think that the pattern of life can be slightly reverted to the previous pattern. On the other hand, the lifestyle of paying attention to infectious diseases is becoming familiar. I think that it is important for everyone to come up with wisdom to resume economic activities to their original state as smoothly as possible with implementing attention. We, for example, on the consumer side, want to give a little more support, and we should advocate that "this part is safe,"and make our activities a little livelier and interact in a little more ways. Because of my view from the medical side, I sometimes get scolded; some people may think I do not think on a commercial basis. I would like to move forward one step or two and provide medical information to share a sense of security —how is the progress—with everyone.

ISHII: Dr. AKASHI. I question as what kind of condition is okay for radiation emergency medicine in Japan is settled, right? I think there is some knowledge about measures. How about it?

AKASHI: As you said, it is a fact that considerable improvements have been made. At today's symposium, I saw a very impressive slide. In

Dr. HASEGAWA's talk, there was an item "learning from history." In that respect, it is difficult for us to listen to what nature says. In other words, although we cannot respond 100% to the disasters caused by nature (including COVID-19), if we have scientific technology more, we can overcome it to some extent. One example is the problem of wind. As you all know, Daigo Fukuryu Maru was exposed to the American hydrogen bomb test at Bikini Atoll in the Pacific Ocean in 1954. Actually, that was the wrong direction of the wind. In other words, the United States has thought that the wind will not blow in the direction of Daigo Fukuryu Maru. However, the direction of the wind blew in the opposite direction. The US misunderstood it. In other words, in terms of modern science and technology, we can probably see the weather conditions for each place. Science and technology have developed and we can pursue data. Also, the fact that the accumulated information could not be sent, as in the case of the Fukushima accident, can be overcome considerably. There are robots, and there are various new technologies. That is, as one dream, there is still room for improvement about radiation, etc. I think it is our dream that there is still room for improvement in technology that conveys frequently occurring information to us in an easy-to- understand manner in order to forecast the future. Especially in terms of radiation, we had to measure for 24 hours at one time, but now we don't have to do that. In the past, you had to stick it to an X-ray film called autoradiography and put it in a deep freezer, but now the screen can detect the data immediately. As for radiation, the detection capability and the detection rate has increased. However, it is

important to reflect on the fact that we may misunderstand the information obtained if we do not get the knowledge corresponding to science and technology without being bound by one number. Therefore, we have a good understanding of radiation, and I think there are many areas where we can improve it, and we need to have knowledge and study to keep up with progress.

ISHII: Mr. INOUE has taken action to spread such correct knowledge to the world.

INOUE: As Mr. Miyama, the former Chairman of Institute for NBCR defense said today, we, the NBCR Countermeasures Promotion Organization, think we should do the basic measures against natural disaster or such a disaster including artificial terrorism. In other words, as we received from Dr. AKASHI today, it is necessary for everyone to have a solid and correct knowledge of the basics. We, NBCR, think that humankind is facing challenges in these two aspects, such as nuclear weapons and biotechnology, especially in the 21st century. One is the nuclear issue. Though "nuclear" mainly means a military nuclear weapon, as today someone introduced the example in the United States, recently "unconventional nuclear threat", which means nuclear disaster without nuclear weapons like terrorism using nuclear power, and terrorism of radioactivity is emerged up. In the future, its presence will be strengthened. The other is a bio-disaster. Biohazards including emerging or emerging infectious diseases are likely to happen with spread of biotechnology. There is a possibility that such biotechnology will be abused. We must manage to contain this with the wisdom of humankind. These

two points are said to be the greatest challenges for humankind in the 21st century. Therefore, as you mentioned today, I think we, the public and the government, have to share our wisdom and respond to this. After all, there are many issues and problems with biotechnology. Including such aspects, we must manage to suppress these two issues with the wisdom of everyone. We, NBCR Countermeasure Promotion Organization, also want to help it, and are now focusing on two things. One is to hold lectures like this, forums, seminars, etc., so that the general public can have as much basic knowledge as possible. And we want people to bring their equipment. And let's think together. You can't do anything without this kind of knowledge and equipment. This is a lesson from the Tokyo subway sarin case. The other is holding seminars so that everyone can have as much knowledge and wisdom as possible. We have held seminars 7 to 8 times a year, and we will hold them online. If you have the opportunity, I hope you will join us. And what is important from now on is, as the administration has said, NBCR disasters must be confronted by self-help and mutual help. It is said that we are in an era of "70% self-help, 20% mutual help, and 10% public assistance". Even in such a nuclear disaster, starting from self-help and mutual help, especially in the community, home, and individual, everyone should help each other. I think this spirit is very important.

ISHII: Professor HASEGAWA, please give us any comments through today's discussion.

HASEGAWA: First of all, regarding coronavirus, it is important to balance the economy and control of infectious disease. This is a very difficult

theme. And it is also important which option the people choose while showing the people multiple options. In other words, people should choose "acting freely like in Brazil", or "going with reason and loose control like in Sweden". Or does the government need to lock down more rigorously while tightening the economy considerably? In this point, an intermediate method is used in Japan now. While watching the number of hospital inpatients in medical care, we adjust well so as not to exceed the medical capacity. In that sense, in mid- August, medical ability was about to reach a limit in Okinawa, but I strongly asked the Okinawans to refrain from going out temporarily. As a result, we finally came out the crisis. Now, in Okinawa, the citizens of Okinawa are going out again, and tourists are also gathering. In short, I think we will proceed while paying attention to the balance. Another theme is this; human beings have experienced crises and various crises so far. It is said that crises have been around mankind since the Egyptian era, which is the specialty of Professor YOSHIMURA, and there were multiple infectious diseases in Japan as well as nuclear disasters. So we will eventually learn from history again. As Mr. MIYAMA said at the beginning, Japanese people quickly try to forget what they dislike, but we should stop it here and examine the past properly. In that sense, I think that university institutions also have a certain role to play.

ISHII: Thank you for your attention. I would like to applaud the panelists and commentators. Let me close the session. Thank you all.

Event Location	Higashi Nippon International University, Iwaki City, Fukushima, Japan
Date	October 4,2020
Organizer	Higashi Nippon International University, SHOUHEIKOU Education Foundation/Medical Strategy Institute
Co-organizer	Iwaki Medical Association/Institute for Nuclear, Biological, Chemical and Radiological (NBCR) Defense Countermeasures Promotion Organization/Headquarter of Japan, International Association of Emergency Managers
Supervisor	Healthy Society Strategy Institute, Higashi Nippon International University
Support	Fukushima Prefecture/ Iwaki City/ Iwaki City Hospital Conference/ Japan Emergency Lifesaving Association

［資料編］

東日本大震災・福島第１原発事故の
いわき市民等の生活習慣への影響に関する調査

畑仲卓司　学校法人昌平黌 東日本国際大学 健康社会戦略研究所 客員教授
地域医療連携推進法人 医療戦略研究所 首席研究員

齊藤道也　学校法人昌平黌 東日本国際大学 客員教授
福島県医師会 常任理事
いわき市医師会 副会長

2020 年 11 月

東日本国際大学　健康社会戦略研究所
地域医療連携推進法人　医療戦略研究所
2020 年第 14 回日本禁煙学会学術総会　実行委員会

目次

1　調査の目的

本調査は、2011年（平成23年）に起きた東日本大震災や東京電力福島第1原子力発電所事故（以後、「震災等」ともいう）から9年が経過し、震災等がいわき市を中心とした地域住民（以後、「いわき市民等」ともいう）の生活習慣に、どのような影響を及ぼしたのか「生活習慣に関するアンケート調査」（以後、「本アンケート調査」「生活習慣アンケート調査」ともいう）によって実態把握することを目的とした調査である。

また、いわき市民等を対象とした本アンケート調査結果に基づく生活習慣の現状とその分析から、医療関係者がどのような活動ができるか検討し、いわき市民等の健康の質向上に向けた活動に生かすことも目的としている。

2　調査・分析方法

（1）アンケート調査の実施

2019年（令和元年）11月30日に開催された、第1回東日本国際大学健康社会戦略研究所・設立記念シンポジウム「みんなのための健康社会づくり～東日本大震災からの真の復興を目指して～」（以後、「第1回シンポジウム」ともいう）への、参加者（学生を除く社会人を中心としたもの）を対象にアンケート調査を行い、これを集計・分析する方法により調査を行った。

（2）アンケート調査対象

「第1回シンポジウム」における、学生を除く社会人を中心とし

た参加者、104 人を調査対象とした。

（3）アンケート調査票の質問項目

①　アンケート調査票の質問項目の構成

アンケート調査票の質問項目は、生活習慣の主要分野である、下記のような分野より構成した。（表 2-3-1）

また、震災後の変化を把握する必要のある項目については、震災後の変化を聞く設問を設けた。

表 2-3-1　アンケート調査票の質問項目の構成

（1）回答者の属性について（問 1-1 ～問 1-4）
（2）東日本大震災や福島第 1 原発事故による避難の状況（問 2）
（3）食生活に関する状況について（問 3-1・2）
（4）睡眠に関する状況について（問 4 ～問 6-2）
（5）運動に関する状況について（問 7-1・2）
（6）飲酒に関する状況について（問 8-1 ～問 8-3）
（7）健康に関する状況について（問 9 ～問 13）
（8）喫煙に関する状況について（問 14-1 ～問 20）
（9）震災の後の健康意識の変化について（問 21、自由記入）

注：かっこ内の番号はアンケート調査票におけるもの

②　アンケート調査票

調査を実施した「アンケート調査票」は、次に示すものである。（表 2-3-2）

設問の形態（聞き方や選択項目等）は、なるべく回答結果を比較評価できるようにするため、厚生労働省が行っていて集計結果が公表されている、直近の下記調査の調査票を参考に作成した。

○平成２８年（２０１６年）　国民生活基礎調査

この調査は、保健、医療、福祉、年金、所得等国民生活の基礎的事項を調査し、厚生労働行政の企画及び運営に必要な基礎資料を得ることを目的とするものであり、昭和61年を初年として3年ごとに大規模な調査を実施し、中間の各年は簡易な調査を実施することとしている。

平成28年は、11回目の大規模調査を実施した。

○平成２９年（２０１７年）　国民健康・栄養調査

この調査は，健康増進法（平成14年法律第103号）に基づき，国民の身体の状況，栄養素等摂取量及び生活習慣の状況を明らかにし，国民の健康の増進の総合的な推進を図るための基礎資料を得ることを目的とする。

表 2-3-2　アンケート調査票

生活習慣に関するアンケート調査のお願い

このアンケートは、東日本大震災や福島第一原発事故から 8 年が経過し、震災等が生活習慣に影響を及ぼしたのか知るために企画したものです。いわき市民の生活習慣の現状から、医療関係者が市民とともにどのような活動ができるか、検討し、いわき市民の健康の質向上に向けた活動に生かしていきたいと考えています。

アンケート調査のご協力をお願いいただければ幸いです。

以下、該当する番号に○をつけて下さい。

問 1. あなたの住所・年齢・性別・職種等を教えて下さい

問 1−1. 1)いわき市　2)相双地域　2)その他福島県内　2)福島県外

問 1−2. 1)10 代　2)20 代　3)30 代　4)40 代　5)50 代　6)60 代　7)70 代以上

問 1−3. 1)男性　2)女性

問 1−4. 1)医療関係職種　2)学生　3)その他（自由記入／　　　　　　　）

問 2. あなたは東日本大震災や福島第 1 原発事故（以下「震災」）を受けて、現在避難している状況ですか？

1)はい　2)いいえ

問 3−1. 本日の朝食について、該当するものを教えて下さい

1)何も食べなかった　2)錠剤・栄養ドリンク等栄養素の補給のみ　3)菓子・果物・乳製品・嗜好飲料のみ　4)一般的な朝食をした

➡問 3−2.震災の後、朝食はどのように変化しましたか？

1)変わらない　2)震災後食べるようになった　3)震災前は食べていたが震災を機にやめた

問 4. ここ1カ月間、あなたの1日の平均睡眠時間はどのくらいでしたか？

1)5時間未満　2)5時間以上6時間未満　3)6時間以上7時間未満　4)7時間以上8時間未満　5)8時間以上9時間未満　6)9時間以上

問 5−1. ここ1カ月間、あなたは睡眠で休養が充分とれていますか？

1)充分とれている　2)まあまあとれている　3)あまりとれていない　4)まったくとれていない

➡問 5−2. 震災の後、睡眠による休養はどのように変化しましたか？

1)変わらない　2)震災前よりとれている　3)震災前よりとれない

問 6−1. 夜はすぐ眠れますか？

1)すぐ眠れる　2)眠りが浅い　3)眠れない

➡問 6−2. 震災の後、睡眠の質はどのように変化しましたか？

1)変わらない　2)震災前より眠れる　3)震災後不眠だったが現在は眠れる　4)震災後不眠が続いている

問 7−1. あなたの日常的な運動への取組はどれに該当しますか？

1)1回30分以上の運動を週2回以上実施し、1年以上継続している（一般的な「運動習慣のある者」）

2)前記の条件を満たさないが運動している　3)運動しない

➡問 7-2. 震災の後、あなたの運動習慣はどのように変化しましたか？
1）変わらない　2）震災後運動を始めた　3）震災を機に運動をやめた

問 8-1. お酒はどのくらい飲みますか？
1）毎日　2）週５～６日　3）週３～４日　4）週１～２日　5）月１～３日　6）飲まない
➡問 8-2. 1）～5）と答えた方へ　飲む日は１日あたり清酒換算で（下記参照）どのくらい飲みますか？
1）１合未満　2）１合～２合未満　3）２合～３合未満　4）３合～４合未満
5）４合～５合未満　6）５合以上

※清酒１合（アルコール度数１５度・１８０ml）は、次の量にほぼ相当します。
ビール中瓶１本（同約 500ml）、焼酎０.６合（同 25 度・110ml）、ワイン１／４本（同 14 度・約 180ml）、ウイスキーダブル１杯（同 43 度・60ml）、缶チューハイ１．５缶（同５度、520 ml）

➡問 8-3. 震災の後、あなたの飲酒の習慣はどのように変化しましたか？
1）変わらない　2）震災後やめた　3）震災後減った　4）震災後増えた　5）震災後飲酒を始めた

問 9. あなたはここ数日、病気やけがなどで体の具合の悪いところの自覚症状がありますか？
1）ある　2ない

問 10. あなたは現在、傷病（病気やけが）で病院や診療所（医院・歯科医院）などに通っていますか？
1）通っている　2）通っていない

問 11-1. あなたは過去１年間に、健診（健康診断、健康診査及び人間ドック）を受けたことがありますか？
1）ある　2）ない
➡問 11-2.「2）ない」と答えた方は、あてはまるすべての項目に〇をつけて下さい（健診をしなかった理由）
1）心配なときはいつでも医療機関を受診できるから　2）時間がとれなかったから　3）めんどうだか
4）費用がかかるから　5）検査等に不安があるから　6）知らなかったから　7）場所が遠いから

問 12. あなたの現在の健康状態はいかがですか？
1）よい　2）まあよい　3）ふつう　4）あまりよくない　5）よくない

問 13. あなたは現在、日常生活で悩みやストレスがありますか？
1）ある　2）ない

問 14-1. あなたはタバコを吸いますか？
1）吸わない　2）1 日 10 本以下　3）1 日 11～20 本　4）1 日 21～30 本
5）1 日 31 本以上
➡問 14-2.震災の後、どのように変化しましたか？
1）変わらない　2）震災後やめた　3）震災後減った　4）震災後増えた　5）震災後喫煙を始めた
➡問 14-3.タバコを吸う本数を答えた方へ　何を吸いますか？該当するものすべてに〇をつけて下さい
1）紙巻きタバコ　2）新型（加熱式）タバコ

➡問 14-4.タバコを吸う本数を答えた方へ　今までタバコをやめたいと思ったことはありますか？
1)ある　2)ない

問 15. タバコについてあなたはどう思いますか？　そう思うものすべてに○をつけて下さい
問 15-1.紙巻きタバコについて？
1)健康に悪い　2)空気が汚れる　3)煙が嫌だ　4)かっこいい、おしゃれに見える　5)さわやかに見える
6)おいしそうに見える　7)特になんとも思わない　8)わからない　9)その他（　　　　　　　　　）

問 15-2. 新型（加熱式）タバコについて
1)健康に悪い　2)空気が汚れる　3)煙が嫌だ　4)かっこいい、おしゃれに見える　5)さわやかに見える
6)おいしそうに見える　7)特になんとも思わない　8)わからない　9)その他（　　　　　　　　　）

問 16. 受動喫煙により害を及ぼす、または及ぼされることを気にかけていますか？
1)気にかけている　2)少し気にかけている　3)あまり気にかけていない　4)気にかけていない

問 17. あなたの周りでタバコを吸う人はいますか？（加熱式タバコも含む）
1)いる（いる場合誰ですか？:　　　　　　　　　）　2)いない

問 18. あなたはこの 1 カ月間に、自分以外の人が吸っていたタバコの煙を吸う機会（受動喫煙）がありましたか？
1)家庭　2)職場　3)学校　4)飲食店　5)遊技場（ゲームセンター、パチンコ店、競馬場など）
6)行政機関（市役所、町村役場、公民館など）　7)医療機関　8)公共交通機関
9)路上　10)子供が利用する屋外の空間　11)その他（　　　　　　　　　）

問 19. タバコの煙はタバコを吸わない周りの人達にも害があることを知っていますか？
1)はい　2)いいえ

問 20. 加熱式タバコ（アイコス、プルームテックなど）に害があることを知っていますか？
1)はい　2)いいえ

問 21. 震災の後、健康意識に変化はありましたか？　自由にご記入ください

［　　　　　　　　　　　　　　　　　　　　　］

貴重なご意見ありがとうございました。

～個人情報の取り扱いについて～

本アンケートにご記入頂いた個人情報は、厳重に管理いたします。頂いた個人情報は今後の健康増進のための活動に使用させて頂きます。利用目的及び利用範囲以外の使用や第三者への情報提供は一切行いません。

東日本国際大学健康社会戦略研究所・地域医療連携推進法人医療戦略研究所

2020 年第 14 回日本禁煙学会学術総会実行委員会

（4）調査票の配布と回収方法

調査票の配布は、2019 年（令和元年）11 月 30 日に開催された「第1回シンポジウム」の参加者を対象（学生を除く、社会人を中心）に、シンポジウム開催会場で行った。

回収は、「第 1 回シンポジウム」の終了後の当日に行った。

① 調査票の配布：2019 年（令和元年）11 月 30 日

② 調査票の回収：2019 年（令和元年）11 月 30 日

（5）調査票の回収状況

調査票を配布した 104 人のうち、回収数は 77 人で、回収率は 74.0%であった。（表 2-3-3）

表 2-3-3　調査票の配布と回収状況

発送数	104 票
回収数	77 票
回収率	74.0%

（6）調査結果の分析方法

調査結果については、回収数が 77 票と数少ないことから、単純集計を基本として分析を行った。

また、調査結果を全国の指標と比較対照して分析を行うこととし、調査票作成に際し参考にした下記国の調査結果等を適宜参照して分析を行った。

○平成２８年（２０１６年）　国民生活基礎調査

（資料：e-Stat 政府統計ポータルサイト

https://www.e-stat.go.jp/stat-search/files?page=1&layout=datalist&toukei=00450171&tstat=000001041744&cycle=7&tclass1=000001123258）

○平成２９年（２０１７年）　国民健康・栄養調査

（資料：e-Stat 政府統計ポータルサイト

https://www.e-stat.go.jp/stat-search/files?page=1&toukei=00450061&kikan=00450&tstat=000001114975&result_page=1）

○健康日本２１（第二次）

（資料：「健康日本２１（第２次）の推進に関する参考資料」

厚生科学審議会地域保健健康増進栄養部会

次期国民健康づくり運動プラン策定専門委員会）

そして、これら全国調査結果等を参照して分析した、本アンケート調査項目の対応を次頁の表に示す。

表 2-3-4　分析に際し全国調査結果等を参照した本アンケート調査項目

	平成28年 国民生活基礎調査	平成29年 国民健康・栄養調査	健康日本21（第二次）
問3-1. 本日の朝食について、該当するものを教えて下さい		○	
問4. ここ1カ月間、あなたの 1日の平均睡眠時間はどのくらいでしたか？		○	
問5-1. ここ1カ月間、あなたは睡眠で休養が充分とれていますか？		○	○
問7-1. あなたの日常的な運動への取組はどれに該当しますか？		○	○
問8-1. お酒はどのくらい飲みますか？		○	
問8-2. 飲む日は１日あたり清酒換算で（表2-3-2問8-1）どのくらい飲みますか?		○	
問9. あなたはここ数日、病気やけがなどで体の具合の悪いところ（自覚症状)がありますか？	○		○
問10. あなたは現在、傷病（病気やけが）で病院や診療所（医院・歯科医院）などに通っていますか？	○		
問11-1. あなたは過去 1年間に、健診（健康診断、健康診査及び人間ドック)を受けたことがありますか？	○		
問11-2. 2)ない」と答えた方は、あてはまるすべての項目に○をつけて下さい（健診をしなかった理由）	○		
問12. あなたの現在の健康状態はいかがですか？	○		
問13. あなたは現在、日常生活で悩みやストレスがありますか？	○		
問14-1. あなたはタバコを吸いますか？	○		○

3　アンケート調査の結果

「生活習慣に関するアンケート調査」の集計結果について、以下整理を行った。

基本的に、本調査の回答結果を、円グラフあるいは横棒グラフで示した。

図タイトルの後<>内のn＝○○とは、その設問に対する有効回答数（回答者の属性を除く）で、複数あるものは前者が「本アンケート調査」(「生活習慣アンケート調査」) の有効回答数で、後者は比較対象とした国の「平成28年（2016年）国民生活基礎調査、20歳以上」「平成29年（2017年）国民健康・栄養調査、20歳以上」の有効回答数である。

このように、比較あるいは分析に必要な参考資料として、国の「平成28年（2016年）国民生活基礎調査、20歳以上」「平成29年（2017年）国民健康・栄養調査、20歳以上」の調査結果を適宜付記した。

（1）回答者の属性

回答者の属性については、住所・年齢・性別・職種を設問とした。

なお、回答者の属性のみ、無回答者を含めた集計をしており、全回答者数を77名としている。

1）住所（問1-1）

回答者の住所は、ほとんどの住所が「いわき市」67名（87.0%）であり、「相双地域」・「その他福島県内」とも0名で、「福島県外」が2名（2.6%）であった。（図3-1-1）

図 3-1-1　住所<問 1-1、n ＝ 77 >

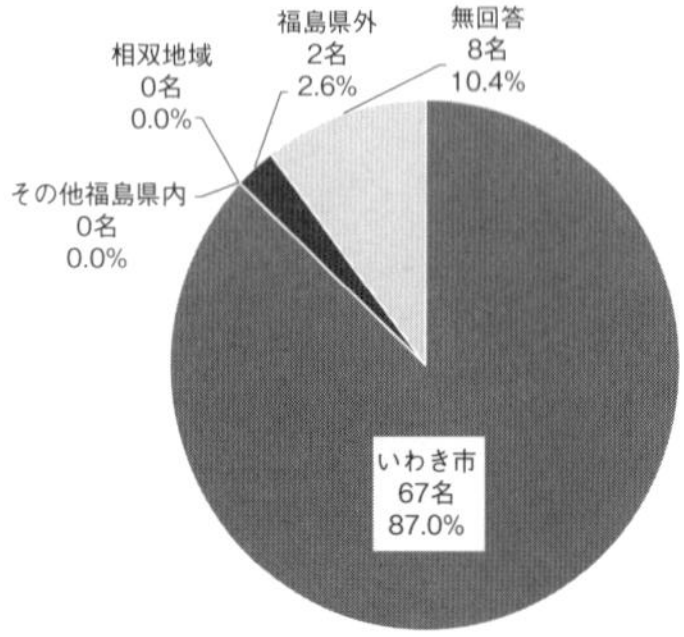

［生活習慣アンケート調査］

2）年齢（問 1-2）

回答者の年齢は、「30 代」、「40 代」、「60 代」、「70 代以上」が比較的多くほぼ同数で、17 名（22.1%）、14 名（18.2%）、15 名（19.5%）、15 名（19.5%）あり、これらに次いで「20 代」「50 代」が 6 名（7.8%）、7 名（9.1%）であった。（図 3-1-2）

図 3-1-2　年齢<問 1-2、n ＝ 77 >

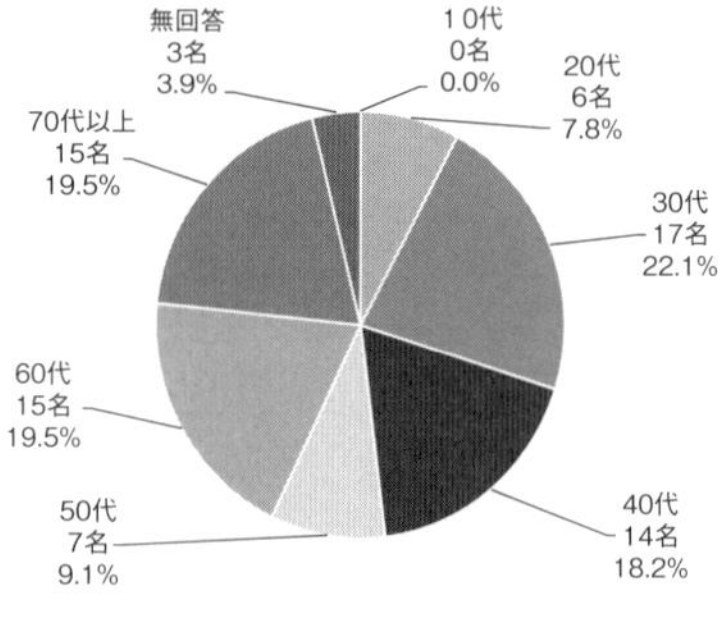

［生活習慣アンケート調査］

3）性別（問 1-3）

回答者の性別は、有効回答者では男女ほぼ同数で、「男性」33 名（42.9%）、「女性」34 名（44.2%）であった。（図 3-1-3）

図 3-1-3　性別＜問 1-3、n ＝ 77 ＞

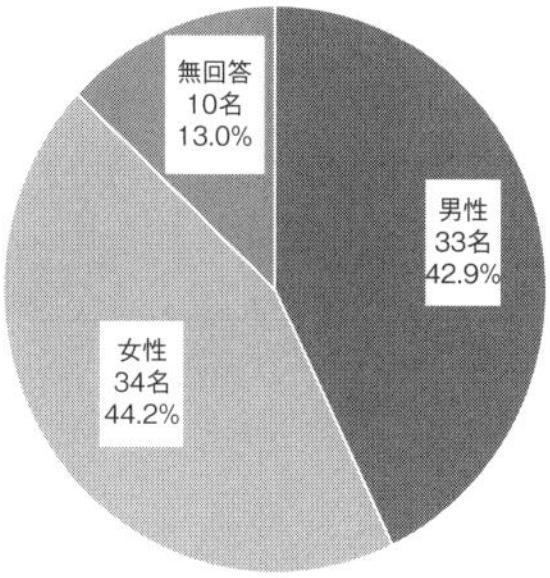

［生活習慣アンケート調査］

4）職種（問 1-4）

回答者の職種は、「医療関係職種」が半数強の 43 名（55.8%）を占め、「その他」が 23 名（29.9%）であった。（図 3-1-4）

図 3-1-4　職種＜問 1-4、n ＝ 77 ＞

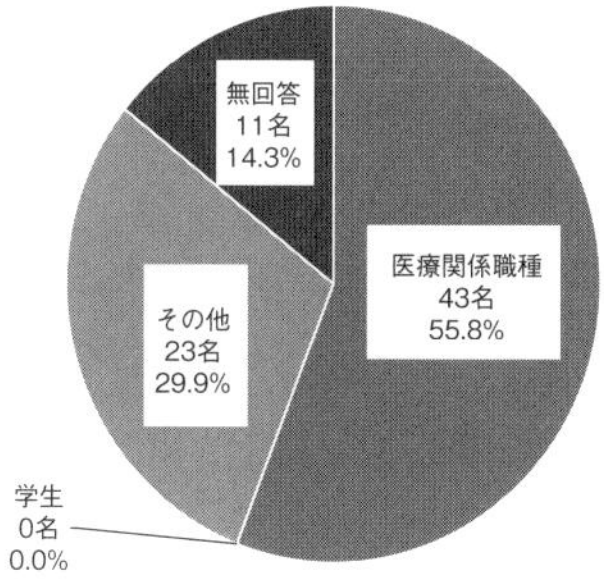

［生活習慣アンケート調査］

（2）東日本大震災や福島第1原発事故による避難の状況

「問2あなたは東日本大震災や福島第1原発事故（以下「震災」）を受けて、現在避難している状況ですか？」を聞いたところ、回答者のほとんど74名（97.4%）が「いいえ」の回答であり、避難している「はい」の回答は2名（2.6%）のみであった。（図3-2-1）

図3-2-1　東日本大震災や福島第1原発事故（震災）を受け現在避難しているか<問2、n＝76>

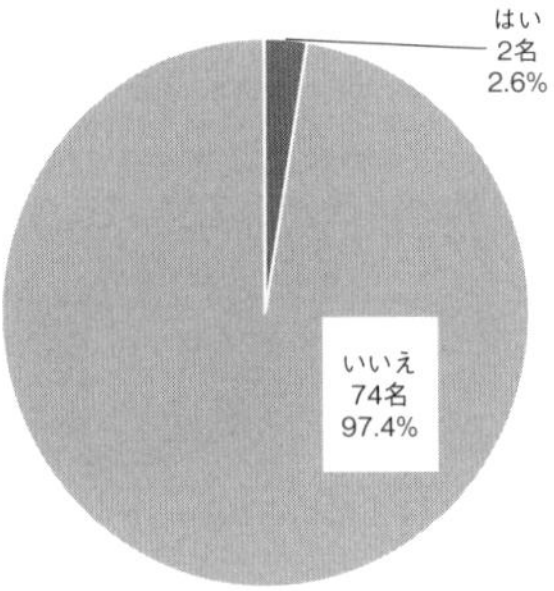

［生活習慣アンケート調査］

（3）朝食に関する状況

「問3-1本日の朝食について、該当するものを教えて下さい？」を聞いたところ、「一般的な朝食をした」人は61名（80.3%）で、「欠食」に該当する「何も食べなかった」「錠剤・栄養ドリンク等栄養素の補給のみ」「菓子・果物・乳製品・嗜好飲料のみ」を合わせた人は15名（19.7%）であった。（図3-3-1）

これを国の「2017年国民健康・栄養調査、20歳以上」の調査結果と比較すると、国の調査では「一般的な朝食をした」（家庭食、調理済み食、外食、給食）人は87.6%、逆に「朝食を欠食」（上記

に該当）する人は12.4%にとどまっている。

以上のように、本アンケート調査の回答者は、国の平均的な比率に比べ、「一般的な朝食をした」人の割合が比較的低く、逆に「欠食」に該当する人の割合が比較的高かった。

図3-3-1　本日の朝食について＜問3-1、n＝76、2,714＞

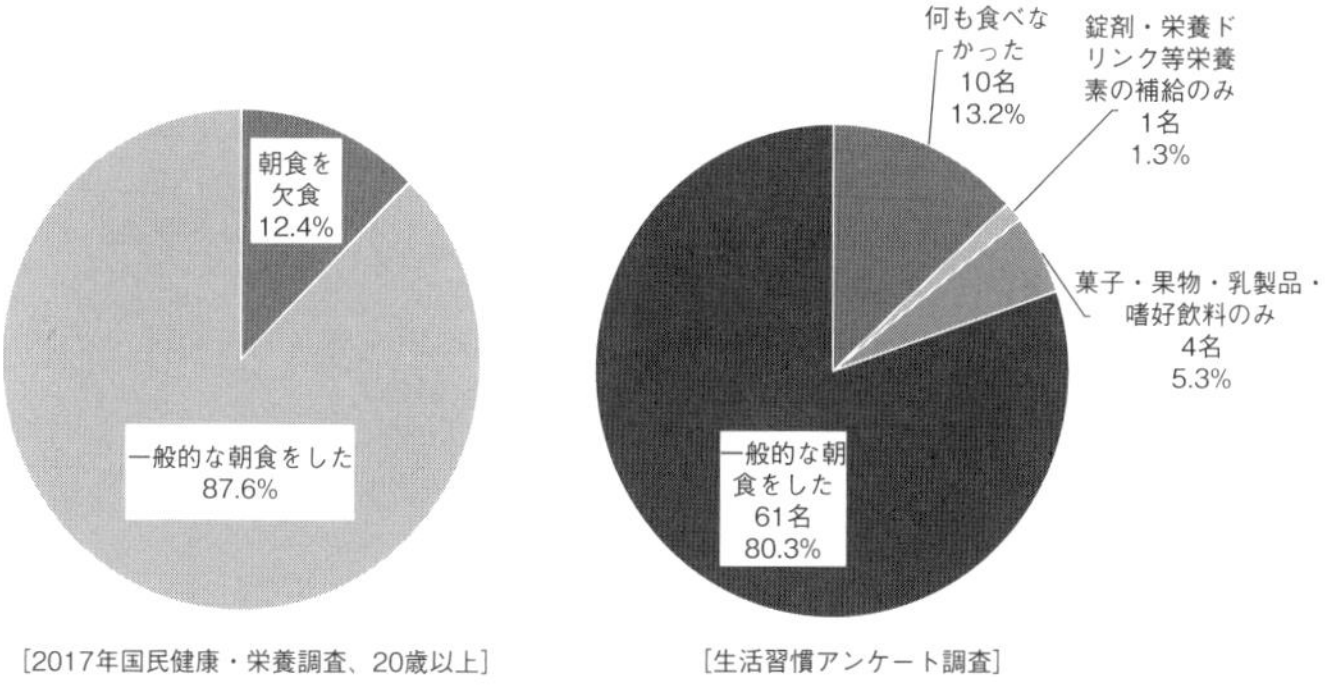

注：「朝食を欠食」とは、「何も食べなかった」「錠剤・栄養ドリンク等栄養素の補給のみ」「菓子・果物・乳製品・嗜好飲料のみ」を合わせたもの。

前記と併せ「問3-2震災の後、朝食はどのように変化しましたか？」を聞いたが、ほとんどの人72名（97.3%）が「変わらない」という回答であった。（図3-3-2）

図 3-3-2　震災後の朝食の変化＜問 3-2、n ＝ 74 ＞

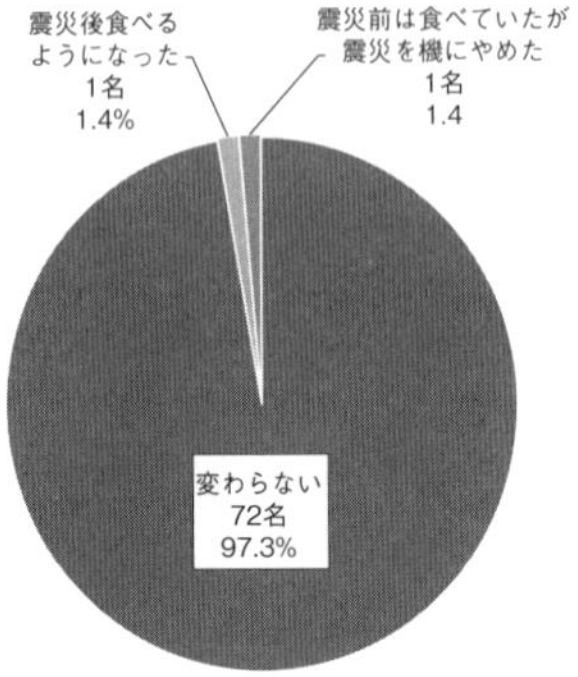

［生活習慣アンケート調査］

（4）睡眠に関する状況

1）１日の平均睡眠時間

「問４　ここ１カ月間、あなたの１日の平均睡眠時間はどのくらいでしたか？」を聞いたところ、有効回答者では「５時間以上６時間未満」と「６時間以上７時間未満」がほぼ同数で、前者が 32 名（41.6%)、後者が 31 名（40.3%）と、この２つのカテゴリーで全体の約８割強を占めている。その一方、「７時間以上８時間未満」の人は 10 名（13.0%）にとどまっていた。（図 3-4-1）

これに対し、国の「2017 年国民健康・栄養調査、20 歳以上」では、「５時間以上６時間未満」と「６時間以上７時間未満」がほぼ同数だが、前者が 29.8%、後者が 32.5% と、これらで全体の約６割強にとどまっている。一方、「７時間以上８時間未満」の人は 21.0%、「8 時間以上９時間未満」の人も 6.0% を占める。

これら構成比の比較から、本アンケート調査による「いわき市等住民」の１日の平均睡眠時間は、全国平均に比べ全体的に睡眠時間

が少ない傾向にある。

そこで、平均睡眠時間の加重平均時間（各カテゴリー時間の中央値にその割合を掛け加重平均したもの）を算出（下記算式）すると、本アンケート調査が6.12時間であるのに対し、国民健康・栄養調査では6.42時間と、本アンケート調査の加重平均時間は国の値より0.3時間（約20分弱）少ない値であった。

生活習慣アンケート調査＝（4.5 × 5.2 ＋ 5.5 × 41.6 ＋ 6.5 × 40.3 ＋ 7.5 × 13.0）/100.0
＝6.12時間

国民健康・栄養調査　＝（4.5 × 8.7 ＋ 5.5 × 29.8+6.5 × 32.5 ＋ 7.5 × 21 ＋ 8.5 × 6 ＋ 9.5 × 2.0）/100
＝6.42時間

図 3-4-1　ここ１カ月間の１日の平均睡眠時間<問 4、n ＝ 77、96,477 >

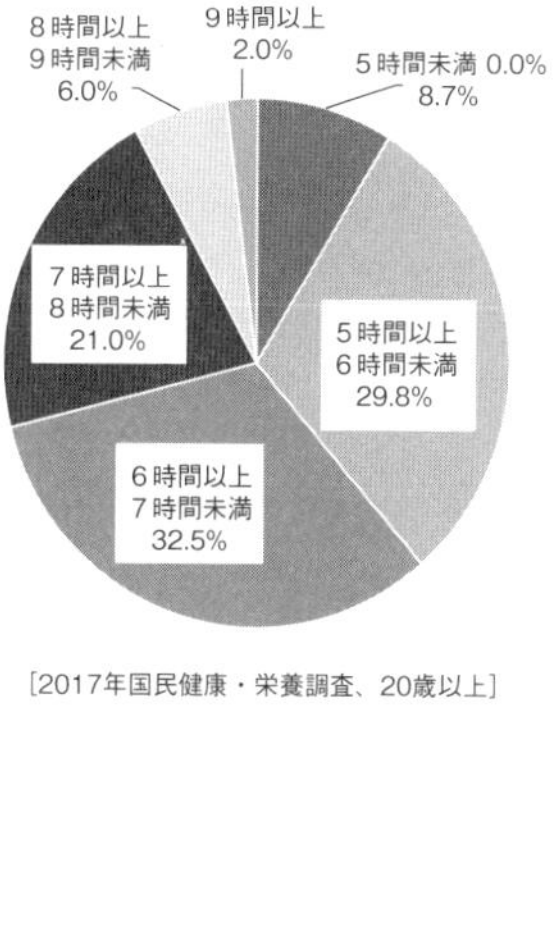

[2017年国民健康・栄養調査、20歳以上]

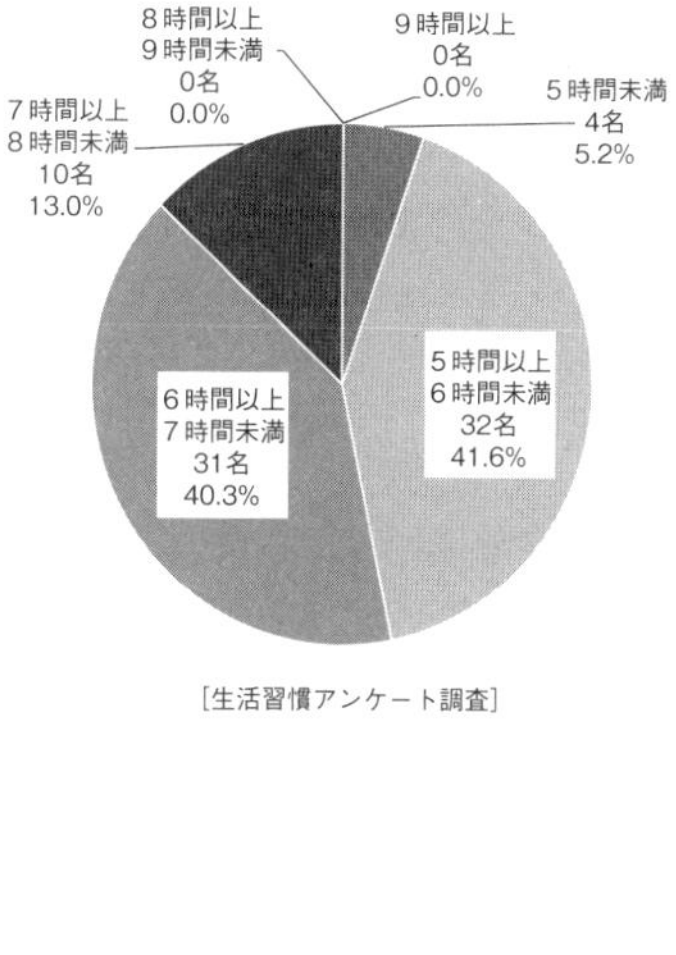

[生活習慣アンケート調査]

２）睡眠で休養が充分とれているか

「問 5-1 ここ１カ月間睡眠で休養が充分とれているか？」を聞いたところ、「本アンケート調査」結果と全国の「2017 年国民健康・栄養調査、20 歳以上」の結果は、ほぼ同様であった。

すなわち、「本アンケート調査」有効回答者で、最も多い回答は「まあまあとれている」44 名（57.9%）で、これに次いで「あまりとれていない」18 名（23.7%）、そして「充分とれている」が 12 名（15.8%）であった。（図 3-5-1）

国の「2017 年国民健康・栄養調査、20 歳以上」でもほぼ同様で、最も多い回答は「まあまあとれている」59.3% で、これに次いで「あまりとれていない」が 21.4%、そして「十分とれている」が 17.5% であった。

図 3-5-1　ここ１カ月間睡眠で休養が充分とれているか<問 5-1 >

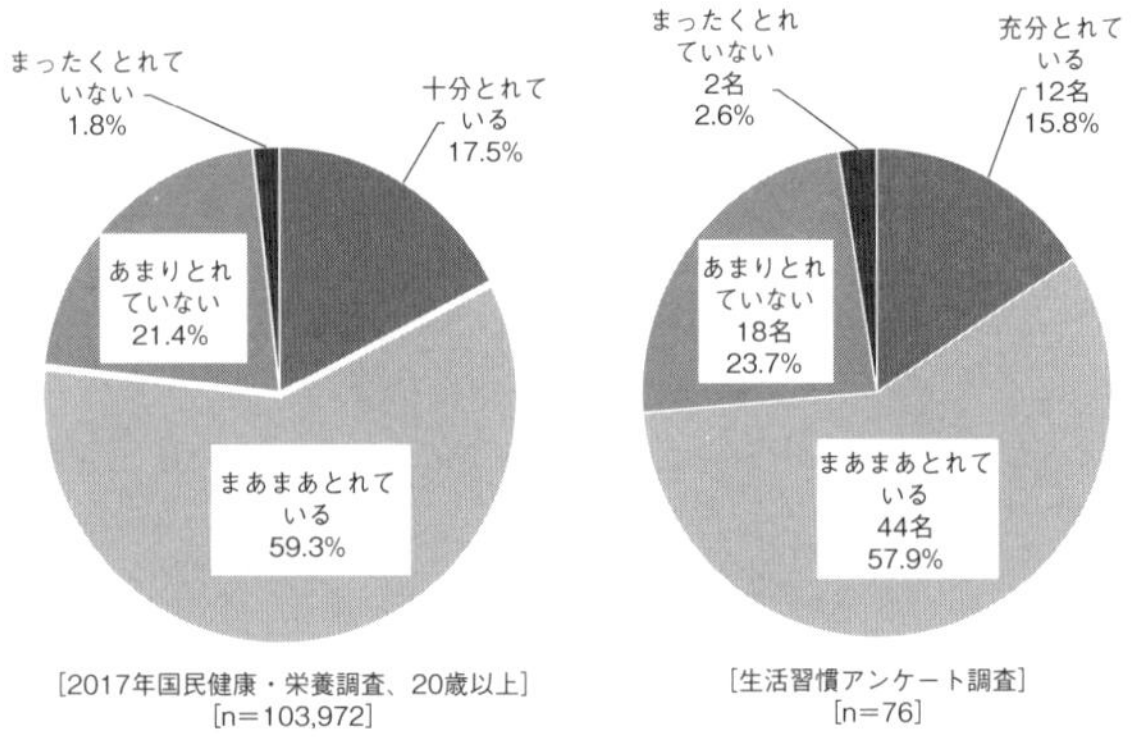

本アンケート調査結果を、「健康日本２１（第２次）」の睡眠での休養目標「睡眠による休養を十分にとれていない者の減少」と比較

すると、本アンケート調査における「睡眠による休養を充分にとれていない者」(注) の割合26.3%は、目標値15%(令和4年度、2022年度) をかなり上回る数値となっている。(参考資料3-5-1)

注:「睡眠で休養が充分とれていない者」とは、睡眠で休養が「とれていない」または「まったくとれていない」と回答した者

参考資料3-5-1 「健康日本21(第2次)」の「睡眠による休養をとれていない者の減少」目標

目標項目	睡眠による休養を十分にとれていない者の減少
現状	18.4%(平成21年)
目標	15%(平成34年度、2022年度)
データソース	厚生労働省「国民健康・栄養調査」(20歳以上)

さらに、「問5-2 震災の後、睡眠による休養はどのように変化しましたか?」を聞いたところ、最も多い回答は「変わらない」58名(82.9%)であったが、これに次いで「震災前よりとれない」が10名(14.3%)もあった。(図3-5-2)

図 3-5-2　震災後の睡眠による休養の変化＜問 5-2、n ＝ 70 ＞

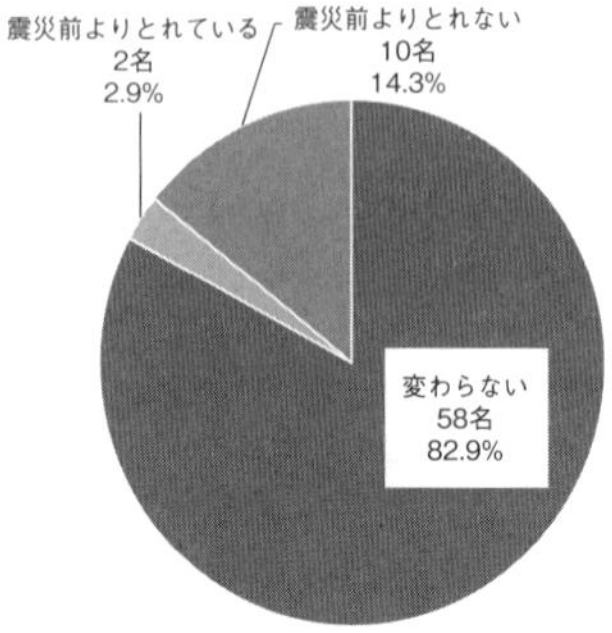

[生活習慣アンケート調査]

3）睡眠の質について

「問 6-1 夜はすぐ眠れますか？」を聞いたところ、最も多い回答は「すぐ眠れる」52 名（68.4%）であったが、その一方「眠りが浅い」18 名（23.7%）、「眠れない」が 6 名（7.9%）と、合わせて 24 名（21.6%）の人が就寝に際しての質の低下を感じていた。（図 3-6-1）

図 3-6-1　夜はすぐ眠れるか＜問 6-1、n ＝ 76 ＞

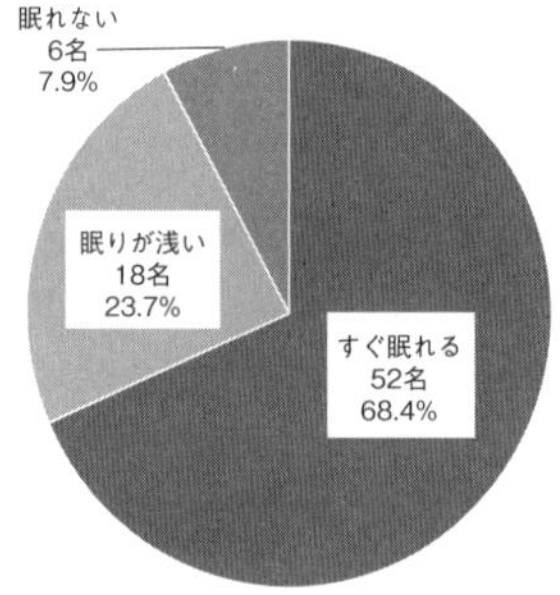

[生活習慣アンケート調査]

さらに、「問 6-2 震災の後、睡眠の質はどのように変化しましたか？」を聞いたところ、最も多い回答は「変わらない」62 名（87.3%）であるが、「震災後不眠だったが現在は眠れる」が 6 名（8.5%）いる一方、まだ「震災後不眠が続いている」人が 3 名（4.2%）いる状況にある。（図 3-6-2）

図 3-6-2　震災後の睡眠の質の変化＜問 6-2、n ＝ 71 ＞

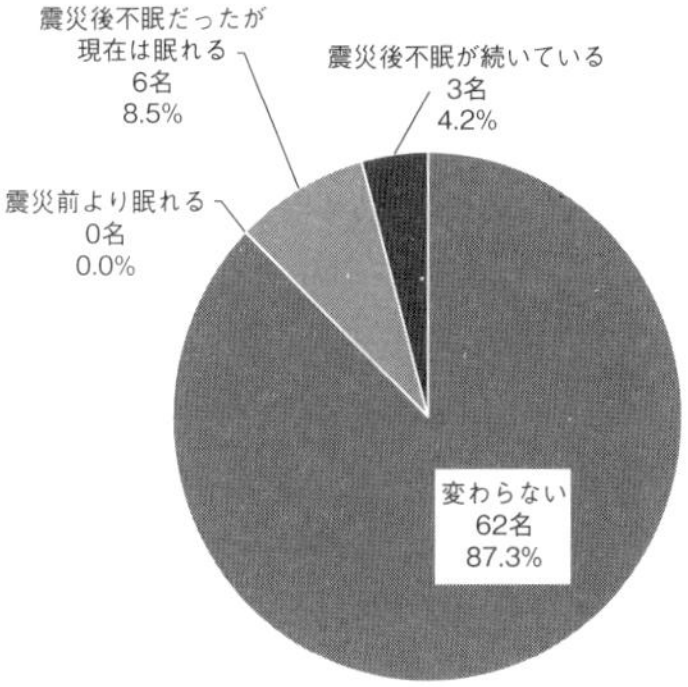

［生活習慣アンケート調査］

（5）運動に関する状況

1）日常的な運動への取組

「問 7-1 あなたの日常的な運動への取組はどれに該当しますか？」を聞いたところ、「運動習慣あり」の定義である「1 回 30 分以上の運動を週 2 回以上実施し、1 年以上継続している」回答は 14 名（18.4%）にとどまり、一方「運動しない」34 名（44.7%）、「前記の条件を満たさないが運動している」28 名（36.8%）を合わせて、62 名（81.5%）が運動習慣のない（「運動習慣あり」以外の）状況であった。（図 3-7-1）

これに対し、国の「2017年国民健康・栄養調査、20歳以上」では、「運動習慣あり」に該当する「1回30分以上の運動を週2回以上実施し、1年以上継続している」回答は31.8%にも上っている。

図3-7-1　日常的な運動への取組<問7-1、n＝76、3,464>

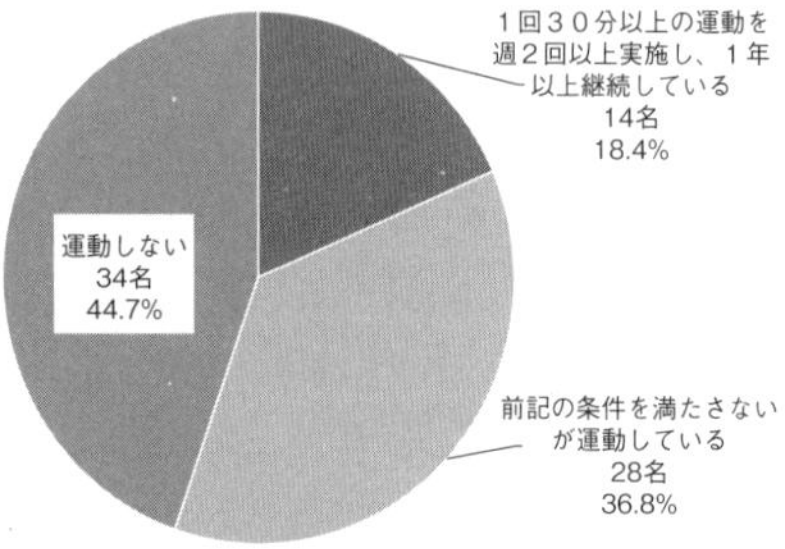

[生活習慣アンケート調査]

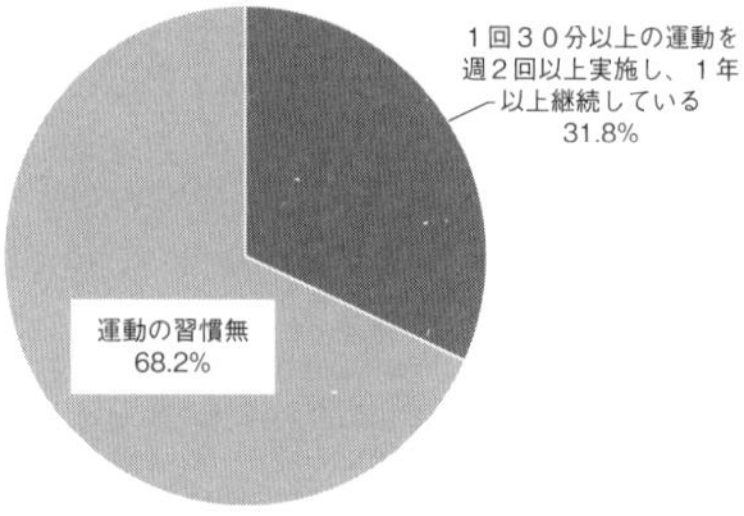

[2017年国民健康・栄養調査、20歳以上]

注1:「運動の習慣無」とは、「1回30分以上の運動を週2回以上実施し、1年以上継続していると回答した者」以外の者

これら構成比の比較から、本アンケート調査による「いわき市等住民」の「日常的な運動への取組」は、全国平均に比べ少ないことが分かる。

また本アンケート調査結果を、「健康日本２１（第２次）」の目標「運動習慣者の割合の増加」（注）と比較すると、本アンケート調査における「運動習慣者の割合」18.4%は、「20～64歳の目標値」の男性36%、女性33%、総数34%（令和4年度、2022年度）と比べても、かなり下回る数値となっている。(参考資料3-7-1)

ちなみに、「健康日本２１（第２次）」の「65歳以上の目標値」は、「20～64歳の目標値」よりもさらに高い水準に設定されている。

注:「運動習慣者」とは、「1回30分以上の運動を週2回以上実施し、1年以上継続していると回答した者」

参考資料3-7-1　「健康日本２１（第２次）」の「運動習慣者の割合の増加」目標

目標項目	運動習慣者の割合の増加
現状	20～64歳：男性26.3%、女性22.9%、総数24.3% 65歳以上:男性47.6%、女性37.6%、総数41.9%（平成22年）
目標	20～64歳：男性36%、女性33%、総数34% 65歳以上：男性58%、女性48%、総数52%（令和4年度、2022年度）
データソース	厚生労働省「国民健康・栄養調査」

さらに、「問7-2震災の後、あなたの運動習慣はどのように変化しましたか？」を聞いたところ、「変わらない」が66名（88.0%）に上り、「震災を機に運動をやめた」も5名（6.7%）あった。（図3-7-2）

この結果を前記と併せて見ると、いわき市民等においては、日常的な運動への取組が全国的な傾向に比べ、少ない傾向にあったので

はないかと推定される。

図 3-7-2　震災後の運動習慣の変化＜問 7-2、n ＝ 75 ＞

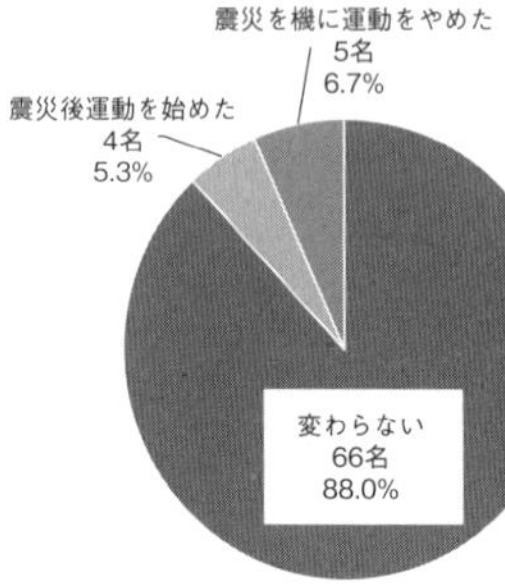

［生活習慣アンケート調査］

（6）飲酒に関する状況

1）飲酒の習慣

「問 8-1 お酒はどのくらい飲みますか？」を聞いたところ、飲酒の習慣のない「飲まない」人は 29 名（38.2%）で、飲酒の習慣のある何らかの間隔を置いて「飲む」人は合わせて 47 名（61.8%）であった。（図 3- 8 -1）

飲酒の習慣のある「飲む」人の内訳は、多い方から「月 1 ～ 3 日」15 名（19.7%）、「毎日」13 名（17.1%）、「週 5 ～ 6 日」7 名（9.2%）、「週 3 ～ 4 日」及び「週 1 ～ 2 日」がいずれも 6 名（7.9%）という順であった。

これを国の「2017 年国民健康・栄養調査、20 歳以上」の調査結果と比較すると、国の調査では飲酒の習慣のない「飲まない」人は 57.3% に上り、何らかの形で「飲む」人は合わせて 42.7% にとどまっている。

図 3-8-1　飲酒の習慣＜問 8-1、n ＝ 76、95,821 ＞

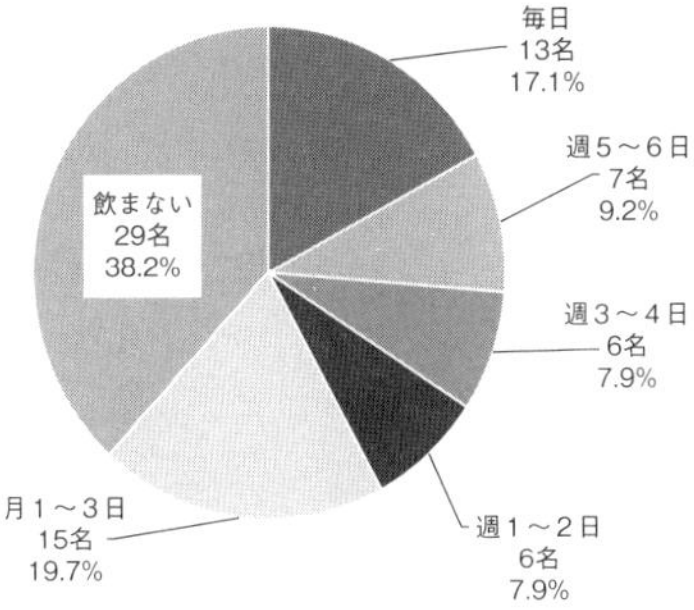

［生活習慣アンケート調査］

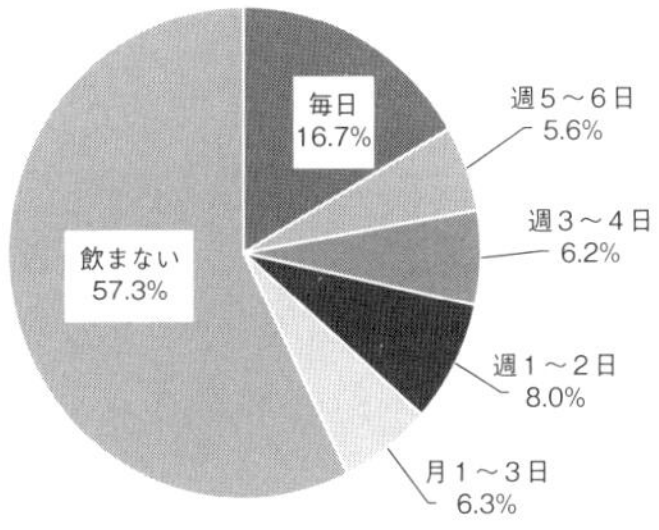

［2017年国民健康・栄養調査、20歳以上］

以上のように、本アンケート調査の回答者は、国の平均的な比率に比べ「飲まない」人の割合が比較的低く、逆に「飲む」人の割合がかなり高い結果であった。

ただし、本アンケート調査の「飲む」人の割合の中では、「月１～３日」の人の割合が約２割弱もあり、これを除いた「飲む」人の割合は 42.1% で、全国の 36.5% をやや上回る程度の水準になる。

前記と併せ何らかの形で「飲む」人を対象に「問 8-2 飲む日は 1 日あたり清酒換算で（表 2-3-2 参照）どのくらい飲みますか？」を聞いた。（図 3-8-2）

その結果は、「本アンケート調査」と全国の「2017 年国民健康・栄養調査、20 歳以上」は、全体的に似た飲酒量の割合であった。

図 3-8-2　1 日あたりの清酒換算の飲酒量<問 8-2、飲酒する人のみ対象、n ＝ 45、40,622 >

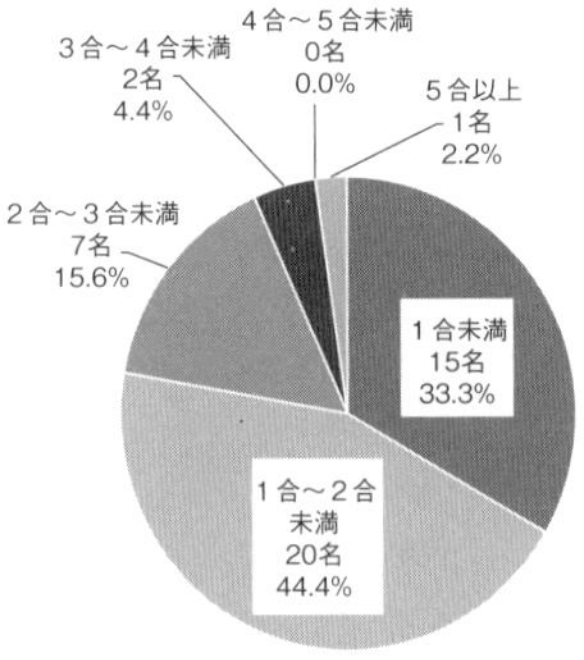

［生活習慣アンケート調査］

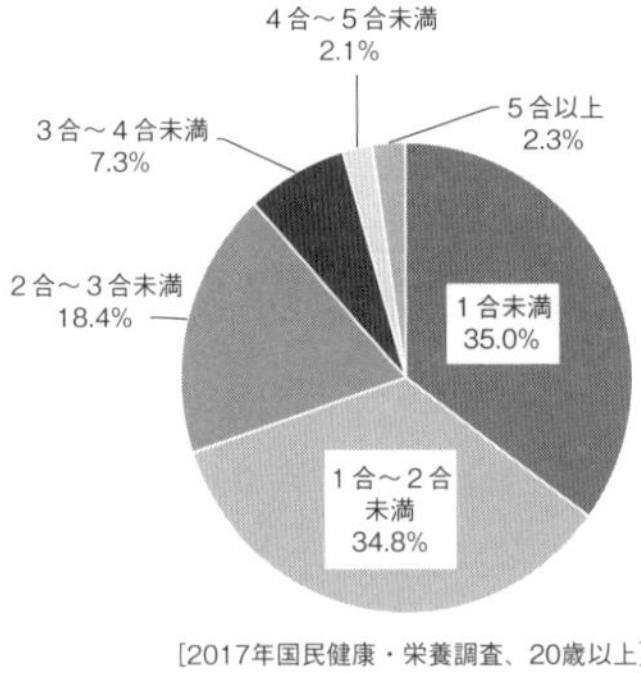

［2017年国民健康・栄養調査、20歳以上］

すなわち本アンケート調査の飲酒する回答者では、最も多い飲酒量の割合は「１合〜２合未満」20名（44.4%）で、これに次いで「１合未満」15名（33.3%）、「2合〜３合未満」、7名（15.6%）と、この３つのカテゴリーで全体の93.3%を占めている。一方、３合以上飲酒する人は３名（6.6%）にとどまっていた。（図3-8-2）

これに対し、国の「2017年国民健康・栄養調査、20歳以上」では、最も多い飲酒量の割合は「１合未満」35.0%であるが、これとほぼ同じ比率で「１合〜２合未満」34.8%、さらに「2合〜３合未満」18.4%と、この３つのカテゴリーで全体の88.2%を占めている。一方、3合以上飲酒する人は11.8%にとどまっていた。

そこで、平均睡眠時間の加重平均時間と同様に、加重平均飲酒量（各カテゴリー飲酒量の中央値にその割合を掛け加重平均したもの）を算出（下記算式）すると、本アンケート調査結果が1.50合であるのに対し、国民健康・栄養調査では1.63合と、本アンケート調査の加重平均飲酒量は国の値より0.13合少ない値であった。

生活習慣アンケート調査＝（0.5 × 33.3 ＋ 1.5 × 44.4 ＋ 2.5 × 15.6 ＋ 3.5 × 4.4 ＋ 5.5 × 2.2）/100.0
＝ 1.50合

国民健康・栄養調査 ＝（0.5 × 35.0 ＋ 1.5 × 34.8 ＋ 2.5 × 18.4 ＋ 3.5 × 7.3 ＋ 4.5 × 2.1 ＋ 5.5 × 2.3）/100.0
＝ 1.63合

さらに、「問8-3震災の後、あなたの飲酒の習慣はどのように変化しましたか？」を聞いたところ、最も多い回答は「変わらない」54名（78.3%）で、これに次いで「震災後やめた」7名（10.1%）、「震

災後減った」4名（5.8%）、「震災後増えた」3名（4.3%）であった。そして、「震災後飲酒を始めた」人は1名（1.4%）に止まっていた。（図3-8-3）

図 3-8-3　震災後の飲酒習慣の変化<問 8-3、n = 69 >

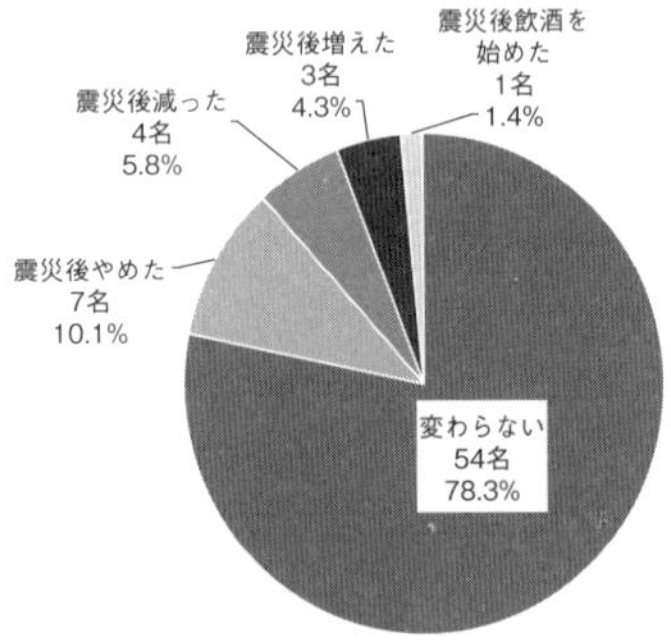

［生活習慣アンケート調査］

（7）健康に関する状況

1）自覚症状の有無

「問9あなたはここ数日、病気やけがなどで体の具合の悪いところ（自覚症状）がありますか？」を聞いたところ、有効回答者では「あり」が27名（36.0%）、「なし」が48名（61.0%）と、約1／3強の人で「自覚症状」があった。（図3-9-1）

「自覚症状」の有無については、国の「2016年国民生活基礎調査、20歳以上」においても同様の割合であるが、「あり」は35.1%と、本アンケート調査の回答者の割合はこれをわずかに上回っている。

図 3-9-1　病気やけがなどの自覚症状の有無<問 9、n ＝ 75、96,587 >

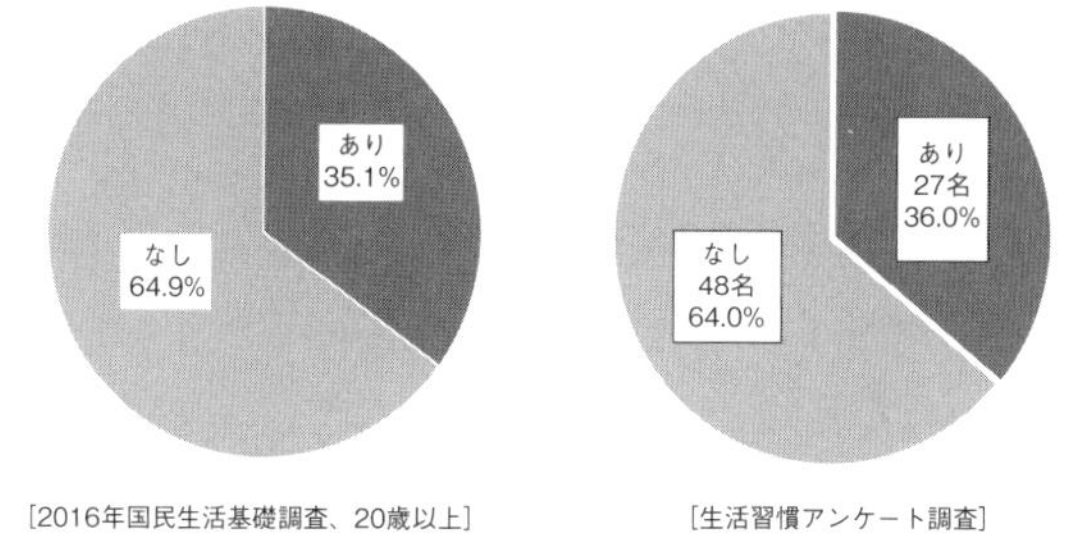

なお「健康日本２１（第２次）」の自覚症状に関する目標である、「足腰に痛みのある高齢者の割合の減少（千人当たり）」と比較すると、本アンケート調査における「自覚症状あり」の人の割合 36.0% は、この目標値の男性 20%（千人当たりを％変換したもの）、女性 26%（前記同様）の、いずれよりも高い値となっている。（参考資料 3-9-1）

参考資料 3-9-1　「健康日本２１（第２次）」の「足腰に痛みのある高齢者の割合の減少」目標

目標項目	足腰に痛みのある高齢者の割合の減少（千人当たり）
現状	男性 218 人、女性 291 人（平成 22 年）
目標	男性 200 人、女性 260 人（令和４年度〔2022 年度〕）
データソース	厚生労働省「国民生活基礎調査」

2）通院の状況

「問 10 あなたは現在、傷病（病気やけが）で病院や診療所（医院・歯科医院）などに通っていますか？」を聞いたところ、有効回答者

で「通っている」が 35 名（45.5%）、「通っていない」が 42 名（54.5%）と、約半分弱の人が「通っている」状況であった。（図 3-10-1）

こうした通院の状況について、「2016 年国民生活基礎調査　通院率（人口千人対）　全年齢」と比較すると、全国的には「通院者率」は 39.0% で、これに比べると高い比率となっている。

なお、「2016 年国民生活基礎調査　世帯別通院者の有無」と比較すると、「全世帯」の「通院者がいる比率」は 63.9% であり、また「1人世帯」の「通院者がいる比率」は 50.5% で、本アンケート調査の回答者は「1人世帯」に近い通院率となっている。

図 3-10-1　病院・診療所への通院の有無＜問 10、n ＝ 77、49,769 ＞

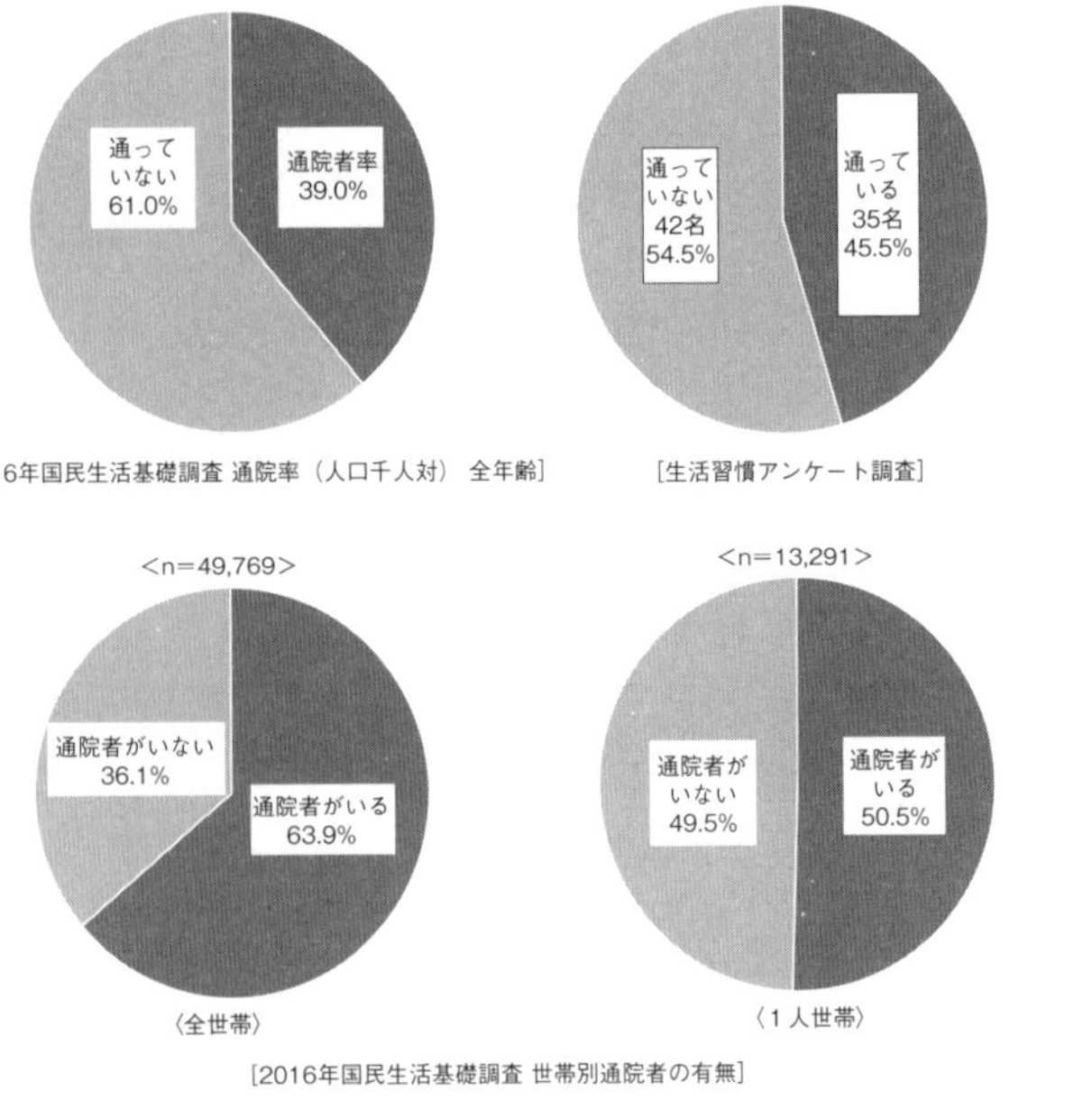

[2016年国民生活基礎調査 世帯別通院者の有無]

3）健診（健康診断、健康診査及び人間ドック）の受診状況

「問 11-1 あなたは過去 1 年間に、健診（健康診断、健康診査及び人間ドック）を受けたことがありますか？」を聞いたところ、有効回答者では「あり」が 66 名（86.8%）、「なし」が 10 名（13.2%）と、約 9 割弱の人が健診を受けていた。（図 3-11-1）

これを国の「2016 年国民生活基礎調査、20 歳以上」と比較すると、全国的に受診「あり」の回答は 68.2% に止まっており、本アンケート調査の回答者の健診受診率は比較的高い水準にある。

図 3-11-1　過去 1 年間の健診（健康診断、健康診査及び人間ドック）の有無＜問 11-1、n ＝ 76、97,483 ＞

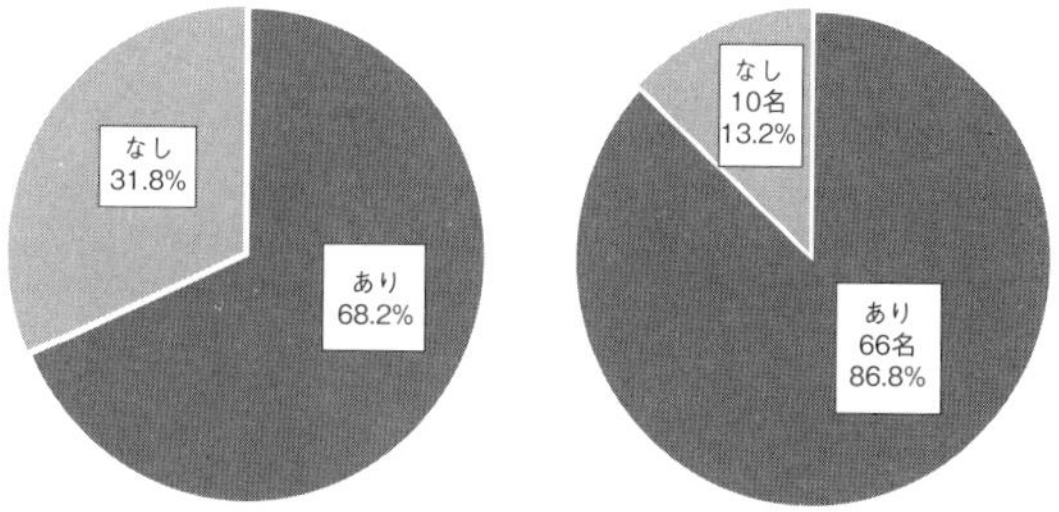

［2016年国民生活基礎調査、20歳以上、n=97,483］　［生活習慣アンケート調査］

さらに前記設問 11-1 で「なし」と答えた人のみ（10 名）を対象に、「問 11-2「ない」と答えた方は、当てはまるすべての項目に○をつけて下さい？」（マルチアンサー）とその理由を聞いたところ、「心配なときはいつでも医療機関を受診できるから」が最も多く 6 名（60.0%）、次いで「時間がとれなかったから」が 5 名（6.7%）と、2 つの理由が上げられた。（図 3-11-2）

これを国の「2016 年国民生活基礎調査、20 歳以上」と比較すると、

全国的には第1位が「心配なときはいつでも医療機関を受診できるから」33.5%、第2位「時間がとれなかったから」22.8%と、同様な理由が上位にきている。

また全国的にはこれらに次いで、「めんどうだから」20.2%、「費用がかかるから」14.9%が上げられている。

図3-11-2　健診（健康診断、健康診査及び人間ドック）しなかった理由<問11-2、受診しなかった人のみ対象、n＝10、30527、マルチアンサー>

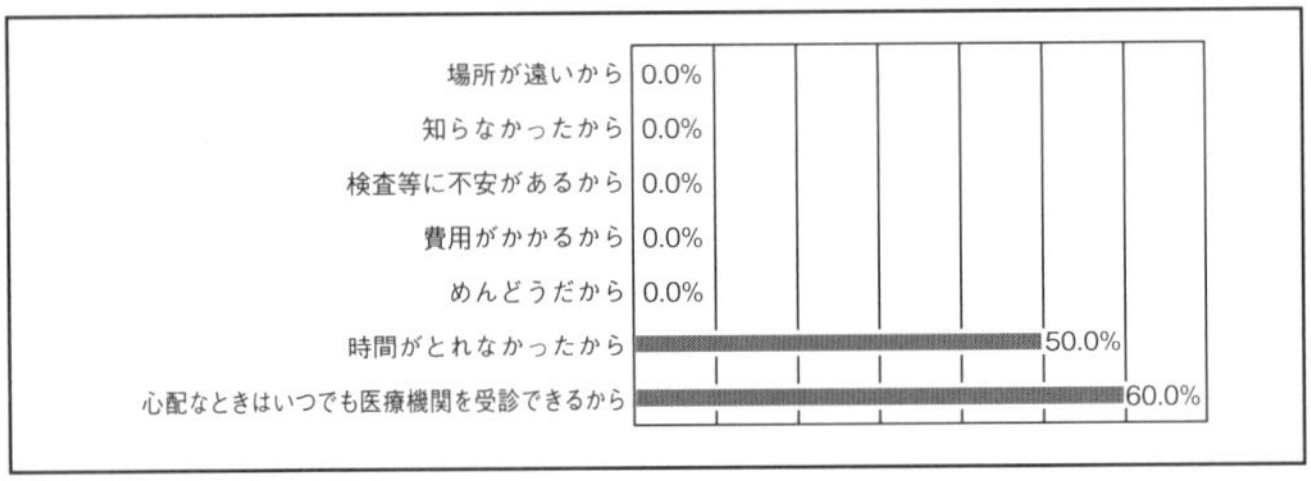

[生活習慣アンケート調査]

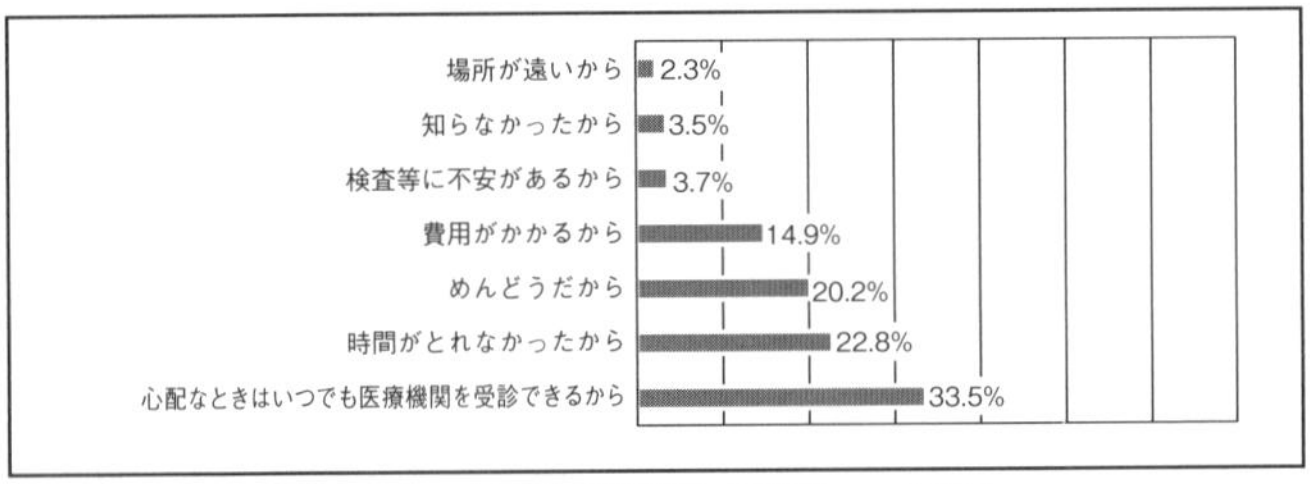

[2016年国民生活基礎調査、20歳以上、n=30,527]

4）現在の健康状態

「問12あなたの現在の健康状態はいかがですか？」と健康状態を聞いたところ、「本アンケート調査」結果と全国の「2016年国民生活基礎調査、20歳以上」の結果は、ほぼ同様の回答割合であったが、

本アンケート調査の回答者の方が健康が「よい」あるいは「まあよい」との回答割合が低い傾向にあった。

すなわち、「本アンケート調査」有効回答者の、最も多い回答は「ふつう」38名（50.0%）であったが、これに次いで「まあよい」と「よい」がいずれも13名（17.1%）あり、「あまりよくない」は10名（13.2%）であった。（図3-12-1）

国の「2017年国民健康・栄養調査、20歳以上」でもほぼ同様の割合構成であったが、「よい」21.0%、「まあよい」18.1%と本アンケート調査結果を多少上回っており、逆に「あまりよくない」は11.4%と本アンケート調査結果を多少下回っていた。

図3-12-1　現在の健康状態<問12、n＝76、111,647>

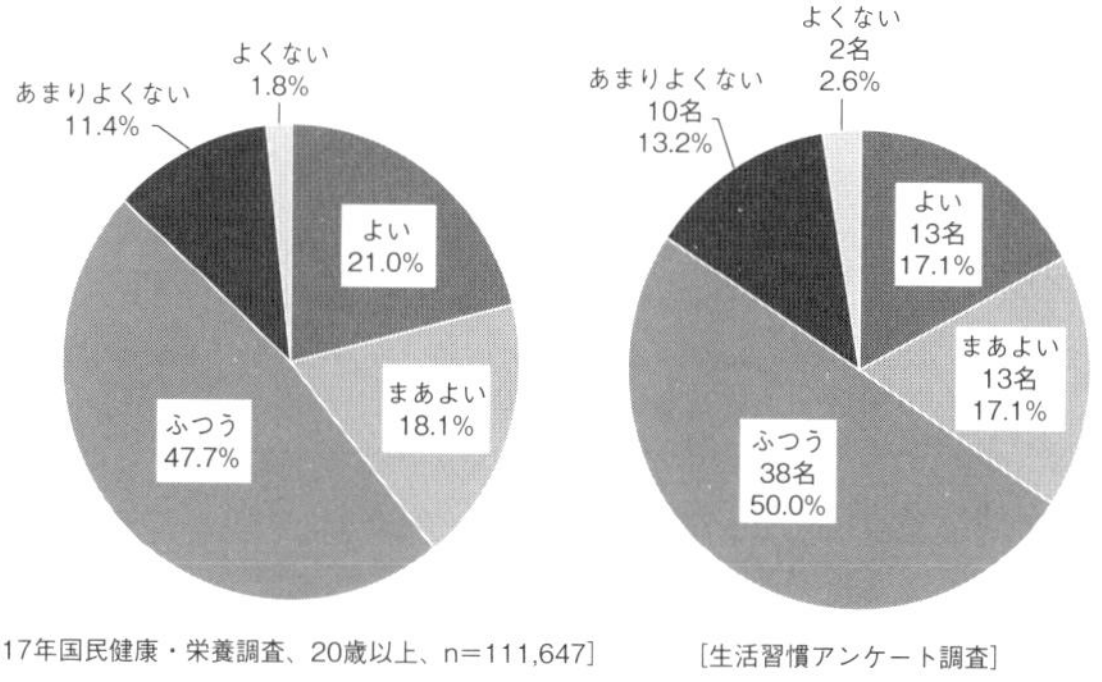

5）悩みやストレスの状況

「問13あなたは現在、日常生活で悩みやストレスがありますか？」と聞いたところ、「本アンケート調査」の回答者は、「あり」が55名（72.4%）にも上っていることが分かった。（図3-13-1）

これに対し、国の「2016年国民生活基礎調査、20歳以上」では、「あ

り」が49.6%に止まっており、本アンケート調査の回答者においては全国に比べ、「悩みやストレス」を抱えている人の割合が高い状況にある。

図3-13-1　日常生活での悩みやストレスの有無＜問13、n＝76、96,135＞

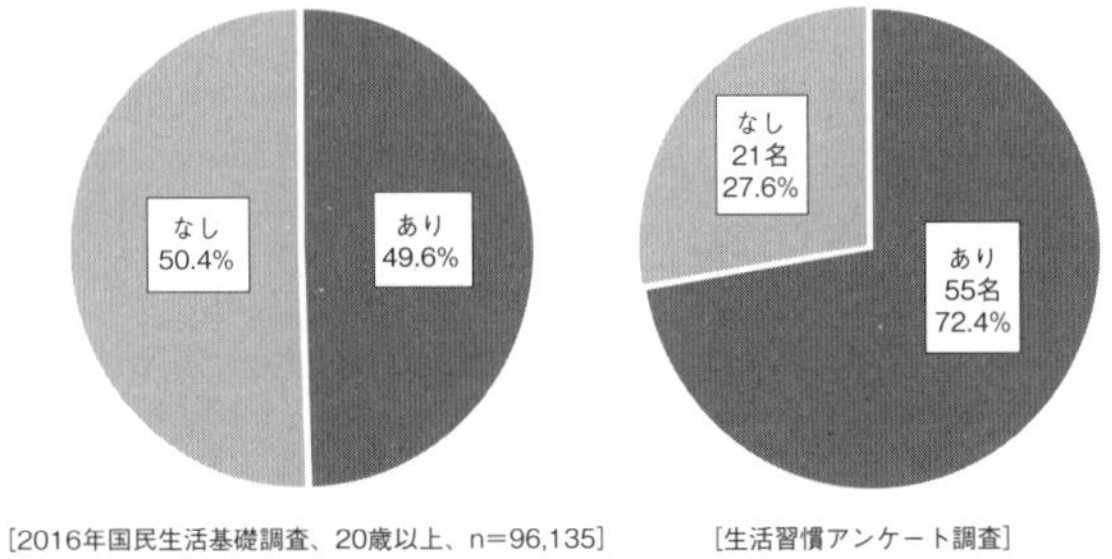

（8）喫煙に関する状況

1）喫煙習慣の有無

「問14-1 あなたはタバコを吸いますか？」と、「喫煙習慣の有無」を聞いたところ、喫煙習慣のない「吸わない」人は63名（87.5%）で、喫煙の習慣のある1日にタバコを何本か「吸う」人は合わせて9名（12.5%）であった。（図3-14-1）

喫煙習慣のある「吸う」人の内訳は、「1日10本以下」5名（6.9%）、「1日11～20本」4名（5.6%）で、1日21本以上の人はいなかった。

これを国の「2016年国民生活基礎調査、20歳以上」の調査結果と比較すると、国の調査では喫煙習慣のない「吸わない」人は80.1%にとどまり、1日にタバコを何本か「吸う」人は合わせて19.9%と、本アンケート調査回答者より高い割合となっている。

また、喫煙の習慣のある「吸う」人の内訳は、「1日10本以下」

5.4%、「1 日 11 ～ 20 本」11.0% と後者の割合が高く、「1 日 21 ～ 30 本」2.7%、「1 日 31 本以上」も 0.7% いる状況である。

以上のように、本アンケート調査の回答者は、国の平均的な比率に比べ「吸わない」人の割合が多少高く、逆に言えば「吸う」人の割合が多少低い結果であった。

図 3-14-1　喫煙習慣の有無等<問 14-1、n ＝ 72、89,102 >

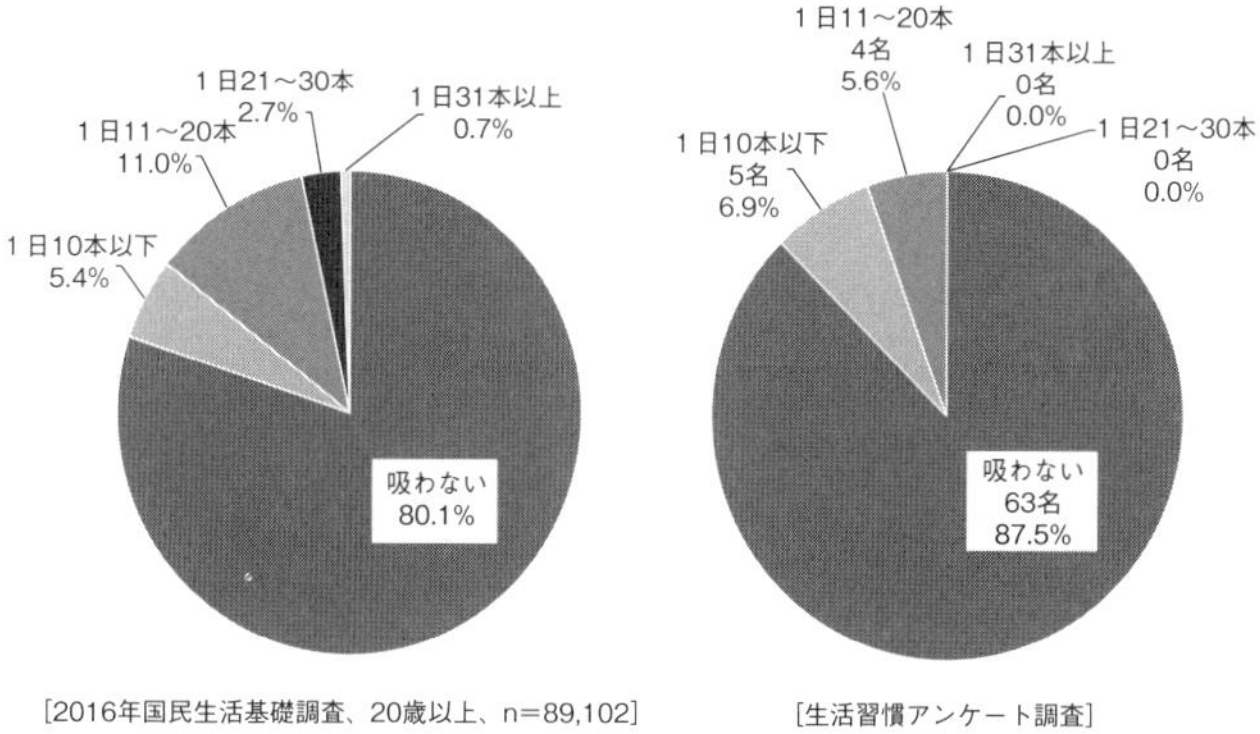

なお「健康日本２１（第２次）」の禁煙目標「成人の喫煙率の減少（喫煙をやめたい人がやめる）」と比較すると、本アンケート調査における喫煙の習慣のある「吸う」人の割合 12.5% は、目標値 12%（令和 4 年度、2022 年度）に近い数値である。（参考資料 3-14-1）

参考資料 3-14-1　「健康日本２１（第２次）」の「成人の喫煙率の減少」目標

目標項目	成人の喫煙率の減少（喫煙をやめたい人がやめる）
現状	19.8%（平成 22 年）
目標	12%（令和４年度、2022 年度）
データソース	厚生労働省「国民健康・栄養調査」

次いで、喫煙の習慣について「問 14-2 震災の後、どのように変化しましたか？」を聞いたところ、最も多い回答は「変わらない」43 名（78.2%）で、これに次いで「震災後やめた」8 名（14.5%）、「震災後減った」1 名（1.8%）、「震災後増えた」1 名（1.8%）であった。そして、「震災後喫煙を始めた」人は 2 名（3.6%）にとどまっていた。（図 3-14-2）

この喫煙習慣に関する「変わらない」という回答者 78.2% は、飲酒習慣に関する「変わらない」78.3% とほぼ同じような割合であった。（図 3-8-3 参照）

図 3-14-2　震災後の喫煙習慣の変化＜問 14-2、n ＝ 55 ＞

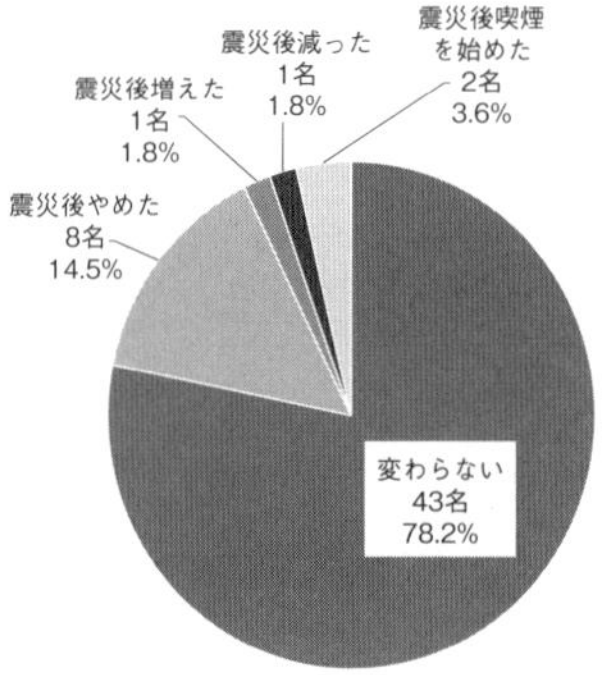

[生活習慣アンケート調査]

前記設問14-1で「タバコの本数」を答えた人のみ（9名）を対象に、「問14-3 タバコを吸う本数を答えた方へ 何を吸いますか？該当するものすべてに○をつけて下さい？」（マルチアンサー）を聞いたところ、「紙巻きタバコ」は6名（66.7%）で、「新型（加熱式）タバコ」は3名（33.3%）であった。（図3-14-3）

図3-14-3 喫煙するタバコの種類<問14-3、n＝9、マルチアンサー>

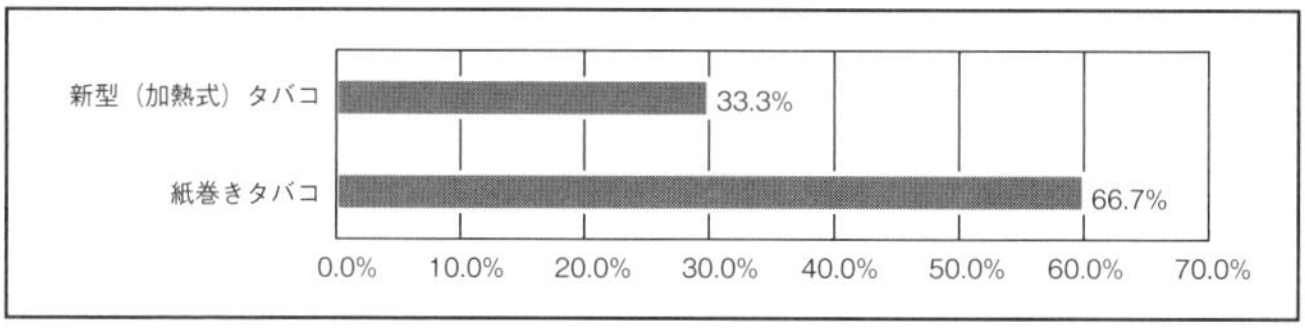

［生活習慣アンケート調査］

さらに、同様に設問14-1で「タバコの本数」を答えた人のみ（9名）を対象に、「問14-4 タバコを吸う本数を答えた方へ 今までタバコをやめたいと思ったことはありますか？」を聞いたところ、「ある」人は8名（88.9%）で、「ない」人は1名（11.1%）と、9割弱の人がこれまでに禁煙意向を持っていた。（図3-14-4）

図3-14-4 現在喫煙習慣を持つ人の禁煙意向<問14-4、n＝9>

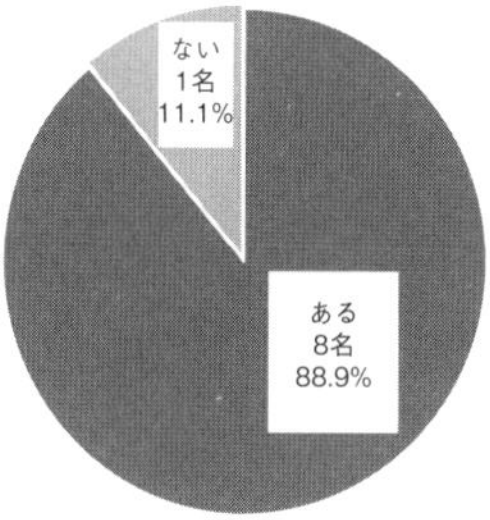

［生活習慣アンケート調査］

2）タバコについての意見・感想

「問 15 タバコについてあなたはどう思いますか？　そう思うものすべてに○をつけて下さい？」（マルチアンサー、有効回答者 72 名）という、「紙巻きタバコ」と「新型（加熱式）タバコ」についての意見・感想を聞いた。（図 3-15-1）

「紙巻きタバコ」については、「健康に悪い」が最も多く 58 名（80.6%）、次いで「煙が嫌だ」39 名（54.2%）、「空気が汚れる」が 34 名（47.2%）と、これら 3 つの理由が多く挙げられたものである。その一方、「特になんとも思わない」人が 11 名（15.3%）いた。

一方、「新型（加熱式）タバコ」については、「健康に悪い」が他の項目に比べ多く 43 名（59.7%）であり、その喫煙形態・構造からか「空気が汚れる」は 15 名（20.8%）、「煙が嫌だ」は 12 名（16.7%）と、かなり低い割合であった。また、「紙巻きタバコ」同様、「特になんとも思わない」人が 12 名（16.7%）いた（図 3-15-2）。

図 3-15-1　紙巻きタバコについての意見・感想＜問 15-1、n ＝ 72 ＞

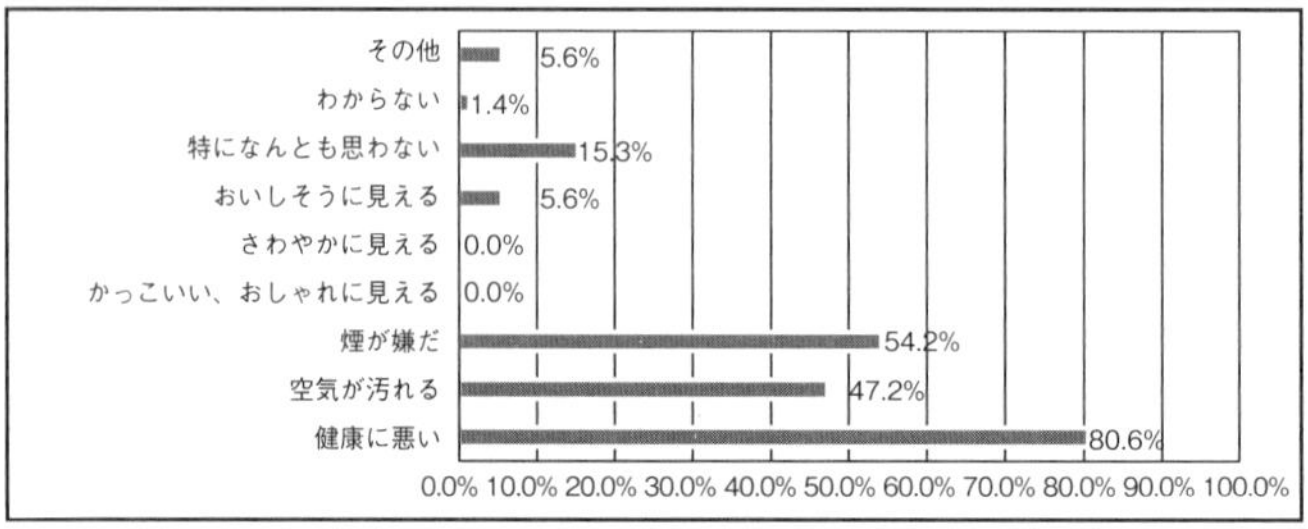

［生活習慣アンケート調査］

図 3-15-2　新型（加熱式）タバコについての意見・感想＜問 15-2、n＝72＞

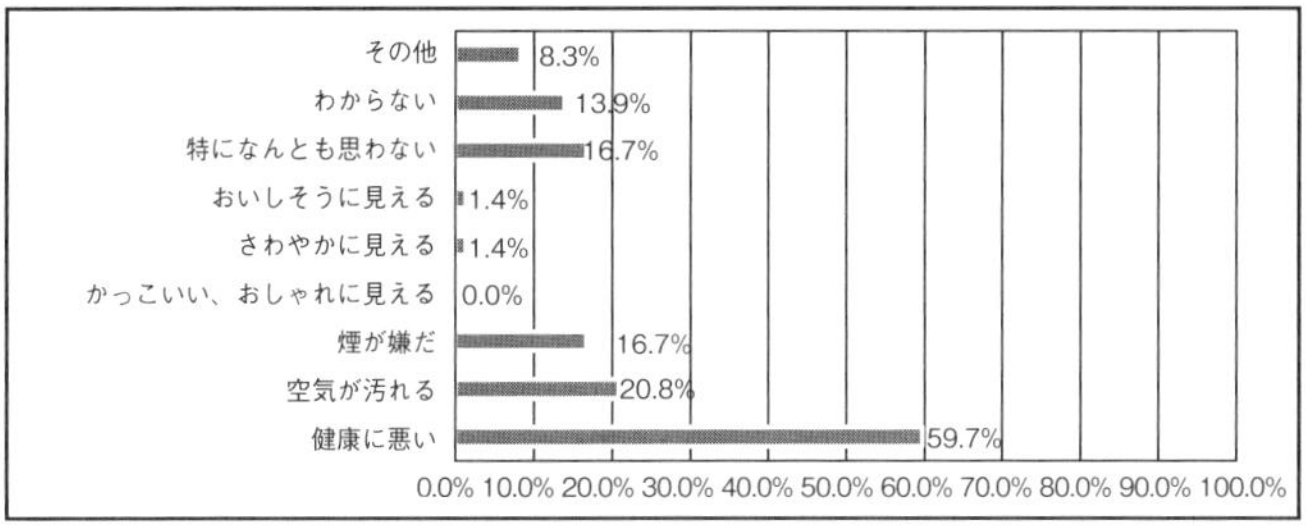

［生活習慣アンケート調査］

3）受動喫煙について

「問 16 受動喫煙により害を及ぼす、または及ぼされることを気にかけていますか？」といった、「受動喫煙への関心・配慮」を聞いたところ、最も多い回答は「気にかけている」42 名（60.9%）で、これに次いで「少し気にかけている」22 名（31.9%）、逆に「あまり気にかけていない」は 5 名（7.2%）と、何らかの形で「気にかけている」人が約 9 割強であった。（図 3-16-1）

図 3-16-1　受動喫煙への関心・配慮＜問 16、n＝69＞

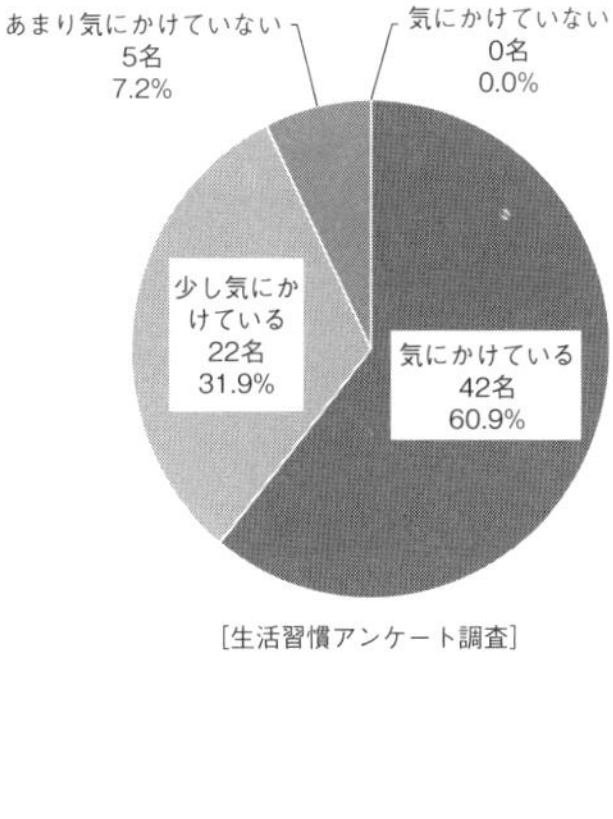

［生活習慣アンケート調査］

また、「問 17 あなたの周りでタバコを吸う人はいますか？（加熱式タバコも含む）」と、「周囲における喫煙者の有無」を聞いたところ、「いる」46 名（61.3%）、「いない」29 名（38.7%）と、本アンケート調査回答者の約 6 割強の人が周りに喫煙者がいる生活環境であった。（図 3-17-1）

図 3-17-1　周囲における喫煙者の有無＜問 17、n ＝ 75 ＞

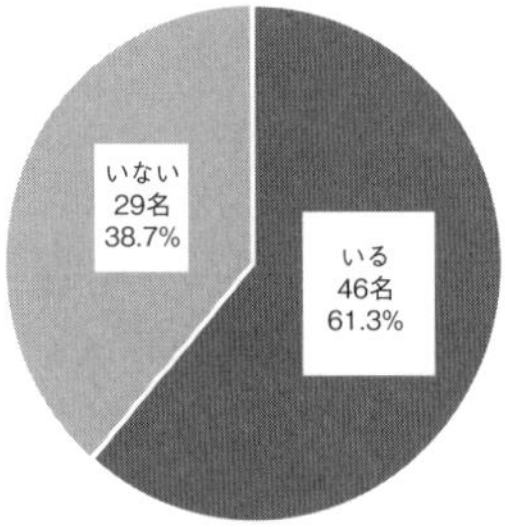

［生活習慣アンケート調査］

さらに、「問 18 あなたはこの 1 カ月間に、自分以外の人が吸っていたタバコの煙を吸う機会（受動喫煙）がありましたか？」（マルチアンサー）と、「受動喫煙の有無」を「場所別」に聞いたところ、最も多い回答は「飲食店」が 30 名（41.7%）と圧倒的に多く、これに次いで「職場」14 名（19.4%）、「家庭」12 名（16.7%）、「路上」10 名（13.9%）、「遊技場（ゲームセンター、パチンコ店、競技場など）」6 名（8.3%）であった。（図 3-18-1）

図 3-18-1　受動喫煙を経験した場所<問 18、n ＝ 72 >

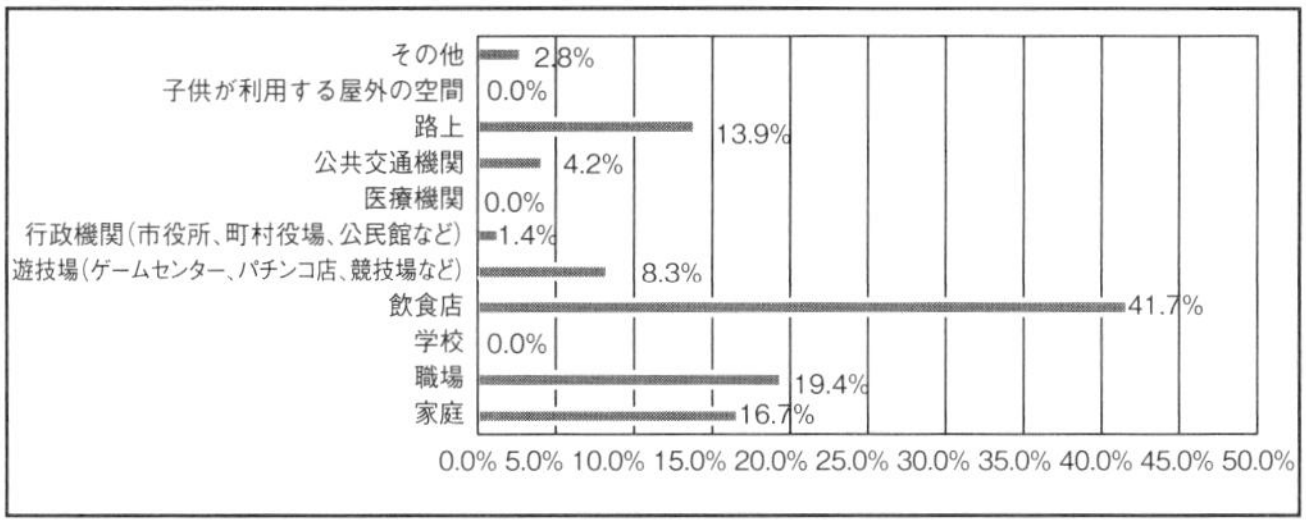

［生活習慣アンケート調査］

そして、「問 19 タバコの煙はタバコを吸わない周りの人達にも害があることを知っていますか？」と、「受動喫煙の悪影響についての認識」を聞いたところ、「はい」が 74 名（100.0%）と、回答者全員がこのことを認識していた。（図 3-19-1）

図 3-19-1　受動喫煙による悪影響についての認知の有無<問 19、n ＝ 74 >

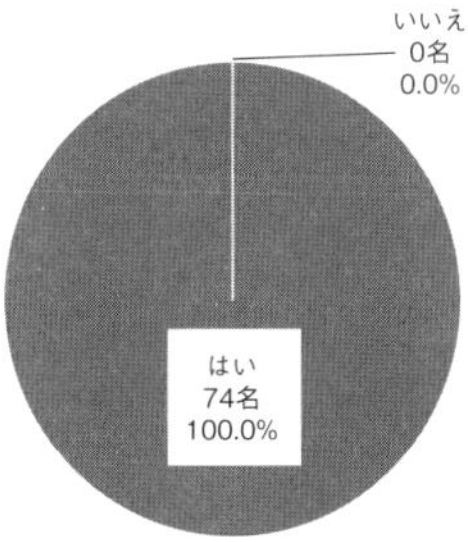

［生活習慣アンケート調査］

さらに、「問 20 加熱式タバコ（アイコス、プルームテックなど）に害があることを知っていますか？」と、「加熱式タバコの悪影響についての認識」を聞いたところ、「はい」が 65 名（87.8%）、「いいえ」が 9 名（12.2%）と、本アンケート調査回答者の約 9 割弱の人が加熱式タバコの悪影響について認識していたが、その一方で約 1 割強の人がこのことを認識していなかった。（図 3-20-1）

図 3-20-1　加熱式タバコ（アイコス、プルームテックなど）の悪影響についての認知の有無<問 20、n = 74>

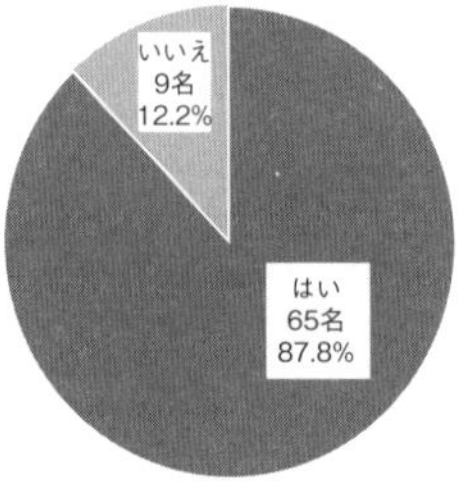

［生活習慣アンケート調査］

（9）震災後の健康意識の変化

最後に、「問 21 震災の後、健康意識に変化はありましたか？　自由にご記入ください」を聞いた。その結果を整理したものが次の表である。（表 3-21-1）

自由回答は、全部で 21 名から回答があったが、その回答内容は大きく 3 つの分野に集約される。

その一つは健康意識に「変化なし」というもので、自由回答全体の約半分弱（全回答 21 名中 11 名）を占めている。

第二は健康についての「負の方向への変化」（全回答 21 名中 5 名）で、「いろいろとストレスになり、病気も多くなった」「福島県産や

一般農家でとれたもの等は放射能の影響が心配のためあまり食べないようにしている」「変化した方が良いと思うが、毎日に余裕がない」「震災前からかかっている関節炎が、身体全体に寝ている時、起きている時におきる」「精神的な苦痛が多くなっているような気がする。避難生活に疲れを感じる」といった回答があった。

第三は「健康や生き方について考える」（全回答21名中5名）ことに関するもので、「自然体で生きること」「健康あってのものであると、深く考えさせられました」「震災時は家に閉じこもっていたので、体が自由に動かすことができないことの不便さを初めて感じた。自由に活動できることが健康に良いことを感じた。断水が長く続き非常にストレスを感じたので、当たり前の日常の維持が健康を保つために大切だと感じた」「健康が目的ではなく、何かのための健康があるという考えになった」「生かされている、生きている、その意味を噛みしめて悔いのない生き方をしようと改めて思った」といった回答があった。

表 3-21-1　震災後の健康意識の変化＜問 21、n ＝ 21 ＞

集約した分野	自由回答内容
1 変化なし	・変わらない。
	・特になし。
	・特になし。
	・ない。
	・健康意識に変化はない。
	・特に変わらない。
	・特に変わらない。
	・特にない。
	・変化なし。加齢による筋力の低下。
	・変わりなし。
	・特にない。
2 負の方向への変化	・いろいろとストレスになり、病気も多くなった。
	・福島県産や一般農家でとれたもの等は放射能の影響が心配のためあまり食べないようにしている。
	・変化した方が良いと思うが、毎日に余裕がない。
	・震災前からかかっている関節炎が、身体全体に寝ている時、起きている時におきる。
	・精神的な苦痛が多くなっているような気がする。避難生活に疲れを感じる。
3 健康や生き方について考える	・自然体で生きること。
	・健康あってのものであると、深く考えさせられました。
	・震災時は家に閉じこもっていたので、体が自由に動かすことができないことの不便さを初めて感じた。自由に活動できることが健康に良いことを感じた。断水が長く続き非常にストレスを感じたので、当たり前の日常の維持が健康を保つために大切だと感じた。
	・健康が目的ではなく、何かのための健康があるという考えになった。
	・生かされている、生きている、その意味を噛みしめて悔いのない生き方をしようと改めて思った。

4　考察

前記「3　アンケート調査の結果」により、いわき市民等の生活習慣及び震災等による影響の実態把握がなされたが、これらの結果を基に健康の質向上に向けた視点から下記のような考察を行った。

（1）震災等による日常生活での悩みやストレスあるいは健康への負の影響

（2）震災等による睡眠時間、睡眠による休養充足、飲酒習慣への負の影響

（3）朝食習慣や日常的な運動への取組に関する啓発の必要性
（4）成人喫煙率減少のために
（5）飲食店・職場・家庭を中心とした受動喫煙対策
（6）震災等が健康や生き方を見直す契機にも

（1）震災等による日常生活での悩みやストレスあるいは健康への負の影響

震災等による日常生活への影響のうち、かなり顕著に現れているものが「日常生活での悩みやストレスの有無」である。（〈再掲〉図3-13-1）

本アンケート調査で「日常生活での悩みやストレス」があるとした回答者は72.4％に上り、「2016年国民生活基礎調査、20歳以上」の結果（49.6％）を大きく上回っている。

この影響によるものか、「現在の健康状態」について、「よい」「まあよい」との回答者は34.2％にとどまり、「2017年国民健康・栄養調査、20歳以上」の結果（39.2％）を下回っている。（〈再掲〉図3-12-1）

また、逆に「あまりよくない」「よくない」との回答者は15.8％に上り、「2017年国民健康・栄養調査、20歳以上」の結果（13.2％）を上回っている。

このように震災等によって、いわき市民等の日常生活での悩みやストレスあるいは健康への負の影響が出ていると考えられる。

（再掲）図 3-13-1　日常生活での悩みやストレスの有無＜問 13、n ＝ 76、96,135 ＞

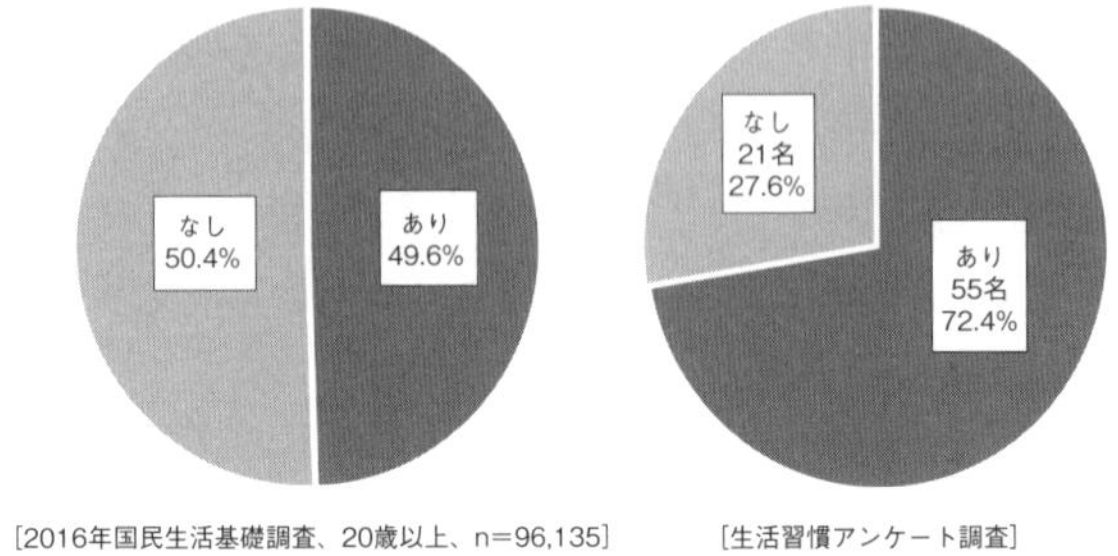

（再掲）図 3-12-1　現在の健康状態＜問 12、n ＝ 76、111,647 ＞

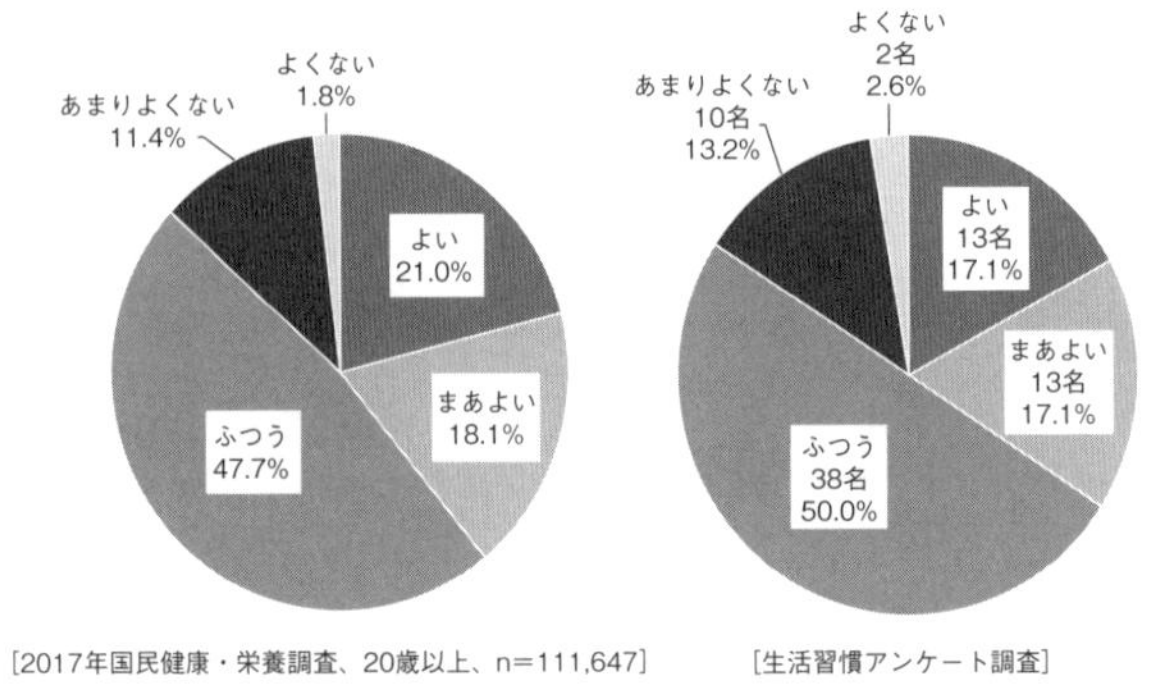

（2）震災等による睡眠時間、睡眠による休養充足、飲酒習慣への負の影響

「日常生活での悩みやストレスの有無」ほどではないものの、「ここ 1 カ月間睡眠で休養が充分とれているか」という面でも、いまだ日常生活への負の影響が窺われる。

すなわち、「ここ１カ月間睡眠で休養が充分とれているか」という問に対し、「あまりとれていない」「まったくとれていない」との回答者は 26.3%に上り、「2017 年国民健康・栄養調査、20 歳以上」の結果（23.2%）をやや上回っている。(〈再掲〉図 3-5-1)

これを裏付けるように、「震災後の睡眠による休養の変化」の問に対して、14.3%の回答者が「震災前よりとれない」と回答している。(〈再掲〉図 3-5-2)

(再掲) 図 3-5-1　ここ１カ月間睡眠で休養が充分とれているか<問 5-1、n＝76、103,972>

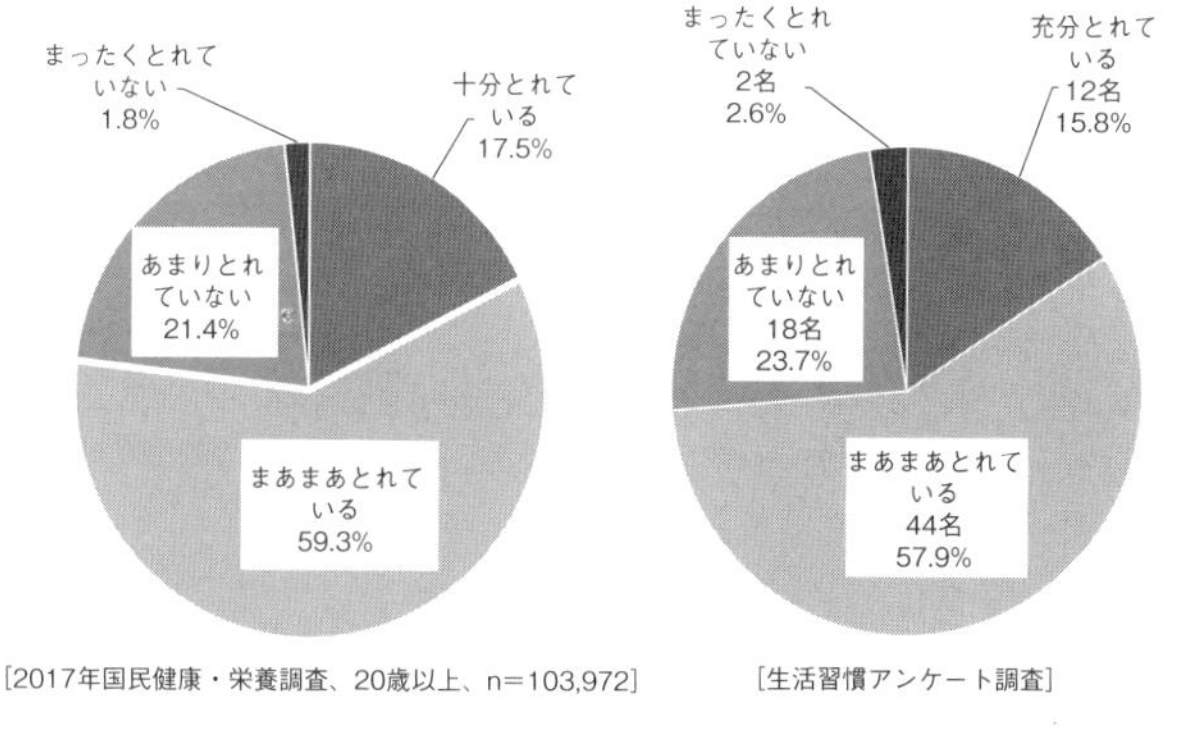

（再掲）図 3-5-2　震災後の睡眠による休養の変化<問 5-2、n ＝ 70 >

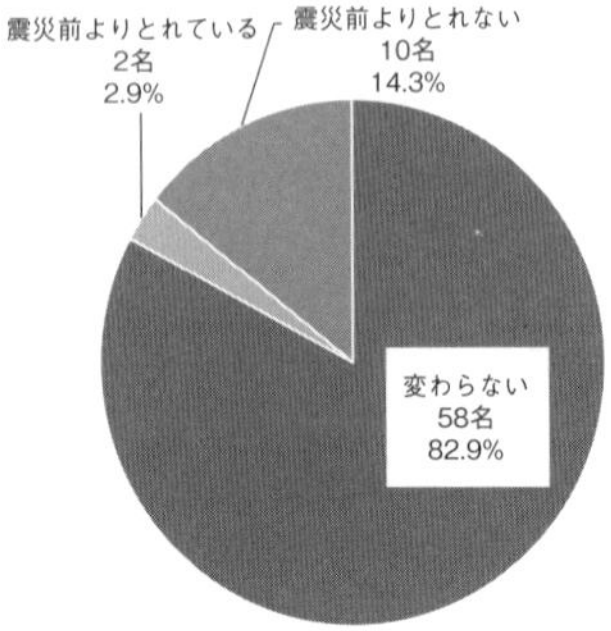

［生活習慣アンケート調査］

こうした「震災後の睡眠の質の変化」については、「震災後不眠だったが現在は眠れる」8.5%、「震災後不眠が続いている」4.2%となっており、以前は不眠であった状態の回答者が合計で12.7%いたが、現在でも不眠が続いているいわき市民等が4.2%いる状況にある。（〈再掲〉図 3-6-2）

（再掲）図 3-6-2　震災後の睡眠の質の変化<問 6-2、n ＝ 71 >

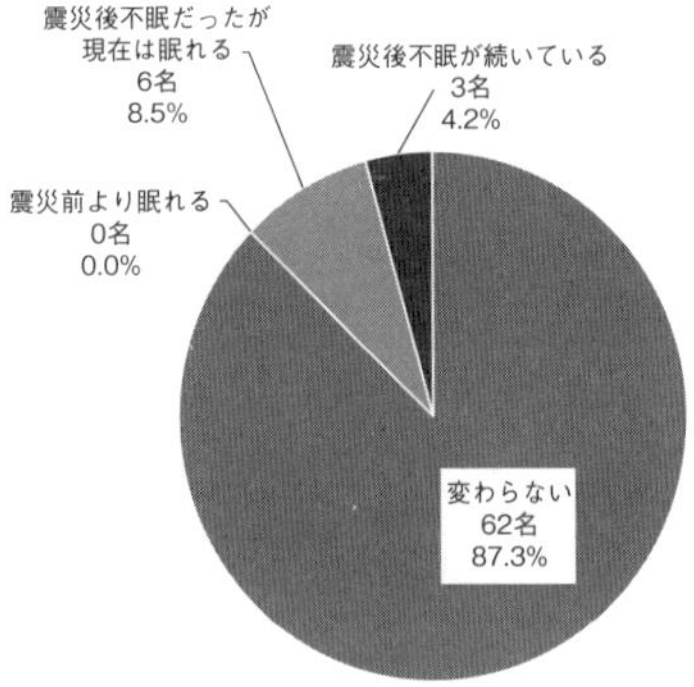

［生活習慣アンケート調査］

また「震災後の飲酒習慣の変化」についても、「震災後やめた」10.1%、「震災後減った」5.8%である一方、「震災後増えた」4.3%、「震災後飲酒を始めた」1.4%となっており、現在でも飲酒への負の影響が残っている。(〈再掲〉図 3-8-3)

(再掲) 図 3-8-3　震災後の飲酒習慣の変化＜問 8-3、n ＝ 69 ＞

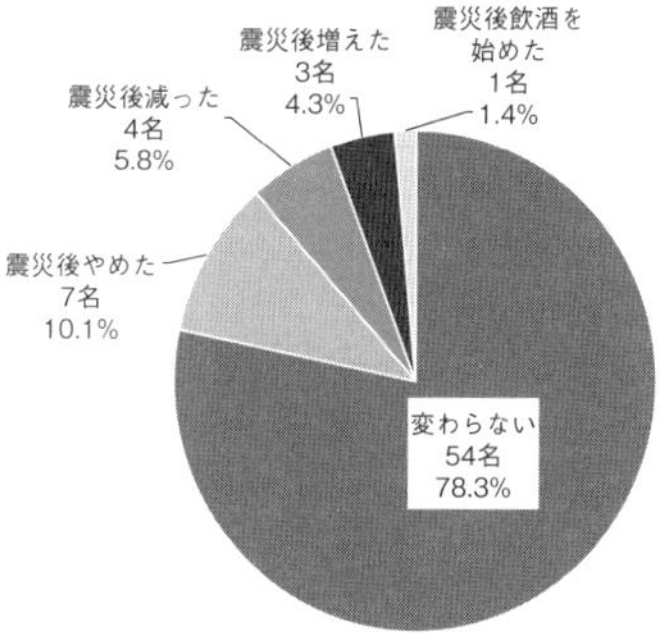

[生活習慣アンケート調査]

このように震災等によって、いわき市民等の睡眠による休養充足、飲酒習慣への負の影響がある程度いまだ残っていると考えられる。

(３) 朝食習慣や日常的な運動への取組に関する啓発の必要性

本アンケート調査で「朝食を欠食」(注 1) する人の割合 (19.8%) は、国による全国の比率 (12.4%) に比べ高く、逆に言えば「一般的な朝食をした」人の割合が低かった。(〈再掲〉図 3-3-1、注 1 参照)

注 1:「朝食を欠食」とは、「何も食べなかった」「錠剤・栄養ドリンク等栄養素の補給のみ」「菓子・果物・乳製品・嗜好飲料のみ」を合わせたもの。

また、本アンケート調査によるいわき市民等の「日常的な運動への取組」を行っている「運動習慣のある」人の割合（18.4％）は、全国平均（31.8％）に比べ低いことが分かった。（〈再掲〉図 3-7-1、注 2 参照）

注 2:「運動習慣のある」とは、「1 回 30 分以上の運動を週 2 回以上実施し、1 年以上継続している者」

（再掲）図 3-3-1　本日の朝食について<問 3-1、n ＝ 76、2,714 >

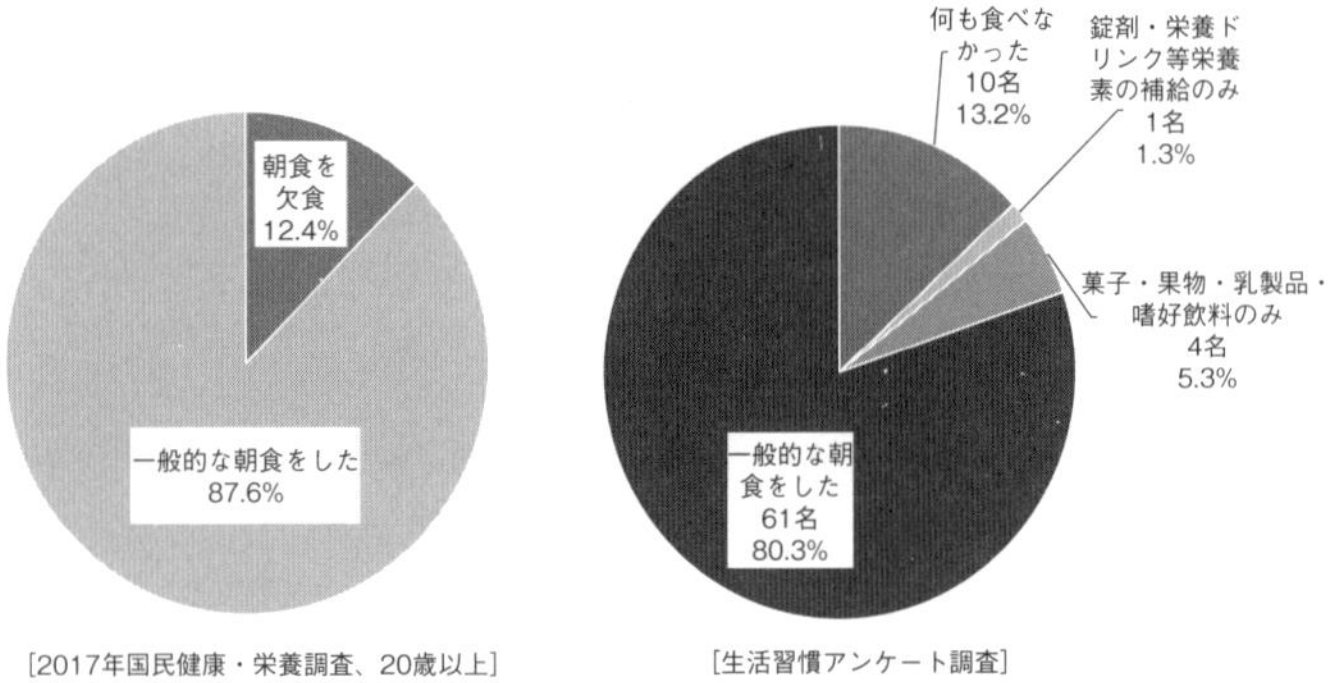

注 :「朝食を欠食」とは、「何も食べなかった」「錠剤・栄養ドリンク等栄養素の補給のみ」「菓子・果物・乳製品・嗜好飲料のみ」を合わせたもの。

（再掲）図 3-7-1　日常的な運動への取組<問 7-1、n ＝ 76、3,464 >

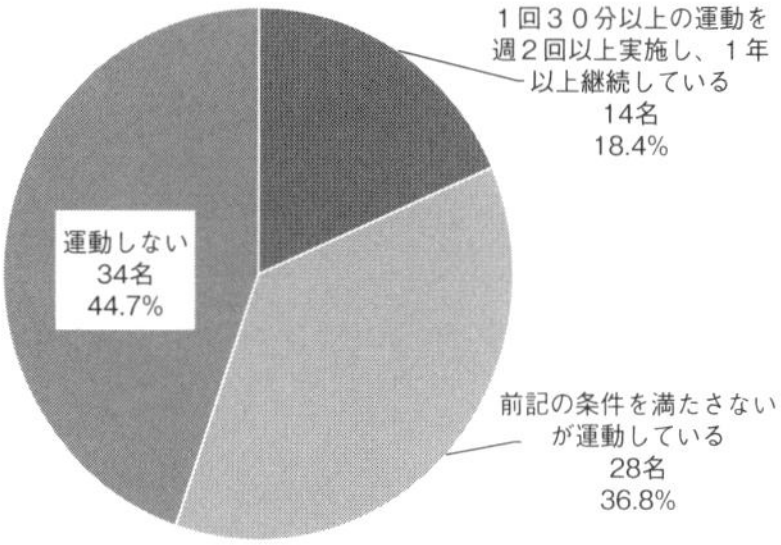

［生活習慣アンケート調査］

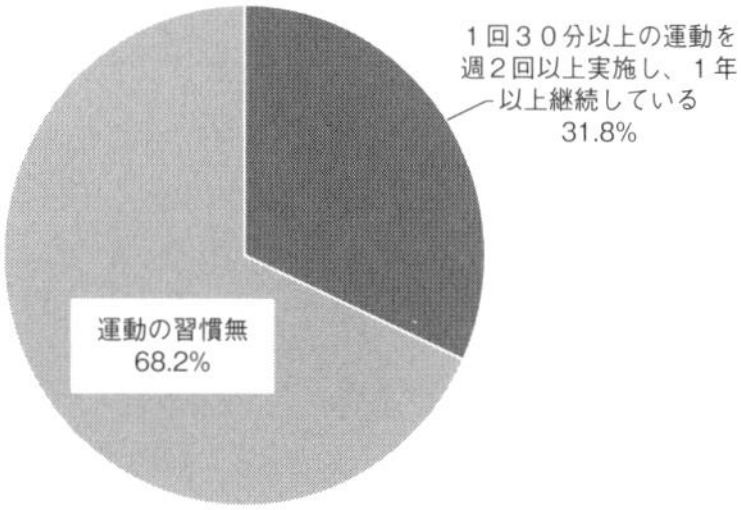

［2017年国民健康・栄養調査、20歳以上、n=3,464］

注：「運動習慣のある」とは、「１回 30 分以上の運動を週２回以上実施し、１年以上継続している者」

さらに、本アンケート調査における「運動習慣者の割合」18.4% は、「健康日本２１（第２次）」の目標「運動習慣者の割合の増加」における、「20 ～ 64 歳の目標値」の男性 36％、女性 33％、総数 34％と比べても、かなり低い数値となっていた。

以上のようなことから、今後いわき市民等に対する朝食習慣や日常的な運動への取組に関する啓発の必要があると考えられる。

（4）成人喫煙率減少のために

このアンケート結果では、過去から言われるように喫煙者の大半はタバコが健康に悪いと認識し、さらに禁煙の意向を持っていることが分かる。震災後9年を経てストレスによる喫煙を超え未来志向、健康志向の禁煙の意識が高いことは喜ばしいことである。この意識の受け皿となる禁煙加療をさらに身近で可能なものとする、多方面からの支援施策が望まれる。

（5）飲食店・職場・家庭を中心とした受動喫煙対策

「周囲における喫煙者の有無」（受動喫煙の有無）について、本アンケート調査回答者の約6割強の人が周りに喫煙者がいる生活環境であった。（〈再掲〉図3-17-1）

また、「受動喫煙」を「経験した場所」では、「飲食店」が圧倒的に多く（41.7%）、これに次いで「職場」（19.4%）、「家庭」（16.7%）、「路上」（13.9%）、「遊技場（ゲームセンター、パチンコ店、競技場など）」（8.3%）となっており、飲食店・職場・家庭を中心とした受動喫煙対策は喫緊の課題であったが、2020年4月に全面施行となった改正健康増進法によってこのアンケートで突出して問題となった飲食店、職場は原則屋内禁煙となったため改善が進む可能性が高い。（〈再掲〉図3-18-1）

しかし、法令に原則の文言がついたことから、特定の技術的問題をクリアすれば飲食店には喫煙所が設置できることになり、設置すれば人の出入りによってその周辺では受動喫煙が起きることは明白である。さらにプライベート空間である家庭には規制が及ばないため、改正健康増進法の本質的意義を考えると、飲食店従業員、利用者ばかりではなく、家庭における小児、妊婦、弱者に対する厳密な

配慮を繰り返し啓発する必要がある。

（再掲）図 3-17-1　周囲における喫煙者の有無＜問 17、n ＝ 75 ＞

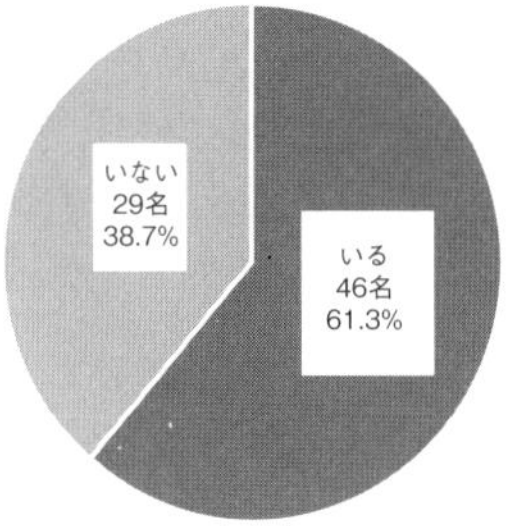

［生活習慣アンケート調査］

（再掲）図 3-18-1　受動喫煙を経験した場所＜問 18、n ＝ 72 ＞

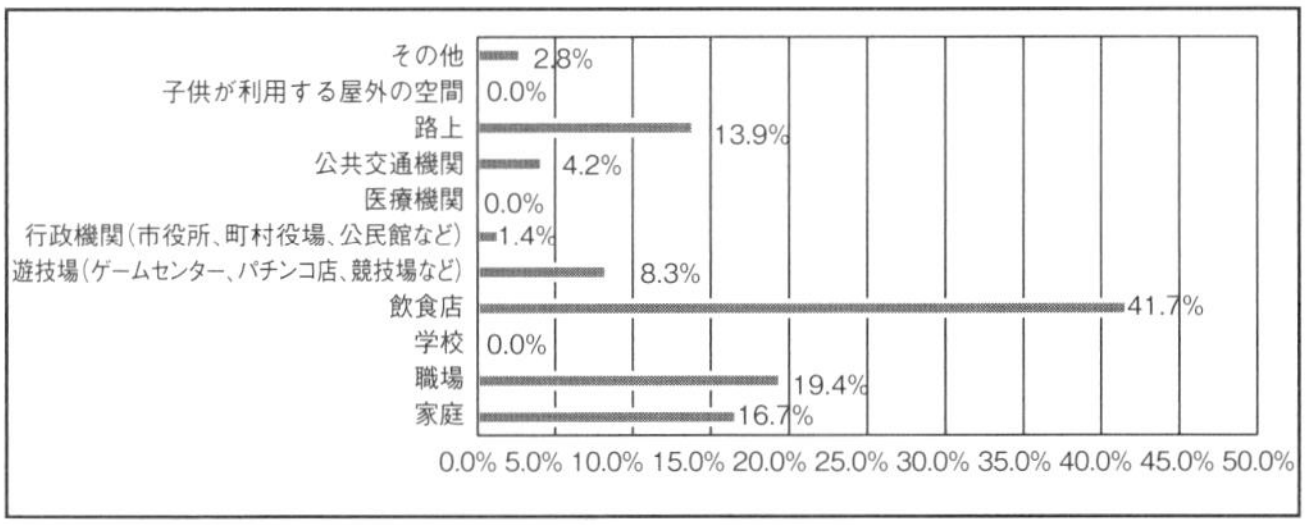

［生活習慣アンケート調査］

（6）震災等が健康や生き方を見直す契機にも

「震災の後、健康意識に変化はありましたか？」（自由回答）を聞いたところ、「健康や生き方について考える」関係の項目が、負の影響とともに挙げられた。（〈再掲〉表 3-21-1）

いわき市民等を生命の危険に陥れるほどの非常に大きなインパク

トを与えた震災等は、健康や生き方についても大きな影響を与え、これら身体的健康とともに精神的な生き方といったものについても、改めて考えさせられる機会を提供する契機になったと考えられる。

（再掲）表 3-21-1　震災後の健康意識の変化＜問 21、n ＝ 21 ＞

集約した分野	自由回答内容
3　健康や生き方について考える	・自然体で生きること。
	・健康あってのものであると、深く考えさせられました。
	・震災時は家に閉じこもっていたので、体が自由に動かすことができないことの不便さを初めて感じた。自由に活動できることが健康に良いことを感じた。断水が長く続き非常にストレスを感じたので、当たり前の日常の維持が健康を保つために大切だと感じた。
	・健康が目的ではなく、何かのための健康があるという考えになった。
	・生かされている、生きている、その意味を噛みしめて悔いのない生き方をしようと改めて思った。